一场由硅谷引领的发生在能源和交通领域的革命

CLEAN DISRUPTION
OF ENERGY AND TRANSPORTATION

loading . . .

能源和交通的
清洁革命

作者◎托尼·西巴　　　译者◎秦海岩　　张谨　　于贵勇

CTS|K 湖南科学技术出版社

谨以此书献给

梅尔琳·瑞福斯

没有你，这本书无法面世。衷心感谢你的支持！

我一直坚信科技创新和企业家的实际行动是推动能源转型的关键，在全球范围内，能源和交通领域的清洁化和低碳化是伴随人类对美好生活追求而产生的必然趋势，它要求人类逐步放弃化石能源，转向非化石能源，这是人类发展史上的又一次清洁变革，或者是清洁革命。这场革命不是因为化石能源用完了，而是技术进步使得人类获得了更具有可持续特征的清洁能源。我在这本书中也看到了相似的观点。我们应该宣传能源的清洁革命，拥抱能源的清洁革命，共同推动能源清洁革命的进程。

——李俊峰　第九届扎耶德未来能源终身成就奖获得者

《能源和交通的清洁革命》就是静静夜空中一道亮丽闪电之后的惊天霹雳声，她将惊醒还沉睡于化石能源清洁利用以延长其生命大梦之中的人们。本书作者以"硅谷技术"的科学规律展示了能源和交通领域的清洁革命将终结煤炭、石油和天然气时代。就像书中所告诉我们的真理，今天的"煤炭、石油、天然气"就是昨天的"胶片、唱片、纸"。

——王仲颖　国家发改委能源研究所副所长、国家可再生能源中心主任

《能源和交通的清洁革命》是一部有分量的著作，作者高屋建瓴又深入浅出地从社会、经济、科技等多个角度论述了当今社会面临的能源问题，并以"预言家"的视角带领读者一窥未来能源图景。这本书能够引起我们对能源问题的深刻思考，对于发展可再生能源、实现可持续发展大有裨益。

——谭天伟　中国可再生能源学会理事长、北京化工大学校长、中国工程院院士

电动汽车在我国的快速发展是当下人们热议的话题，有人叫好，有人唱衰，也有人观望。托尼·西巴则在书中直接罗列了电动汽车具有颠覆性的九大原因，预测汽油车时代将在 2030 年终结。而且，阐明了太阳能革命和电动汽车革命的结合将引发能源与交通领域的绿色革命。书中还不乏细腻的人文关怀因素，不仅令人信服，也触动人心。

——欧阳明高　国家重点研发计划"新能源汽车"重点专项总体专家组组长、中国科

学院院士、清华大学教授

可再生能源技术50年来突飞猛进的持续发展，为全球能源转型奠定了坚实基础，互联网的加入让可再生能源开发与利用能够互动起来，催发了能源革命颠覆性变化，人工智能帮助人类解决了能源消费回归原生态。

参与式能源和商业模式的革新将推动能源与交通领域的清洁革命进程，也将为社会带来环境友好隐形效益和现实的商机。《能源和交通的清洁革命》这本书的独特之处在于，它不仅绘出了蓝图，还提供了成功案例及前瞻性建议。

——武钢　新疆金风科技股份有限公司董事长

全球能源变革的浪潮下，这部波澜壮阔的变革史诗密码是什么？托尼·西巴教授的《能源和交通的清洁革命》一书就像是夜航的灯塔，指明了前行的方向。

诚如书中所言，清洁能源替代化石能源的变革已是大势所趋。新能源快速发展带来的能源民主化，正悄然改变当今的世界经济格局，给每个人创造了平等获取能源的机会。而在技术和商业模式创新引领下，新能源也加速从"高贵"走向"普惠"，让人人都能分享新能源发展带来的成果，人民普遍受益。

征途漫漫，任重道远。让清洁能源成为全世界的主要能源和经济发展的主要动力，需要我们大家一起努力，扎扎实实把新能源革命的全球共识化为全球行动，实现全球普惠、全球共享！

——张传卫　明阳智慧能源集团股份公司董事长兼CEO

构建低碳、清洁的发展方式是21世纪全球共同应对气候变化的必然选择，也是推动生态文明建设的有效举措。能够在交通和能源清洁发展方向引领全球的国家和企业将成为未来的领导者。《能源和交通的清洁革命》这本书阐述了能源和交通领域即将发生的颠覆性变革，为各国在这两个领域的发展提供了重要参考，也为企业的创新提供了重要启迪。

——高纪凡　天合光能有限公司董事长兼CEO

汽车最开始的初衷，是对空间和速度的解放，然而现在已经背离发明者的初心。现在的汽车行业犯了四宗罪：堵车、污染、事故，并且在服务体验上与用户对立。自动驾驶、人工智能、电动汽车的技术组合到一起，能够减少甚至消除汽车给我们带来的这四个负面影响。所以，汽车的未来只有一个关键词：智能电动汽车的未来。

从能源环境的角度，我们不能让汽车用户为环保的情怀买单。于是我们要创造好的加电体验，让加电比加油更方便，从而最终实现真正的绿色出行。

《能源和交通的清洁革命》对汽车产业创新和能源结构演进的细致阐述，将使更多的人认识到汽车和能源领域清洁革命的迫切性，并带着开放的心态迎接清洁革命的到来。

——李斌　NIO 蔚来创始人、董事长

1910 年，蔡元培撰"与时俱进"一词。100 年后，这四个字更加振聋发聩。手机替代电报，云盘替代存储器，火电和汽车——第二次工业革命的硕果，也到了该革新的时候了。太阳能、风能、电动汽车、无人驾驶……《能源和交通的清洁革命》书中提及的一系列新技术的叠加，将对其现有的运行方式造成降维打击，并带领全人类进入绿色低碳的未来。读者们，加入我们，积极迎向这一场清洁革命吧！

——瞿晓铧　阿特斯阳光电力集团董事长兼 CEO

托尼·西巴在本书中分别对几种主要的能源进行了阐述，一种能源的发展、壮大或消亡有其错综复杂的影响因素。本书还深刻揭示了非可再生能源在能源革命号角吹响之时选择抵抗背后所涉及的利益纠葛。这本书并不代表能源革命本身，却为能源革命中的所有参与者指明了方向：赶上能源革命的浪潮，顺势而动。

——施正荣　澳大利亚工程院院士、上迈新能源董事长

托尼·西巴教授总结了历史上不同领域历次颠覆的发生规律，从而判断出未来能源与交通领域将要发生的颠覆，以及这些领域之间将产生的"化学反应"。读完此书，不禁被他们的远见和智慧所折服，也让我更加确信能源变革已经势不可挡。相信此书可以激发和推动能源和交通领域的技术变革和商业模式创新。企业和消费者，乃至整个社会，都将是这种创新变革的受益者。

——曹仁贤　阳光电源股份有限公司董事长

伴随着太阳能、风能、电动汽车和自动驾驶汽车的技术升级、模式创新和跨界融合，一场由能源和交通领域主导的清洁革命已经开启，传统化石能源将逐渐被替代，历经百年的燃油汽车也会消失，我们有幸亲历其中。这本书给了我们启示和答案，值得认真研读。

——黄卫华　北控清洁能源集团总裁

顺势而为　顺势而生

　　托尼·西巴所著《能源和交通的清洁革命》中有这样一句话：石器时代之所以结束并不是人们把石头用光了，而是因为出现了一种更先进的替代品——青铜器。石头并没有消失，但在青铜时代人们不再用石头来制作工具——这就是趋势。

　　如果有人问我为什么要翻译这本书，那么以上就是我的回答。

　　多年来，越来越多的朋友加入这场以淘汰化石能源为终点的马拉松，大家有幸一起见证可再生能源行业从0到1的变化。风电和光伏等清洁能源成为我们人生理想的载体，为还原更多的青山绿水和蓝天白云，我们一起努力，共同前行……

　　然而在这个过程中，我们也不断遭遇挫折和困境，深刻体会到那些根深蒂固的理念和思想，并不会因为若干项目的成功，就轻易转变。这也是为什么我们的前进之路如此曲折，为什么一个好的时代却移不开几块沉着利益的石头。正如本书所判断的那样，人们已经看清了化石能源的末路，只是有些人不愿意看，不愿意承认而已。

　　但是这不能阻挡向前的人们，心宽路也宽，心亮灯也更亮——我们看到、参与到能源和交通领域的变革，随着这些变革，清洁能源正在悄然改变着世界。

　　和我们一起同行吧，成为见证历史奇迹的一员。因为这本书，在照亮知识的同时，更能让我们获得运用知识的智慧和勇气。顺势而为，顺势而生。

秦海岩

鉴衡认证中心主任

2018年3月于北京

CONTENTS 目录

CONTENTS 目录

CONTENTS 目录

CONTENTS 目录

CONTENTS 目录

CONTENTS 目录

引言 能源与石器时代

◼ 所谓的黑暗时代，并不是因为没有阳光普照，而是因为人们拒绝接受光明。

——詹姆斯·米切尔

◼ 如果内在思想意识改变跟不上外部时代变迁，那么离被淘汰的命运就不远了。

——杰克·韦尔奇，通用集团前任 CEO

◼ 在事情未成功之前，一切总看似不可能。

——纳尔逊·曼德拉

引言：能源与石器时代

石器时代之所以结束并不是人们把石头用光了，而是因为出现了一种更先进的替代品——青铜器。石头并没有消失，但在青铜时代人们不再用石头来制作工具。

骑马和马车时代的结束也并非是因为没有了马，而是因为出现了一种更为先进的技术——内燃机，以及 20 世纪随之出现的一种新的商业模式。马并没有消失，而是不再作为一种公共交通工具。

集中的、指挥控制型的、基于资源开采的能源（石油、天然气、煤炭和核能）也不会因为我们将用光石油、天然气、煤炭或者铀矿而结束。但这些能源、其所采用的商业模式以及基于此的产品将被更卓越的科技、新的产品体系和商业模式所取代。那些引人注目的新技术，如太阳能、风能、电动汽车和自动驾驶汽车必将终结并取代我们曾经熟知的传统能源产业。

同样，曾经用数字技术颠覆传统产业的硅谷生态系统现在也正在寻求以数字和清洁技术来颠覆传统的能源产业。

能源和交通的清洁革命

能源与交通的工业时代正在让位给以信息技术和知识为基础的时代。信息技术与电子技术的结合，将终结传统的基于原子的能源和交通运输产业。这次革命将是一次清洁革命，并具备以下特征：

1. 以技术为基础。这次清洁革命将以数字（比特）技术和清洁能源（电子）技术颠覆以资源为基础（基于原子）的各个行业。清洁能源（太阳能和风能）随处可用。清洁交通用的是来自太阳能和风能中的清洁电力能源。能源革命的关键在于清洁能源的转换、管理、储存和应用技术成本呈指数级下降，而性能呈指数级改进。

2. 颠覆能源体系结构。正如互联网和手机颠覆了信息体系结构一样，此次清洁革命将创建一个不同于我们所了解的能源体系结构。这个新的能源结构将是分布式的、移动的、智能的并且具有极高参与度，并将颠覆现有的集中式、自上而下的、保密的和基于能源开采的能源结构。

3. 丰富、廉价和可参与的能源。清洁革命将依赖丰富、廉价和可参与的能源。现有的能源商业模式建立在稀缺性、消耗性、操控与垄断的基础上，而清洁革命则类似于信息技术革命，即颠覆旧的出版业和信息模式并且创造了丰富、可参与和基本免费的信息。

4. 清洁革命是大势所趋。当颠覆性技术的成本呈指数级下降，新的商业模式正在创建，发电、融资和接入的民主化以及市场呈指数级增长的时候，能源和交通的清洁革命无疑是必然的。

5. 清洁革命的进程将是迅速的。它将在 2030 年之前完成，或许会更早一些。

仅就电力生产和汽车动力而言，石油、天然气（甲烷）、煤炭和铀矿将成为过去。但这些能源仍然还会使用，比如，铀用来制造核武器，天然气用来做饭和生产化肥。这种淘汰和清洁革命并不会终结现在的产业，我们仍然有黑胶唱片、帆船和自动点唱机。这些小众市场产品仍可以存活下来，但是能源和交通将不再像今天这样汇聚数万亿美元的能源巨头。

20 年后，我们可能会好奇当初是如何忍受现在这种每年八万亿美元的能源工业带来的可怕后果的。如果尼古拉·特斯拉和托马斯·阿尔瓦·爱迪生复活的话，完全能够认出一个世纪前他们所帮助建立的工业，并且他们会因其变化不大而感到失望。今天的"特斯拉"和"爱迪生"正在创建新的技术、产品和商业模式，以取代我们所处的采掘式的、集中的、污染的能源时代。

分布式太阳能和风力发电已开启了第一波能源革命，用不了多久下一波革命将横扫第一波革命没有波及的一切。

交通运输行业的全球规模达 40 000 亿美元。交通工业与能源密不可分，正如本书所述，内燃机汽车很快就会被取代，这一革命将转而对石油工业带来颠覆性的冲击。

电动汽车正引领第一波革命浪潮，即淘汰百年汽车工业，而第二波浪潮——自动驾驶汽车，必将在第一波浪潮退去之前来临。交通运输业将再也不是现在这个样子了。

过去的一代硅谷人正是利用基于新技术的基础设施以及符合经济规律的产品和服务摧毁了一个旧市场，本书讲述的是今天这些新技术、新产品和新服务如何摧毁发展了百年的能源工业。

一场经典的硅谷技术革命

苹果、谷歌、英特尔、思科、脸书、推特和亿贝这样的公司完全是由信息经济学来驾驭的，这些科技公司之所以快速发展壮大是因为不断增加的经济回报。

基于资源的能源公司，其收益注定是不断萎缩的。硅谷是丰富、创新商业模式、参与文化和民主力量的代名词。基于资源的能源公司则是短缺、掘取、层级文化和集权的象征。

要解释清洁革命的威力，有必要看一看硅谷颠覆的一个近现代产业——胶片摄影。

零边际成本模式和迭起的革命浪潮

胶片摄影时代的结束并非是因为人们没有胶片可用，因为制作胶片或胶片相机的元件依然存在。但胶片摄影仍然被迅速发展的数字成像、信息技术、颠覆性的商业模式和参与式文化所摧毁，这是行业领导者柯达和富士都无法抗衡的。

20世纪摄影领导者柯达的商业模式是只要任何人在任何地点每按动一次相机快门都会为其带来收益。每按一次快门就是柯达的一笔收入，因为每次按快门都会消耗一截胶卷（柯达赚钱），胶卷必须用特殊相纸来冲洗（柯达赚钱），这种相纸需要用照相馆里的专用打印机打印（柯达赚钱）。想放大相片或多洗一套？还是柯达赚钱。

但数码相机改变了游戏规则。一旦摄影师有了一台数码相机，他拍摄照片的边际成本几乎降为零。摄影师不需要去支付胶卷、胶卷冲洗和照片打印的费用，只需要把照片拷到电脑上慢慢欣赏，然后把相机中的照片删除，继续拍摄，想拍多少拍多少，再把照片拷到电脑上慢慢欣赏……不断重复即可。

能源与交通业拥有与柯达公司相似的商业模式，只要你一拉灯绳，钱就进了电力公司的户头。不仅如此，开灯还涉及燃烧煤炭、石油、天然气或铀，钱也进入了这些基于资源的能源供应商的户头。每当你踩下油门时，又把钱给了石油行业。即使用天然气或乙醇代替汽油也没有改变这种商业模式，只要你踩下油门，就会燃烧燃料，钱还是会支付给能源企业。

就像数码相机改变胶片的游戏规则一样，太阳能和风能也改变了能源的游戏规则。当你安装了屋顶太阳能发电装置之后，消耗额外能源的边际成本几乎降为零，因为太阳能和风能都是免费的。拧开电灯的开关并没有燃烧任何燃料，这意味着不需要再向电力公司付钱了。

不仅是屋顶太阳能，公用事业级太阳能和风能也改变了竞争性批发电力市场的游戏规则。太阳能和风能的边际成本为零。第三章将讲述零边际成本是如何颠覆依赖煤炭、核能、天然气、石油来发电的公用事业公司的。

柯达和它的胶片摄影供应链也曾试图与数码摄影竞争。（图 0-1）例如，柯达通过技术研发将胶片冲洗时间从几天缩短到了几小时。但是数码摄影的革命不仅仅是其技术本身，它还伴随着创新的商业模式的出现。在这些新模式下，拍摄一张新照片的边际成本降为零，这也是柯达无法与之竞争的地方。

图 0-1　过时的"一小时胶卷快冲店"（摄影：托尼·西巴）

数码摄影颠覆传统摄影的故事并没有止步于柯达，随后出现了旧金山的 Flickr 网络相册，它方便了人们在线发布并分享照片。每张照片上传和存储的成本降为零。Picasa 这样的公司方便了人们在电脑和网络上存储照片。同样，存储照片的成本都是零。

接下来的一波是社交媒体革命。脸书（Facebook）成为世界上最大的照片出版商。

没过多久，智能手机的革命也接踵而至。智能手机内置相机几乎和独立相机一样，或者至少能够满足日常拍照的需要。只用手机就可以拍照、处理照片并随时将照片发布到网上。Instagram，一个在旧金山只有十几名员工的创业公司，简化了步骤并且在几个月内成为世界上成长最快的照片出版商。在 Instagram 成为社交网络的威胁之前，脸书以 10 亿美元的价格将其收购。

发生在摄影行业和其他很多行业的类似故事，正是我所说的"一波又一波的革命"或"革命浪潮"。过去，这样的革命浪潮每一个世纪或者每一代人出现一次。而随着计算机行业的发展，革命浪潮的速度不断加快，变为现在的大约每 10 年出现一次。（图 0‑2）

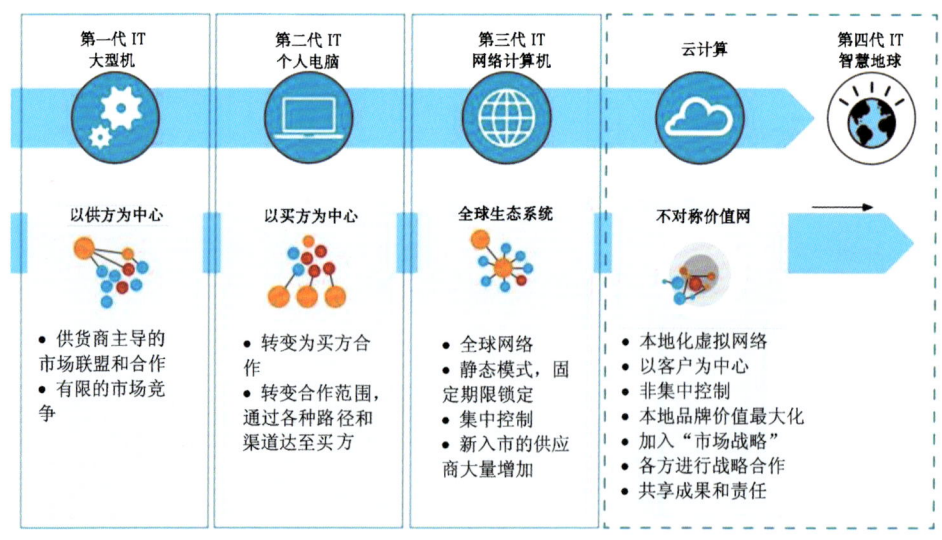

图 0‑2　信息技术的革命浪潮（来源：IBM）[1]

现在我们生活在一个永无止境的革命时代。当革命成功的公司刚刚开始为颠覆前人而庆祝时，他们已经成为下一波革命颠覆的目标。

当索尼刚刚开始为他们的数码相机战胜了柯达和富士庆祝时，Flickr 这样的网络照片公司已经开始了商业化运营。与此同时，Flickr 却又被雅虎收购！当 Flickr 的员工开始喝香槟酒庆祝的时候，Flickr 的照片网站又被像脸书这样的主流社交媒体所取代。同样，脸书又被 Instagram 革命所威胁。现在，Instagram

和脸书又在被以微信（SnapChat）为首的其他快速壮大的革命浪潮所威胁。

如我们所知，三种技术产品正在引领能源和交通革命：

- 太阳能
- 电动汽车
- 自动驾驶汽车

太阳能正在以它的方式颠覆一切传统能源。太阳能发电比核电更便宜了，比全球从柏林到塞维利亚再到帕洛阿尔托的上百个电力零售市场的价格都要便宜。在一些市场上，太阳能发电已经促使电力批发价格下降了近40%。

太阳能光伏（PV）发电公司将他们的成本降低了154倍，这是一个典型的技术成本几乎呈指数级下降的曲线。科技公司创造了前所未有的成本呈指数级下降而质量呈指数级上升的记录。数码相机、磁盘驱动器、微处理器、路由器和智能手机发展的经济规律也同样驱动着太阳能光伏技术的发展。

电动汽车比内燃机（汽油）汽车更好、更快、更安全，运行和维护费用也更低。电动汽车前期购买价格居高不下，主要是因为电池成本。然而，就像其他技术产品一样，电动汽车的技术成本曲线表明革命很快就会到来，创新的商业模式将加快从汽油车到电动汽车的转型。

内燃机汽车公司将会重蹈柯达公司的覆辙甚至比他们料想的更早。到2025年，汽油发动机汽车将不再具备与电动汽车竞争的能力。

自动驾驶汽车很快就会比由人类司机驾驶的车辆更好、更快、更便宜并且更安全。自动驾驶汽车所带来的革命浪潮将清除掉汽油汽车和石油工业最后的痕迹。

技术融合与清洁革命

在清洁能源领域，颠覆者（太阳能、电动汽车和自动驾驶汽车）会彼此相互补充和促进。因此，如我们所知，能源和交通的革命将会充满活力。

想想手机、个人电脑和互联网。它们问世时是为不同市场服务的不同产品，但它们在市场中合作共生，彼此互相补充和促进。手机、电脑、互联网路由器供应商都受益于针对小型化、多功能化、模块化节能微处理器、图形处理器、数据存储系统和网络连接系统的不断增长的投资与研发。最终这些以前不相干的产品融合到了一起，形成了大规模移动计算机处理基础设施，囊括了从手机、智能手机、平板电脑、个人电脑到云计算数据服务中心的全部功能。

这些技术在颠覆夕阳产业的同时也提高了全世界数十亿人的生活质量。

随着一波又一波革命的到来，我们仍能看到不同类型计算机的革命。台式电脑的销售额在下降，但是智能手机和平板电脑这样的移动互联网平台产品的销售额在上升。技术市场瞬息万变。销售 5 000 万台笔记本电脑用时 12 年，销售 5 000 万部智能手机用时 7 年，但销售 5 000 万台第二代平板电脑才用了 2 年。[2]

当苹果手机和谷歌安卓智能手机出现时，微软的 Windows 电脑就显得过时了。之后，苹果的 iPad 平板电脑出现，并且其他人都在努力追赶苹果。YouTube 来自移动互联网流量的份额从 2011 年的 6% 上升到 2012 年的 25%，2013 年 3 月又上升到 40%。[3] 同样，太阳能、电动汽车和自动驾驶汽车问世时也是作为不同的产品占领不同的市场，但它们也将在市场上彼此补充和促进技术的融合。

增加在汽车工业电力储存技术的投资会带来更多的创新和成本的下降，就像锂电池一样。随着锂电池变得便宜，会大量地用于太阳能发电和风能发电存储上。太阳能和风能需求量的增加带动了现有的锂电池供应商规模的扩大，进而也推动了电动汽车、太阳能和风能成本的下降。

电动汽车和太阳能需求量的增加将为这些技术吸引更多投资。创新型企业通过创新的方法来降低成本并提高产品质量，进而推动上述技术的茁壮成长。这种增加需求量、增加投资力度和创新力度的良性循环将会大大地降低成本，使清洁能源和清洁交通行业的产品质量呈指数级提高，也促使二者更好地融合，电池既可以用于电动汽车也可用于电网级储能。电动汽车可以在行驶时充电，在家里时既可以是电源也可以是电力用户，这使交通运输业从使用液体燃料向使用电力转型。

自动驾驶汽车将受益于各种技术的提高，如人工智能、传感器、图像处理、机器人、宽带无线通信、先进材料、3D 可视化、激光雷达和 3D 打印技术。这些技术也必将有利于太阳能、风能和电动汽车的发展。

如今，谷歌自动驾驶汽车在激光雷达上使用了先进的 3D 可视化技术（第五章），因而激光雷达也可以用来制作用于林业、考古学、地震学和其他领域的高分辨率地图。例如，美国国家海洋和大气局（NOAA）使用激光雷达收集数据并制作 3D 海岸线测绘工具。这些工具能够准确地绘制并映射美国海岸附近的洪水和风暴潮。[4]

任何一座城市，从马萨诸塞州的剑桥到加利福尼亚的圣地亚哥，都采用激光雷达生成"鸟瞰"3D 地图，用于城市规划、建筑和设计。试想一下，使用类似于谷歌地图的 3D 虚拟城市地图，可以缩放任何建筑，从不同的角度观察各个建筑，并逼真地设计不同形状的新房子、诊所或公园。

与此同时，生成的激光雷达数据除了可以保护沿海居民，追踪地震断层带，帮助城市规划部门设计和规划城市，还可以更准确地预测一个地区的太阳能发电潜力，激光雷达数据甚至可以用来设计建筑物屋顶上的太阳能设备。麻省理工学院最近的一项研究表明，用激光雷达数据地图设计太阳能发电装置，可以"更准确地预测太阳能光伏发电出力并降低 10.8% 的成本"。[5] 激光雷达还可以用来测量风的速度、方向和强度，管理人员可以利用它的数据来改善风电场的计划和运行策略。

激光雷达是一个呈指数级进步技术的典范，可应用于自动驾驶和电动汽车、太阳能和风能领域。随着自动驾驶汽车市场占有量的提高，对激光雷达的需求量也将增加，这将为激光雷达吸引到更多的研发投资。上述因素将降低激光雷达产品的成本，这不仅有利于自动驾驶汽车行业，也有利于太阳能和风能行业。

因为自动驾驶汽车本质上是一个移动的电子计算机，所以它也将受益于现有的由硅谷所主导的计算和通信技术进步：数据存储、计算机、操作系统和应用程序软件、通信和图形加速器。

"电动汽车是自动驾驶汽车发展的天然平台。"硅谷日产汽车研究中心主任三田村武在他森尼维尔市的办公室这样说道。日产宣布在 2020 年前推出自动驾驶汽车。[6]

参与式能源和商业模式的创新与革命

能源与交通的清洁革命涉及创新型商业模式，设计新的产品和服务，控制小市场，并呈指数性成长，因此必将对现有产业造成冲击。

这场革命还涉及整个能源行业的重新洗牌。互联网颠覆了信息、通信和计算，在很大程度上是因为它的分布式架构。信息技术从一个集中的、以供方为中心的、分级的模式转型为分布的、以顾客为中心的、可参与的模式。我们生成、存储、发布和使用信息的方式从根本上发生了改变。

分布式技术实现了颠覆性的商业模式创新，进而实现了新技术的蓬勃发展，而这些技术又进而改变了信息文化。信息从集中模式转型为参与模式。最终，信息技术从集中式到分布式的转变也改变了行业的方方面面，甚至改变了整个社会。

人们不仅仅满足于消费信息，还想自己创建信息并与他人分享。那些使人们能够生成和传播信息的公司已经取得丰厚的回报，比如脸书、推特和领英。

能源领域也遵循同样的规律。

数以百万计的路由器构建并支持着互联网基础设施。如今，需要太阳能电池板和电动汽车支持能源和交通基础设施。但毫无疑问的是，太阳能和电动汽车也是能源结构的一次转型。这次新的能源体系结构将改变能源生产、储存、分布和消耗的方式，带来全新的颠覆性的技术和商业模式，甚至改变我们对能源的认知文化。

参与式的能源模式

信息技术革命将处理能力和智能化从中心拓展到边缘。我们在不到 30 年的时间里，经历了从大型电脑到小型电脑，从个人电脑再到手机和平板电脑的变革。节点正在变得更小，更加连通，并且更加智能。我们还远远没有完成这个转型。数以万亿计的传感器世界马上就会出现。[7]

信息技术革命不仅向小型化发展，而且还从以供方为中心的、集中的信息模式向以用户为中心的、可参与的信息模式转型。

21 世纪的数字消费者已经习惯于从互联网和智能手机上的分布式技术中获取信息。先前从一两份当地报纸上了解信息的消费者如今可以了解来自世界上任何一个地方的信息。虽然当地的报纸没有就此而消失，但是已受到很大的冲击。

追随着信息技术的脚步，能源和交通革命正在向可参与的能源模式迅速靠拢。我们正在走向一个分布式架构的能源生产和使用模式，这种转型正是依靠软件、传感器、人工智能、机器人、智能手机、移动互联网、大数据、分析、卫星、纳米技术、电力存储、材料科学和其他的呈指数级进步的技术。

太阳能推动能源生产从中心（大型、集中、辐射型发电厂）拓展到边缘（用户）。节点正在变得更小、模块化程度更高、更加连通并且更智能。

欢迎来到可参与的能源时代，每一个终端用户都能够为能源的融资、生产、存储、管理和交易做出贡献。

得益于太阳能生产的分布式特性和能源信息的公开性，消费者可以选择在哪里得到这些能源。电动汽车的机动性和连通性将把这些汽车变成智能的能源生产、存储和管理设备。很快将由消费者个人来决定由哪些供应商提供能源，由哪些人来管理其高效的使用。

硅谷技术的经济性：增加回报

分布式太阳能发电设备、电动汽车和自动驾驶汽车都是信息产品。因此，它们也受信息经济和回报递增的支配。它们跟个人电脑与平板电脑一样都遵从于摩尔定律。

增加和减少的回报：技术进步 vs 资源开采

传统能源资源的经济回报不断下降，因此无法与回报日益上升的技术产业竞争。

传统能源的新宠：水力压裂法，也被称为"水压"。"水压"一个石油或天然气井需要在地面上准备数以百计的卡车、上千万升的水和数吨夹杂着上百种化学品的沙子。

还需要数千英里的管道，在运输或存储天然气前，还需要大型工厂将其液化或压缩，并且需要有大型工厂的港口来解压天然气并再次通过管道将其运输到电站。这个过程类似于鲁布·戈德堡机械（用设计精巧复杂的机械装置来完成简单的任务），只有这个过程结束以后，才能开始发电。

对于石油或天然气井来说，只要一开始开采，就意味着其回报开始减少。尽管我们有着丰富的"黄金能源时代"，但是仅在液压井开采的第　年，它就会耗尽 60%～70%的资源。[8]

这个行业开始将这种耗损现象称为"红皇后效应"（红皇后在《爱丽丝镜中奇遇记》中说：奋力奔跑才能保留在原地）。由于红皇后效应，仅仅维持现有的产量，就需要数以百万计的新矿井。这不仅仅是一个"水压"现象。传统油气井的产量在大约两年的时间里就下降了一半，在之后的几年里这些井基本就枯竭了。

开采经济学关乎的是回报减少：

· 开采得越多，每口井的产量就越少。
· 开采得越多，周边的井的产量就会越少。
· 开采得越多，未来每开采一单位能源的成本将会越高。

太阳能、电动汽车和清洁革命关乎的是回报增加。

太阳能光伏电池板有 22%的学习曲线。电池板的安装数量每翻一番，生产成本就会下降 22%。在市场上的需求越多，你的邻居将来需要支付的安装成本就越低，他的收益也就越多。每当德国安装一个太阳能电站，加州人安装下一个太阳能电站的成本就会下降。在澳大利亚每卖出一块太阳能电池板，南非卖出的太阳能电池板销售成本就会下降一些。降低的成本有利于所有的新加入的太阳能消费者。

建在沙漠的大型太阳能电站不仅让其直接用户受益，还让将来所有使用太阳能电力的人受益。

人们对太阳能光伏的需求越高，任何地方和任何人使用太阳能的成本就会越低。你的邻居会受益，澳大利亚的仓库所有者会受益，未来所有购买太阳能电力的人都会受益。这使太阳能市场进一步增长，太阳能的学习曲线会推动成本进一步降低。

这种良性循环恰恰与石油和天然气等资源开采行业相反。当中国近十年对汽油的需求飞速上升时，世界汽油的价格也上升了十倍。当北京对汽油的需求越来越高时，在帕洛阿尔托和悉尼的汽油价格也越来越高。

这不仅是一个理论框架。自 1970 年以来太阳能光伏相对于石油的成本基准提高了 5 000 倍（第七章）。随着太阳能市场的扩张，到 2020 年前，太阳能相对于石油的成本基准将会提高 12 000 倍（第七章）。

回报不断减少的能源资源开采业根本无法与回报不断增加的技术产业进行竞争。

"红皇后效应"迫使化石燃料行业开采更多的矿井，还要挖得更深，使用更刺鼻的化学物质并留下了更多的荒地。化石燃料行业如此拼命也不过是为了能留在原地而已。英国石油公司墨西哥湾石油泄漏事件和阿尔伯塔省的油砂事件不是偶然的，它们是红皇后"跑得更快以使自己维持在原地"的必然结果。

网络效应与能源和交通的清洁革命

网络效应解释了为什么即使网民人数只呈线性增加而网络的价值会呈指数级增加。网络效应也解释了为什么一个世纪以来美国电话电报公司彻底占据着美国电话市场，为什么近 30 年来微软视窗系统创造了如此多的财富，为什么苹果操作系统和谷歌的安卓平台变得如此有价值。网络效应是一个赢家通吃的命题，当一个技术平台，如微软视窗、Android 或 TCP/IP 赢得了网络效应的市场之后，市场中的其他人就很难与其竞争了。

网络效应同样适用于自动驾驶汽车市场。随着自动驾驶汽车市场的价值呈指数级（不是线性）增加，市场也随之成长。上路的自动驾驶汽车越多，给每一台自动驾驶汽车本身带来的益处也就越多（第五章）。出于这个原因，自动驾驶汽车市场的赢家获得的回报将会随着市场上自动驾驶汽车的增加而增加。

网络效应也意味着市场能够以类似脸书、苹果系统和谷歌安卓的指数级速度成长，而不是以通用汽车和英国石油公司这样的公司的线性速度成长。

摩尔定律与能源和交通的清洁革命

电动汽车是互联的、可移动的信息技术平台。

特斯拉 Model S 汽车通过无线软件下载更新或修补其操作系统。[9] 这种车有一个嵌入式的 3G 接口，也可以通过无线网络连接。就这点而言，特斯拉 Model S 汽车与你的智能手机或平板电脑没有太大差别。显然，特斯拉不是父辈们的老爷车，而且显然传统汽车制造商无法与特斯拉竞争。

电动汽车是一个信息技术产品。像许多信息产品一样，它得益于摩尔定律（或者它的一个衍生定律）。依照摩尔定律，微处理器技术大约以每年 41% 的速度进步。依照这个规律，随后的每一年你都可以用相同的金额去买一台相对于上一年性能提升了 41% 的电脑（更快、更小、更强）。

经过多年来技术的复合式成长，你才能得到呈指数级提高的信息产品，如电脑、智能手机和平板电脑。这种技术的进步效率正是微处理器比 20 年前强大 1 000 倍并且比 40 年前强大 100 万倍的原因。呈指数级进步的技术解释了为什么在过去的几十年里硅谷产生了垄断的技术和公司。你已经无法与呈指数级提升的产品竞争，除非你的产品也是呈指数级提升的。如果竞争对手提升的速度比你快，那你有麻烦了，距离破产只是一个时间问题。看看柯达就知道了。

亨迪定律相当于摩尔定律的缩影。在 1998 年，柯达的巴里·亨迪（Barry Hendy）发现了亨迪定律，亨迪定律揭示了每一美元的像素质量每过 18 个月就会翻一番。这意味着 59% 的年复合增长率（CAGR），其增长速度甚至超过了摩尔定律。在数码影像市场竞争中，如果你没有超过这个增长速度，就要被比下去了。

苹果公司因其精美和创新的产品为公众所追捧，但是当打开其中一部苹果手机，你会看到与精美的设计并存的是呈指数级提高的技术。苹果 5S 的中央处理器性能比最初款的苹果手机提高了 40 倍，10 年提升率达到了 85%。苹果 5S 还把图像性能提高了 56 倍，年提升率达到了 96%。

为了跟上苹果手机的发展，它的竞争对手需要每年把图像性能提高一倍，同时还要保持成本不变。

如果你的竞争对手沿着摩尔定律（或类似）曲线发展，而你不是，那么你的产品的命运就已注定了。你的公司被颠覆只是时间问题。它既适用于行业内部，也适用于外部。看看诺基亚和黑莓手机就知道了。

如果特斯拉电动汽车就是沿着摩尔定律的一个衍生定律发展的，那么底特律汽车行业的高管会不会失眠呢？如果特斯拉的每个技术产品都沿着一个摩尔定律的衍生定律发展，会怎么样呢？

为了跟上电动汽车的发展，使用内燃机的汽车制造商也许会假装以更快的指数曲线发展，但是他们无法做到。"老爷车"可能会有些提升（每年几个百分点），但其无法做到指数级的提升。

大型、集中式、自上而下、以供方为中心的能源将被淘汰，取而代之的是模块化、分布式、自下而上、开放式、基于知识、以消费者为中心的能源。本轮能源产业革命，加上汽车产业的革命，将产生多米诺骨牌效应。许多行业将会被颠覆：海运、公路运输、公共交通、租车、停车和保险。城市规划和土地管理也将发生巨大的变化。革命涉及的领域真是令人吃惊。

这不仅仅发生在硅谷或数字媒体领域，每个大型行业都可能在接下来的10~15年被颠覆。

历经百年的能源和交通行业正处于被颠覆的边缘。转型已经开始，颠覆很快会到来。传统能源已经被摈弃或将要被摈弃，他们的商业模式无法与技术革命力量，如太阳能、电动汽车和自动驾驶汽车竞争，硅谷创新的商业模式和参与式的文化会使其胜出。

百年的石油（天然气、煤炭或铀）将走向何方？

还记得 1990 年代关于"纸张峰值"的讨论吗？当时担心美国的纸张是否可以支撑 100 年的用量。报纸行业被网络所颠覆并不是因为我们用光了所有的纸张。

还记得"唱片峰值"或"CD 峰值"的说法吗？传统音乐行业被颠覆并不是因为我们用光了这些东西。

网络对于生产、存储、传输和消费内容来说，只是一种更快、更清洁、更便宜、更引人注目的方式。报纸行业跟音乐产业无法与网络竞争。互联网开启了产品、服务和商业模式的革命，它创建了一个能够淘汰传统的报纸和音乐产业的可参与式文化。

媒体、政界和能源产业关于能源的大讨论，仍痴迷于讨论我们是否处于"石油峰值"，是否还有足够的天然气（核能或煤炭）来维持我们使用 30 年、100 年甚至 400 年，这种讨论完全没有说到点子上。

并非因为我们用光了铜，手机才颠覆老式固定电话行业。地下的铜矿足够在 100 年内维持固定电话行业，但是这并不是投资固定电话的理由。[11]同样，手机行业颠覆了老式固定电话是因为移动电话是一种更快、更清洁、更便宜、更引人注目的沟通方式，并且他们可以生产、存储、传输并消费其内容。

只要把"石油""天然气""煤炭"或是你最喜欢的传统能源的这些词，替换成"纸""唱片"或是"胶片"，你就能看到明天的能源是什么样。

由呈指数级进步的硅谷技术、新的商业模式和可参与式文化带来的能源和交通革命是必然的，并且将会迅速发展。

到 2030 年，今天我们所熟知的能源和交通将成为历史。

第一章　太阳能革命

◼ "很多人觉得他们在思考，但实际上只是重新安排自己的偏见。"

——奥尔德斯·赫胥黎

◼ "首先他们忽视你，然后嘲笑你，接着攻击你，最后你就赢了。"

——莫汉达斯·甘地

◼ "如果你是在一年前，甚或是三个月前对屋顶太阳能做出的评估，那么你的评估已经过时了。"

——NRG 能源首席执行官大卫·克兰

第一章　太阳能革命

2013 年 1 月 1 日，El Paso 电力公司同意从第一太阳能公司（First Solar）的 50 兆瓦 Macho Springs 太阳能电站购电，价格为 5.79 美分/千瓦时。按照彭博社建立的分析模型，[12] 典型的新型燃煤电厂的售电价格为 12.8 美分/千瓦时，太阳能电力的价格还不到火电价格的一半。

太阳能发电的成本正在快速下降，并且已经成为公用事业、零售商业和居民电力用户选择的价格最低的电力来源。这在澳大利亚、美国、德国、西班牙和世界上的许多市场均已成为现实。

在美国，年新增光伏装机规模从 2009 年的 435 兆瓦增长到 2013 年的 4751 兆瓦，复合年均增长率达到 82%（图 1.1）。[13]2013 年，太阳能发电量在所有新增发电量中所占的比例达到 29%，而这一数字在 2012 年和 2010 年分别为 10% 和 4%。[14]

2012 年 5 月 25 日，一个晴朗的下午，德国的太阳能发电量达到 22 00 万千瓦时，这是德国全国电力需求总量的 1/3，[15] 打破了太阳能发电的世界纪录。第二天下午，太阳能发电量达到德国电力需求总量的 50%，再次打破前一天创下的世界纪录。

现在，德国电网输送的电力中有一半来自太阳能。如此高的太阳能发电比例曾经让人感到吃惊，但现在已经不足为奇。

德国的太阳能资源仅是美国的一半。在太阳能发电的推动下，德国 2013 年的批发电价比 2008 年降低了 40% 以上，[16] 节省的资金超过 50 亿欧元（约 500 亿

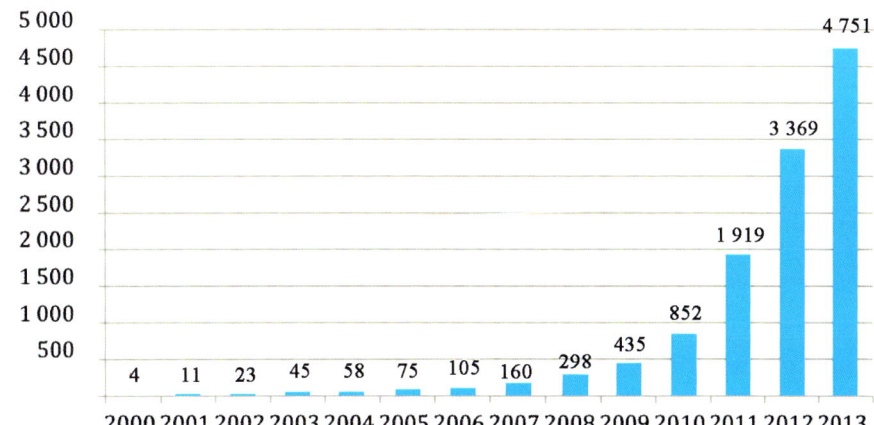

图 1.1 美国太阳能光伏发电新增装机容量〔来源：美国太阳能产业协学会（SEIA）〕

元人民币）。[17] 太阳能发电还大幅度降低了电价波动（图 1.2）。

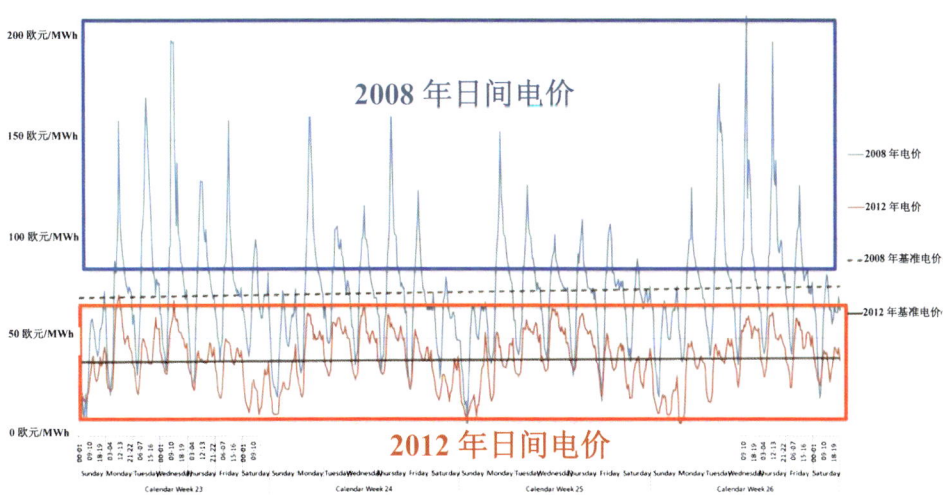

图 1.2 2008 年和 2012 年的德国批发电价。高比例太阳能发电不仅降低了电价，还减小了电价波动（来源：Meikle Capital 公司）[18]

风能和太阳能结合产生的影响更大。2013 年 10 月 3 日，接近中午时分，太阳能发电和风电共同供应了德国 59.1％的用电量。[19]整整一个月之后，2013 年 11 月 3 日，丹麦的风电发电量超过其全国电力总需求的 100％。[20]是的，您没有看错：丹麦当时用电 100％由风能提供。

在地球另一端，澳大利亚在大约 4 年的时间内安装了 100 万套太阳能发电系统，这是他们打破的诸多世界纪录之一。[21]太阳能发电量占到澳大利亚居民总用电量的 11％左右。德国花了 12 年左右时间达到 100 万套的装机量（到目前德国安装了 130 万～140 万套太阳能发电系统）。[22]孟加拉国提前多年达到了 100 万套家庭太阳能系统的装机目标。

再回到美国。沃伦·巴菲特，可以说是美国最成功的投资者，已经成为世界最大的太阳能发电投资者之一。巴菲特掌管的伯克希尔·哈撒韦公司旗下的中美能源控股公司投资了大约 24 亿美元收购一个太阳能开发项目，该项目在 2015 年投产后，成为世界最大的太阳能发电站（579 兆瓦）。[23]也就是说，中美能源这家规模相对较小、在财务方面比较稳健并且以火电为主业（58％）的区域性公用事业公司，当时掌握着世界最大的太阳能电站开发项目。[24]

沃伦·巴菲特的目光一般要比华尔街超前。他在太阳能方面的投资是否代表着主流投资者对太阳能发电的认可？巴菲特可不会坐等答案浮现在别人眼前。中美能源还花费了 20 亿美元收购世界第二大太阳能电站项目（550 兆瓦），并且掌握着亚利桑那州一座 290 兆瓦太阳能电站的 49％股份。[25]当中美能源为这些项目融资时，投资者蜂拥而至，造成了超额认购的情况。

与此同时，中美能源宣布将会退役 7 座燃煤电厂（参见第十章）。

太阳能的时代已经到来。太阳能正在能源这个世界上最大的行业中掀起一场革命。

太阳能发电价格低、占比高

太阳能发电的成功打破了某些神话，并且揭穿了传统能源行业的一些代言人反复述说的谎言——太阳能发电成本高昂、太阳能发电难以扩展、太阳能发电在几十年后才能成为主流、太阳能发电会破坏电网……诸如此类，不一而足。

本人在 2010 年出版了《亿万太阳能》一书之后，能源世界发生了诸多变化。当时，很难让决策者们相信太阳能很快就会成为世界最大的能源来源。而现在，这已经成为更为人们所接受的一种观点，并且问题不在于能否实现，只在于时间的早晚。甚至石油巨头壳牌公司现在也表示，太阳能将会成为世界第一能源。[26]

但是壳牌公司的这一预言迟到了将近 70 年。

我们已经身处能源生产快速转型的浪潮中，从已经存在了一个多世纪的、集中开采式、资源型能源生产向清洁的分布式、技术型能源生产模式转变，预计到 2030 年，转型将会完成。

太阳能市场的指数级增长

全球太阳能光伏发电装机容量已经从 2000 年的 140 万千瓦增长到 2013 年年底的 1.4 亿千瓦（图 1.3），复合年均增长率达到 43％。[27]过去 3 年来，美国的太阳能发电量差不多每年增加 1 倍。中国在 2013 年的太阳能发电装机容量达到了上年的 3 倍。[28]

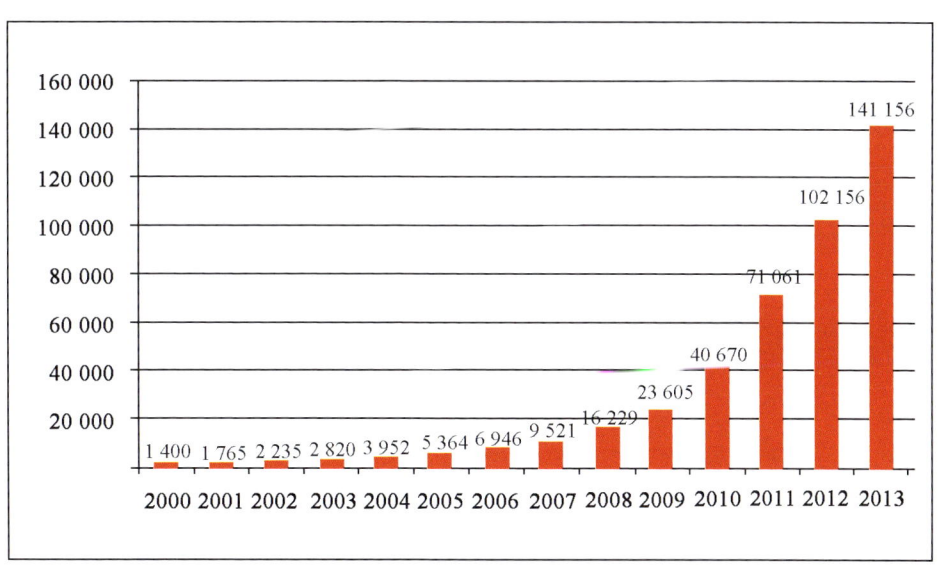

图 1.3　全球太阳能光伏发电装机容量，单位为兆瓦［来源：欧洲光伏行业协会（EPIA）和彭博新能源财经（BNEF）］

德国对太阳能的利用仍然处于世界领先水平。截至 2013 年 6 月，其并网太阳能装机规模已达到 3 410 万千瓦，[29]相当于 34 座核电站的峰值功率总和。德国 2012 年的常规能源每月最大发电量在 5 000 万千瓦到 6 500 万千瓦之间。

到目前为止，在阳光充足的下午，德国的太阳能发电量可以满足 20％到 35％的全国总用电需求，而且这已经成为一种常态。2012 年 5 月，太阳能发电量连续 24 天达到全国用电总需求量的 20%。[30]此后，德国的太阳能发电装机规模增长了大约 760 万千瓦。太阳能发电的边际成本为零，降低了电力的批发价格。

欧洲的能源利用继续处于向分布式清洁能源转变的过程中。2011 年，欧洲的太阳能发电新增装机容量在所有电力新增装机容量中所占的比例达到 48%，风电所占比例达到 21%（图 1.4）。也就是说，欧洲 2011 年的所有新增装机容量中，有 69% 为清洁能源发电（太阳能和风能）。

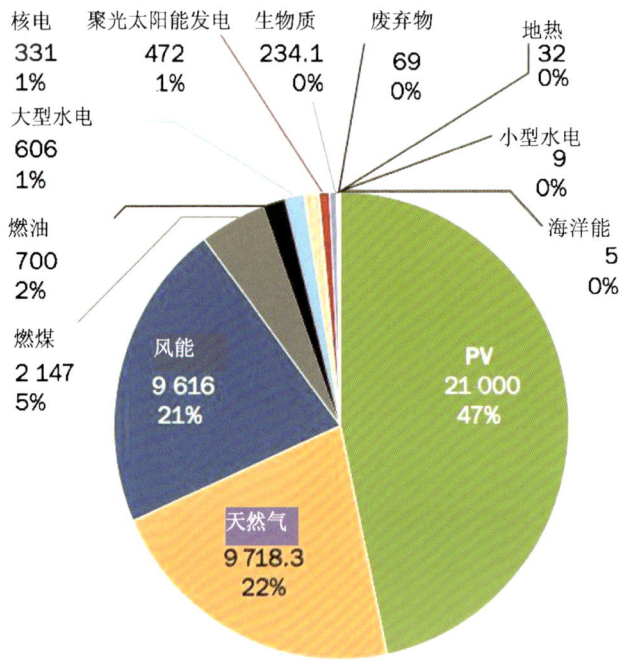

图 1.4　2011 年欧洲电力新增装机容量（来源：欧洲风能协会）[32]（单位：兆瓦）

太阳能发电和风力发电将会成为电网中新增电力的主要来源。澳大利亚能源市场运营机构（AEMO）预计，到 2020 年，太阳能发电或风电在电网新增电力中占据的比例将达到 97%。[31]这是电网未来的发展方向。

中国是世界最大的太阳能光伏组件生产国，并且已经快速转变为世界最大的太阳能产品消费国。中国在 2013 年的太阳能光伏发电装机量与上一年相比增加了 3 倍，并且计划在 2014 年实现 1 400 万千瓦的太阳能发电装机容量。也就是说，中国准备在一年内完成的装机容量相当于美国的历史总量。在太阳能市场呈指数级增长的背景下，中国的太阳能发电装机量高速增长的这种情况并不罕见：

美国在 2013 年的新增太阳能发电装机容量超过了截至 2011 年年底的历年装机规模总和。

争当太阳能行业领跑者的竞争正在激烈进行。硅谷新兴的一些太阳能公司，例如 SolarCity、Sungevity 和 SunRun，安装的住宅和商用太阳能发电系统数以万计，客户遍布加利福尼亚、美国其他地区以及荷兰和澳大利亚。SolarCity 在 2012 年 12 月成功上市（纳斯达克代码：SCTY），其股票市值在 2013 年 8 月增加到上市时的 4 倍，达到 29 亿美元左右。并且让传统电力供应商感到惊愕的是，在之后的几个月内，SolarCity 的市值又翻了一番。

上述几家太阳能发电设备供应商都开发出了创新的商业模式和信息技术基础设施，实现了业务规模的指数级增长。商业模式的创新已经成为太阳能业务的核心竞争优势。

太阳能发电的成本不断降低

约翰·谢弗是 Real Goods Solar 和 Solar Living Institute 的创始人，这两家公司位于加利福尼亚州旧金山北部的霍普兰市。他对太阳能光伏发电的早期阶段有很多深情的回忆。在近期全球太阳能技术展览会的一次活动上，谢弗告诉我，太阳能光伏发电在 20 世纪 70 年代还非常少见，美国军方甚至有一次找上门来，调查他为什么要倒卖 NASA 淘汰的电池板。当时这种二手太阳能电池板在他手中的售价是 90 美元/瓦——传统能源行业的人士可能还会拿出这个数据，让您相信太阳能电池板的价格仍然昂贵无比。

1970 年，太阳能光伏电池板的价格是 100 美元/瓦（图 1.5）。太阳能企业家、太阳能电力公司的创始人埃利奥特·伯曼后来开发出一系列创新性的制造工艺，将电池板的价格降低到 1973 年的 20 美元/瓦。[33] 到 2008 年，太阳能电池板的价格达到 6 美元/瓦，比 1970 年的价格低 94%。

从那时起，太阳能发电的成本大幅度降低。在 2011 年一年间，太阳能光伏电池板的价格降低了 50%；而在 2012 年，又进一步降低了 20% 以上。

2013 年，太阳能电池板的价格约为 65 美分/瓦。太阳能光伏发电的成本在仅仅 5 年的时间内又降低了一个数量级。

从 1970 年至今，太阳能电池板的价格已经下降到原来的 1/154（从 100 美元/瓦降到 65 美分/瓦）。

太阳能发电成本的这种指数级下降一般只在信息技术行业中出现，在能源行业非常少见。

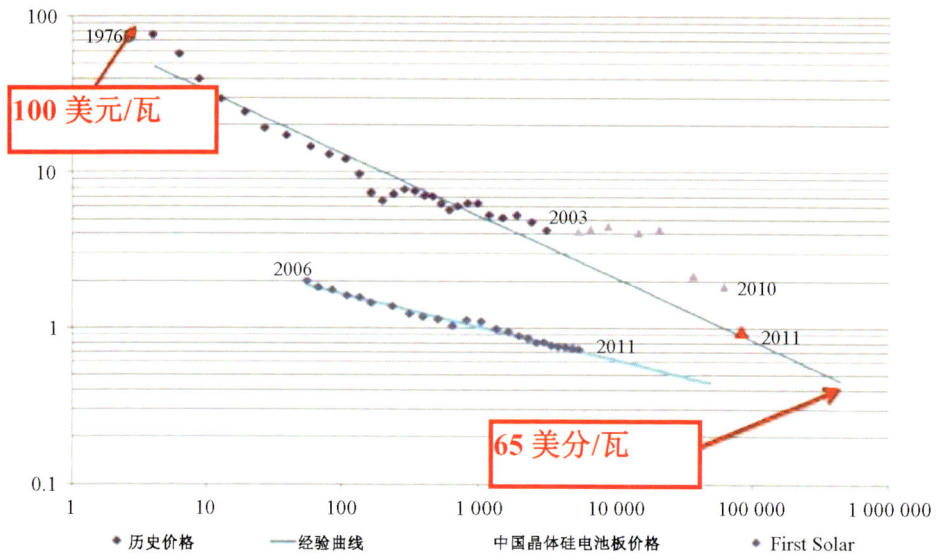

图 1.5 太阳能光伏电池板价格曲线。从 1970 年至今，光伏电池板的价格已经下降到原来的 1/154。(图片来源：彭博新能源财经，红色文字由作者添加)[34]

　　想象一下，如果油价按照太阳能的价格曲线发展，会出现什么情况？1970年，原油价格为每桶 3.18 美元，[35] 而汽油的零售价格为每升 0.095 美元。[36] 如果油价在 1970 年之后按照太阳能发电价格的降速下降，那么现在一桶原油的价格将会在 2 美分左右，而每升汽油的价格仅有 0.0618 美分，也就是说 16 升汽油的价格还不到 1 美分。如果这种想象成为现实，那么加满 56 升的油箱只要花费 3.5美分。而实际上，原油价格一直在每桶 110 美元左右徘徊，一箱汽油的价格超过50 美元。

　　真实的情况是，太阳能光伏发电的成本已经降低到 1970 年的 1/154（从 100美元/瓦降到 65 美分/瓦），而油价却上涨到当时的 35 倍，从 3.18 美元/桶涨到110 美元/桶。

　　将这几个数字比较后可以发现，太阳能发电价格在 1970 年之后的下降幅度是油价的 5 355 倍。您可以想一下，面对一项成本比自己下降 5 000 多倍的技术，有哪个行业可以与之竞争？答案是否定的，破产近在眼前。而且如果这种技术的边际成本为零，其竞争力就更加强大。柯达公司就是一个很好的例子。

　　1970 年以来，太阳能发电成本的下降达到了所有资源型能源的数百倍甚至数千倍。表 1.1 显示了太阳能光伏发电技术的成本下降与世界四大主要资源型能源的成本增加之间的比较。本文的后续章节将对各种传统能源（石油、核能、天然气和煤炭）进行详细分析。

表 1.1　　1970 年之后太阳能光伏发电成本下降与其他能源的比较（详见后续章节）

比较对象	1970 年之后太阳能发电成本下降与其他能源的比较（倍数）	详细分析所在章节
石油	5 355	七
核能	1 540	六
天然气	2 275	八
煤炭	900	十

此外，太阳能发电的成本仍在不断降低，而其他资源开采型能源的成本还在持续提高。

如果您仍认为太阳能发电的竞争力不如石油，那么不妨再思考一下：太阳能将通过两种方式实现对石油的颠覆（详见第七章）：一种是替代柴油和煤油这两种价格昂贵、污染严重并且仍在为全世界数十亿人口所使用的能源；另一种是颠覆发电行业，并由电动汽车取代汽油内燃机汽车。

传统能源行业的从业人员希望太阳能发电价格可以"保持稳定"甚至上升，[37] 但他们的运气没有这么好。太阳能光伏行业的创新从不间断，而光伏制造业的竞争非常激烈。连能源巨头 GE 也因无法承受激烈竞争而放弃光伏业务，并将自己的光伏电池板技术出售给了行业领导者 First Solar。[38] GE 表示，其将继续留在太阳能行业内，但是会将重心转移到融资业务和逆变器业务上。

太阳能的成本一直在快速下降，并且在可以预见的未来，应该还会继续下降。与日俱增的创新、不断扩张的规模和日益激烈的竞争都推动了成本的下降。太阳能经验曲线（太阳能行业的摩尔定律）的下降比率约为 22％，也就是说，行业规模每扩大 1 倍，生产成本就下降 22 个百分点。这一比率在过去几年可能有所提高（图 1.5）。

太阳能发电装机量快速上升

沃伦·巴菲特的中美能源控股公司投资数十亿美元开发太阳能项目，这一举动让某些能源行业的"权威人士"感到意外。而让他们更为惊讶的是，巴菲特还在继续投资上百兆瓦的太阳能项目。这些"权威人士"完全没有注意到形势的变化。

而 NRG 能源公司的首席执行官大卫·克兰无疑注意到了这些情况。他表示，屋顶太阳能发电系统的发展日新月异，1 年前甚至 3 个月之前的数据到现在可能都已经过时。NRG 能源公司每年的营收高达 88 亿美元，是一家以化石燃料发电为主业的公司，为美国 2 000 万家庭用户供电。NRG 已经满怀热情地投身于太阳能产业。

NRG 能源公司正在克兰的领导之下逐渐向太阳能业务过渡，这一过程已持续数年。"我们相信，到 2014 至 2016 年，屋顶太阳能发电系统发电价格会低于电网电价，"克兰在 2011 年表示，"太阳能发电目前的市场份额很低，但是未来将会在整个电力结构中占据 20％到 30％的比例。这是一个巨大的市场。"[39]

克兰还表示："太阳能为能源行业的游戏规则带来了 25 年来我所见到的最大改变。"

中美能源控股公司是一家区域性电力公司，每年的营收为 30 亿美元，有 58％为火电。该公司在太阳能方面的投资已经达到 50 亿美元左右，并准备退役 7 座燃煤电厂。

太阳能发电在澳大利亚和德国的发展已经度过了早期阶段。澳大利亚全国的太阳能发电占比为 11％，有的社区中有 90％的家庭都安装了屋顶太阳能发电系统（第三章）。而在加利福尼亚，很多电力市场中的太阳能电价已经比电网电价还要低。Sungevity 是一家总部设在奥克兰市的太阳能设备安装公司，其联合创始人丹尼·肯尼迪表示："我们有 90％以上的客户在安装之后马上就见到了效果，电费支出明显减少。"

此外，最快到 2015 年，将会有 2/3 的美国人可以享受到比目前的常规电价还要低的无补贴太阳能电价。丹尼·肯尼迪曾担任过我在斯坦福大学开设的清洁能源课程的特约嘉宾，他在课堂上表示："到 2016 年，将会有 4 000 万～5 000 万美国家庭需要在廉价的太阳能电力和昂贵的电网电力之间做出选择。"

答案在我看来很明显，美国人会选择清洁而廉价的电力。按照我的计算，到 2022 年，美国安装的太阳能发电设备数量将达到 2 000 万套。

美国的太阳能行业是一个不断创新、迅猛成长并且可以健康可持续发展的行业，其规模有望达到数万亿美元。

美国太阳能发电装机成本高于德国的原因

虽然太阳能电池板的成本已经大幅度降低，但是美国屋顶太阳能发电设备的总装机成本却没有达到相同的下降速度。

电池板的成本非常低，不构成住宅和商业太阳能发电设备的主要成本要素。而与太阳能电池板不同，所谓的"软成本"在总装机成本中占据了更高的比例。软成本包括许可成本、监管成本、税费、并网费用、检测成本和安装成本。

举例来说，许可和监管对太阳能发电装机成本就有很大影响。太阳能设备安装企业 SunRun 进行的一项研究表明，申请许可这项工作会让一套太阳能发电设备的成本平均增加 2 516 美元（0.5 美元/瓦）。[40]许可费用与电池板本身的成本几乎相当。而在写作本文时，太阳能电池板的价格约为 0.65 美元/瓦，并且预计在 2017 年会降低到 0.36 美元/瓦。[41]

2012 年年底，德国的小型（10 千瓦以下）太阳能光伏发电设备的总成本降低到 2.26 美元（1.698 欧元）/瓦。[42]而在澳大利亚，截至 2013 年 7 月，已安装的 5 千瓦住宅光伏发电设备的平均成本更低，达到 1.76 澳元/瓦（1.62 美元/瓦）。[43]而澳大利亚珀斯市的太阳能发电设备成本甚至低到 1.38 澳元/瓦（1.27 美元/瓦）。

对于美国而言，住宅或商业太阳能发电设备的每瓦总装机成本一直比德国高出很多。安装同样规模的发电设备，在美国要花费的费用几乎达到德国的两倍。

劳伦斯伯克利国家实验室的一份报告表明，尽管电池板、逆变器和大部分硬件设备都在全球市场上流通，并且在两国的售价接近，但是对于同样的设备，美国的每瓦投资成本要比德国高出 2.8 美元。[44]

对于整个太阳能发电系统，即使太阳能电池板的成本为零，美国的电力用户也需要比德国和澳大利亚用户支付更多的"软成本"。事实上，美国太阳能发电的"软成本"接近澳大利亚珀斯市的两倍。[45]

不过，虽然美国的每瓦太阳能装机成本比全球市场高 2.8 美元，但是其太阳能光伏市场的规模在过去几年仍然翻了接近两番，这充分预示了清洁能源的光明前景。仅以德国或澳大利亚为目标，美国的太阳能发电成本至少还能降低 50％ 到 60％。美国能源部的 Sunshot Vision 项目预测，到 2020 年，这一成本将会降低到 1.5 美元/瓦。[46]大致说来，美国能源部希望美国能在 6 年时间内让太阳能发电成本降到澳大利亚现在的水平。

如果参照历史数据和学习曲线，太阳能发电成本的降幅和速度均会高于市场预期。

无补贴太阳能电价与有补贴常规电价的比较

太阳能组件供应商 First Solar 曾经表示，其全球战略是重点开发不依赖政府补贴的市场。[47]全世界已经有数百个市场中的无补贴太阳能电价比享受补贴的化石燃料与或核能发电电价还要低。太阳能的这种进步值得关注。

建设一座公用事业规模的太阳能电站的总投资成本已经降低到 2 美元/瓦以下，并且越来越接近 1 美元/瓦。用户以后选择太阳能电力的目的不仅仅是保持绿色的环境，而且要节省资金。仅住宅太阳能发电市场一项，其规模就有可能达到数万亿美元，并且美国住宅太阳能发电市场的规模可能更大。全世界有众多数万亿美元规模的市场等待开发。

Greentech Media 预计，到 2017 年，太阳能组件的每瓦价格将会降低到 36 美分。[48]而花旗银行预计，到 2020 年，这一价格会降低到 25 美分/瓦（图 1.6）。[49]

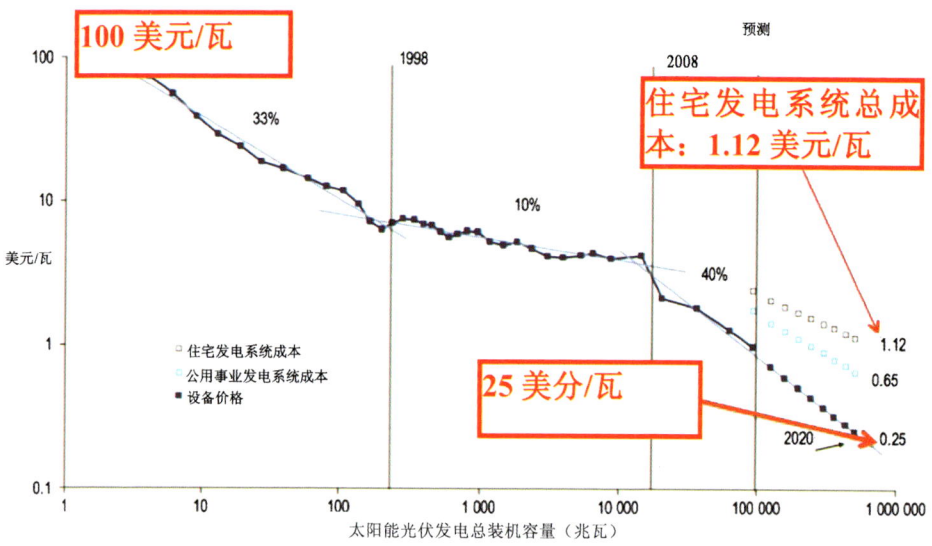

图 1.6　太阳能光伏发电历史成本与预计成本（来源：花旗银行，红色文字由作者添加）[50]

花旗银行进一步预测，对于公用事业规模的太阳能光伏电站，总装机成本会降到 0.65 美元/瓦，而住宅太阳能发电系统的总装机成本会降到 1.12 美元/瓦。

对能源未来的案例研究：兰开斯特市

没有补贴的廉价太阳能电力对能源行业而言意味着什么？对于即将到来的能源革命，我们可以在加利福尼亚州的兰开斯特市一窥其面目。2013 年 3 月 26

日，兰开斯特市议会通过了对区划法的一项修改，修改后的区划法规定，此后新建的每所住房均必须配备太阳能电池板。

兰开斯特位于洛杉矶西北 165 千米处，是一座对发展太阳能发电充满雄心的城市。2012 年年初，兰开斯特市副执政官贾森·考德尔告诉我，该市的 15.5 万居民已安装的太阳能装机规模达到 23 兆瓦，并有 100 兆瓦已通过批准，正在申请并网许可。如果这些许可全部获得批准，那么兰开斯特市的人均太阳能装机规模将达到 794 瓦，总装机规模将比目前加州太阳能装机规模最高的索诺马（Sonoma）县还高出 60%。如果将这一数字外推到加州的其他地区，那么整个加州的太阳能装机规模将达到 3 050 万千瓦。加州在 2011 年的峰值能源需求为 6 000 万千瓦左右，如果太阳能装机规模达到 3 050 万千瓦，就能达到加州所有发电设备峰值功率的一半以上。[51]

但兰开斯特的目标不止于此。兰开斯特希望成为世界上第一个净排放为零的城市。要实现这个目标，兰开斯特需要实现接近 600 兆瓦的有效太阳能发电装机规模。对于该市的 15.5 万居民而言，平均每个居民的装机规模需要达到 4 千瓦左右。

要实现净零排放的目标，兰开斯特的太阳能装机规模需要在目前全州领先的基础上再增加 200%。为此，该市对监管审批程序进行了修改。一项标准住宅太阳能发电设备的安装申请在 15 分钟内即可在服务中心办理完毕，费用为 61 美元，其中包括 31 美元的许可费，22 美元的交通和文件费与 6 美元的签发费。

兰开斯特市副执政官贾森·考德尔还告诉我，兰开斯特计划建设 50 兆瓦的太阳能发电项目，用于向周边城市售电，价格为 8.5 美分/千瓦时。这一计划是否可行？我对兰开斯特的太阳能发电平准化成本（LCOE）进行了计算。由于资本成本（COC）是太阳能发电成本中的主要决定因素，因此我在图表中对 LCOE 与 COC 进行了比较。计算时采用的假设如下（2020 年）：

太阳辐射量：2 400 千瓦时/（米² · 年）
太阳能电池板转化效率：15.9%（与 2013 年相同）[52]
每瓦装机成本：1.12 美元[53]
运维费用：电站装机（总承包）成本的 1%
保险费用：电站装机（总承包）成本的 0.3%

2020 年，兰开斯特市屋顶太阳能发电设备的成本将介于 3.47 美分/千瓦时到 6.62 美分/千瓦时之间，具体取决于资本成本（图 1.7）。计算时不考虑补贴。

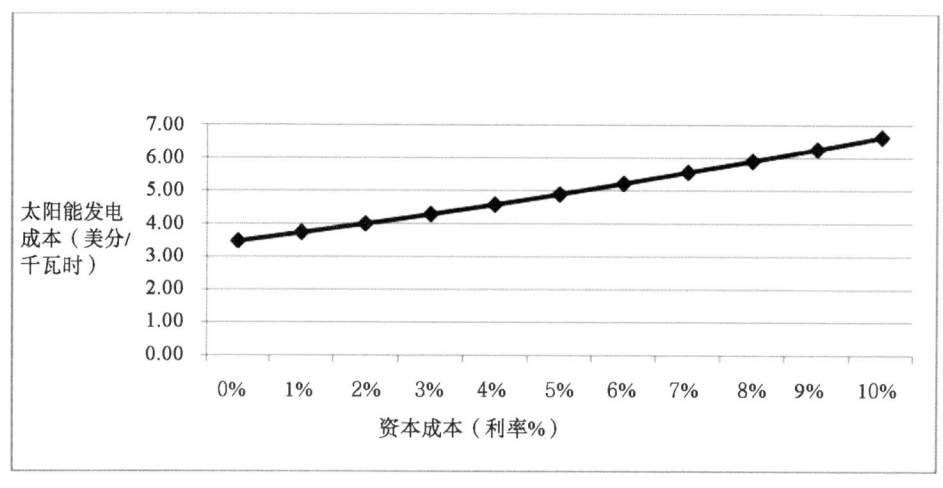

图 1.7　兰开斯特市 2020 年太阳能发电成本随资本成本变化情况

在计算采用的假设中，与美国当前市场价格差别较大的只有一项，即每瓦装机成本。我在计算中使用了花旗银行预测的 1.12 美元/瓦。这个数字是否过于乐观？其实并不是。澳大利亚珀斯市的住宅太阳能发电设备装机成本在 2013 年 8 月就已经低到 1.38 澳元（1.27 美元）/瓦。[54] 按照花旗银行的预测，美国会在 6 年的时间内将这一成本逐步降低到澳大利亚 2013 年的水平。

在兰开斯特市，太阳能电池板像门窗一样，是每所新建住房必不可少的组成部分，因此可以随住房一起申请抵押贷款。假设美国的住房抵押贷款利率为 3.47％（15 年固定利率，无折扣），那么兰开斯特市的住宅屋顶太阳能发电设备的成本约为 4.4 美分/千瓦时。没有任何一种其他发电方式能够以如此低的价格向家庭供应电力。仅仅输配电的费用就不止 4.4 美分/千瓦时。当太阳能发电零售价格达到 4.4 美分/千瓦时，供电公司会面临没有生意可做的局面。

采用核能、燃气、燃煤和燃油等的集中式发电厂届时必然会失去所有零售业务。而在批发市场，他们目前已经在与太阳能电站的竞争中处于下风。用投资行业中的术语来说，传统电厂将会成为"搁浅资产"。

不相信太阳能电力的零售价格到 2020 年会低于 5 美分/千瓦时？据兰开斯特市副执政官贾森·考德尔所述，兰开斯特的屋顶太阳能电价已经低到 10 美分/千瓦时。[55] "而供电公司的电价是 18 美分/千瓦时，"他表示，"所以说我们现在已经开始省钱了。"

太阳能光伏电池板的成本在下降，装机成本在下降，资本成本在下降，维护成本也在下降，相信兰开斯特在 2020 年之前就可以实现 5 美分/千瓦时的太阳能电价。

很重要的一点是，兰开斯特的领导层雄心勃勃，并且全力支持太阳能项目的发展。市长雷克斯·帕里什表示："我们将在 3 年内实现净零排放的目标。"为实现这一目标，兰开斯特的太阳能装机规划达到了 700 兆瓦。[56]

如果实现这一目标，兰开斯特就不仅仅是一个净零排放的城市，而且还会成为一个电力净输出城市，并会在不到 10 年的时间内实现其太阳能电力发展目标。

太阳能革命多久可以实现？

兰开斯特的经验是否可以推广到全国或者全球？如果整个美国都实现兰开斯特人均 4 千瓦的太阳能装机容量，那么全国的太阳能装机容量可以达到 120 亿千瓦，完全满足全国的高峰用电需求。兰开斯特很可能在 2020 年之前就实现自己设定的目标，那么美国其他地区会怎样？

有怀疑者认为，太阳能发电基础设施需要几十年才能建设完成；即使屋顶太阳能的电价远远低于当地电力公司的零售电价，我们也无法在十年的时间内建设数以千万计的屋顶太阳能发电系统。但这些怀疑者忽略了一个事实：革命的速度无比迅猛。很多照相机胶片公司、电报公司或打字机公司想必对这一点有深刻的理解。

上文已经以澳大利亚为例说明了太阳能发电被市场接受的速度有多么快。从几乎没有住宅太阳能发电系统到 100 万家庭太阳能用户，澳大利亚仅用了大约 4 年的时间。而现在，有 260 万左右澳大利亚人拥有屋顶太阳能发电系统，占全国总人口的 11%。[57]

美国的人口大约是澳大利亚的 10 倍，按照相同的普及速度，美国在 4 年内可以实现大约 1 000 万套的太阳能发电系统装机量。难道有些能源"专家"认为澳大利亚人做到的事情在美国就实现不了？

美国目前的太阳能发电系统装机量约为 30 万套。太阳能行业的规模能否以澳大利亚的速度增长到 1 000 万套或 2 000 万套？我们的供应链和劳动力能否在这么短的时间内满足 1 000 万套或 2 000 万套屋顶太阳能系统的需求？

为分析美国能否快速普及太阳能发电，我们可以用另一项与屋顶有关的革命性技术来进行比较：卫星电视。

DirecTV 的屋顶革命

1994 年，一家名为 DirecTV 的新公司推出了一项多频道电视节目服务，电视信号通过屋顶卫星天线直接入户。该公司的直播卫星（DBS）服务让家庭用户在有线电视节目之外多出了一项选择。

卫星天线技术多年以来一直呈指数级发展。1984 年，"家用天线"的直径长达 10 英尺，价格为 5 000 美元，最多传输 27 个频道；而到 1994 年，其尺寸缩小到 18 英寸，价格降到 700 美元，最多可以传输 175 个频道。[58]

DirecTV 的卫星电视服务能否与处于垄断地位的有线电视供应商展开竞争？如果能，他们的业务增长速度如何？毕竟工人需要爬上屋顶检查屋顶是否坚固，并进行布线之类的工作，邻居们对屋顶上架设的这些奇怪的设备会不会有意见？

DirecTV 这种全新的技术在推出市场时并不被看好，但是 5 年后，其客户数量接近 1 000 万（表 1.2），市场占有率超过 10%。

表 1.2　屋顶直播卫星（DBS）服务的普及率（来源：弗兰克·巴斯等人）[59]

年数	付费购买 DBS 服务的家庭总数（百万）	DBS 服务的市场占有率（%）
1	1.15	1.21
2	3.076	3.21
3	5.076	5.25
4	7.358	7.55
5	9.989	10.16

太阳能光伏发电设备比卫星天线要复杂得多，但是对于一名训练有素的工人来说，一套屋顶太阳能发电设备在几小时内就可以安装完成。需要注意的是，卫星天线所用的时间（5 年）和达到的市场占有率（10%）与澳大利亚住宅太阳能光伏发电设备的相关数据非常接近（4 年达到 11% 的市场占有率）。

即使采用 DirecTV 在 1994 年掌握的物流技术，美国也能在 5 年时间内安装 1 000 万套屋顶太阳能发电设备。

毫不夸张地说，如今的计算机性能已经达到了 1994 年的 1 000 倍——摩尔定律得到了充分体现。在 20 年前 DirecTV 推出直播卫星服务之后，物流行业的发展已经跨越了好几个数量级。DirecTV 当时没有移动互联网通信，没有云基础设施，也没有大数据分析。企业资源规划（ERP）的概念在当时刚刚出现。谷歌地图和谷歌地球距离形成构想还有好几年。

而现在，各种最佳物流技术已经成为云端提供的服务内容。目前有十几家太阳能公司已经具备了扩展业务所需的人才和资金。

如果 DirecTV 一家公司可以使用现在看来相当陈旧的、1994 年的物流技术，在 5 年时间内安装 1 000 万套屋顶卫星天线，那么现在的某个公司利用 2014 年的物流与测绘技术，要在 5 年或 10 年的时间内安装 1 000 万或 1 亿套屋顶太阳能光伏发电设备，就不应存在任何技术障碍。即使一家公司做不到，最大的 10 家太阳能设备安装公司联合起来也一定能够实现这一点。这 10 家公司的业务涵盖太阳能设备安装和第三方融资服务，例如 SolarCity、Sungevity、SunRun、Vivint Solar 和 Verengo。当然，在 4 年内安装 100 万套屋顶太阳能设备的那些澳大利亚公司也可能提供一定帮助。

太阳能发电成本降低到某个稳定水平之后，对于在不到 10 年内安装 1 000 万、4 000 万或者 1 亿套屋顶太阳能发电设备这个目标，形成阻碍的肯定不会是技术因素。真正的阻碍很可能会是掌握话语权的某些能源公司设置的法律、政治和监管方面的阻碍。

世界首个全天候太阳能电站

在不久的将来，太阳能电站的种类会像现在的个人电脑和手机一样丰富，并能按照需求随时发电。2011 年 6 月，我前往西班牙南部参观了 Gemasolar 这座能够全天候发电的太阳能电站。

Gemasolar 电站由 Torresol Energy 建设，装机容量为 19.9 兆瓦，其热能储存装置可以发电 15 小时，从而保证电站能够全天随时发电，不管深夜还是凌晨（可以在 YouTube 上观看本人参观 Gemasolar 电站的视频：http：//www. youtube. com/watch？v＝GhV2LT8KVgA）。

据 Torresol 的联合创始人兼首席基础设施官圣地亚哥·阿里亚斯所说，Gemasolar 电站的预计发电量为每年 1.1 亿千瓦时，足够 25 000 个家庭使用。由于可以存储能量，因此这座 19.9 兆瓦的电站的发电能力相当于一座没有储能装置的 50 兆瓦太阳能电站。

太阳能熔盐电池

Gemasolar 电站的电池由两套熔盐热能储存装置组成。借助储能时间长达数周的电池，无论是在夜间还是在阴雨天，电站都可以按照需求随时发电。熔盐储能装置（MSES）又称为太阳能熔盐电池，是一种热电池，而不是化学电池（例如为特斯拉 Model S 等电动汽车供电的锂离子电池为化学电池，见第四章）。

熔盐储能装置由 60% 的硝酸钾和 40% 的硝酸钠组成，可以保存 99% 的热能长达 24 小时。也就是说，这种电池每天损失的热能只有 1%。

与大多数化学电池相比，硝酸钾电池更加环保并且成本更低。中世纪的欧洲人使用钾来保存食物，而硝酸钾现在仍在用于牛肉腌制、抗敏感牙膏和花园肥料等行业。[60]熔盐储能装置的投资成本相对较低，约为 50 美元/千瓦时，是锂离子电池的 1/10。

Gemasolar 电站并不是世界上首个使用熔盐储能装置的商业太阳能电站。从 Gemasolar 电站沿安达卢西亚 A94 公路向东南行驶 300 千米（186 英里），就可以到达 Andasol-1 聚光太阳能电站。该电站的装机容量为 50 兆瓦，于 2009 年 7 月投产，装有可维持 7.5 小时发电的电池。而 Gemasolar 电站的电池可以维持发电达 15 小时，是该电站的两倍。

圣地亚哥·阿里亚斯预计，Gemasolar 电站每年的发电时间约为 6400 小时，容量因数为 75%。作为比较，美国胡佛大坝的容量因数约为 23%，中国三峡水电工程的容量因数约为 50%。[61]

克莱姆森大学教授迈克尔·马罗尼在 2003 年进行的一项研究表明，2003 年，日本、法国和美国的核反应堆的容量因数在 65% 到 72% 之间，世界平均值为 69.4%。[62]而且这些还是重创日本核工业的福岛第一核电站核事故发生之前计算的数字。

能量储存技术可以改变一切

Torresol 的首席基础设施官圣地亚哥·阿里亚斯投身太阳能电站建设已经有 38 年。谈到电力市场这个话题时，他对全天候发电的太阳能电站感到十分兴奋。"一年中的最高用电需求出现在高温季节的晚上。"他在电站内自己的办公室中告诉我。高峰时间的市场电价会有所提高，而太阳能电站正好可以在天气晴朗炎热、用电需求最高时发出绝大部分电力。

阿里亚斯表示："在日照最强时储存能量，在市场需求最高时输出能量，这种能力改变了电力市场的一切。我们电站的燃料成本为零，天然气发电根本无法与我们竞争。"

夜间的太阳能利用：基荷（全天候）太阳能电站

根据美国太阳能产业协会的数据，美国正在建设包括采用聚光太阳能发电（CSP）和太阳能光伏电池板发电这两种技术的大规模太阳能项目。不考虑住宅或商业太阳能发电设备，美国目前在建的太阳能项目规模超过 4 200 兆瓦，并有超过 23 000 兆瓦的项目处于开发过程中。[63]

2014 年年初，总部设在洛杉矶的 SolarReserve 公司开始准备将世界最大的基荷太阳能电站（110 兆瓦）在内华达州投入运行。该电站位于托诺帕镇，规模是西班牙 Gemasolar 电站的 5 倍。Tonopah 电站的电力将输送到拉斯维加斯，供其在夜间使用。拉斯维加斯大道的夜空很快就会被太阳能电力点亮。

再看一个小的例子。南太平洋岛国托克劳已经成为世界上第一个完全利用太阳能供电的国家。托克劳的太阳能光伏电站分布在三个环礁之上，利用电池组储能，供夜晚发电使用。托克劳在不到一年的时间内实现了从完全依赖柴油供电到完全利用太阳能供电的过渡。

太阳能革命已经到来

本书的其他章节用很多篇幅分析了太阳能发电将会颠覆能源行业的各种原因。我以前也介绍过这些内容。太阳能发电的指数级发展让我想起了自己以前在思科系统公司工作的时光。

1993 年，我在思科的业务开发部门工作。我仍然记得当时面对互联网的成长，自己产生的想法："如果市场继续按照这个速度发展，思科设备的使用量会在 10 年内达到 10 亿台。"当时听到这个想法的很多人都用奇怪的眼光看着我。那个时候，大部分人都不知道互联网为何物，更不会相信包括他们自己在内的 10 亿人很快就会拥有一台可以上网的设备。

1990 年，全世界只有一台——没错，就是一台——网络服务器和一个网络浏览器。它们都运行在蒂姆·伯纳斯-李设在瑞士的欧洲核子物理研究所内的 NeXT 计算机上。[64]欧洲以外的第一个网络服务器于 1991 年 12 月在美国加州帕洛阿尔托的斯坦福线性加速器中心问世。[65]而现在，世界上的互联设备数量超过 100

亿台。[66]

太阳能发电也处在一条类似的指数级发展轨道上。全世界的太阳能光伏发电装机容量已经从 2000 年的 140 万千瓦增长到 2013 年的 1.4 亿千瓦，复合年增长率达到 43%。

如果太阳能光伏发电继续按照每年 43% 的速度增长，那么到 2030 年，全世界的太阳能发电装机规模将会达到 567 亿千瓦，大约相当于 189 亿千瓦的传统基荷发电量。按照美国能源情报署的分析，2030 年的世界能源需求预计为 169 亿千瓦。如果太阳能继续呈指数级发展，那么 2030 年全世界的能源需求将完全通过太阳能提供。

20 年前，我预测互联网节点会达到 10 亿，很多人对此表示不解；而现在当我说起全世界的用电量将完全通过太阳能提供时，还会时常在别人脸上看到同样困惑的表情。问题的关键在于：太阳能发电是否能在今后的 10 年或 20 年仍然保持现在的指数级发展速度？

答案是：太阳能发电的实际发展速度可能会加快。通常来说，当某项技术产品达到临界规模时，其市场实际上会加速增长。

随着太阳能发电在全球许多市场达到临界规模，市场自身的良性循环会促进太阳能发电加速发展：

可利用资本增加，资本成本降低；

区域性分布式发电增加；

能源生产从集中式变为分布式；

传感器、人工智能、大数据和移动通信等技术大幅度改进；

资源型能源的成本上升；

风电、电动汽车、无人驾驶汽车等互补市场极速发展；

太阳能发电、风电、电动汽车和无人驾驶汽车领域使用的储能技术获得更多投资；

能源生产方式越来越分散；

传统的受操控的能源经营模式陷入恶性循环，价格越来越高，搁浅资产越来越多。

太阳能电力和风电全面占据市场的趋势已经显现。澳大利亚能源市场运营机构（AEMO）的一份报告表明，到 2020 年，电网中的新增电量将有 97% 会来自风电或太阳能电力。[67] 然后，污染严重的老旧电厂会逐步退役，直到太阳能电力和风电占据整个电网为止。

以指数级发展的技术、新的商业模式、参与式融资和能源文化引领的太阳能革命正在兴起。但许多传统的"能源专家"不这样认为，他们会说能源革命的代价高昂，或者需要几十年或一个世纪才能实现，如同"电信专家"当年做出的预测一样。

1985 年，AT&T 委托业界领先的麦肯锡管理咨询公司预测 2000 年的美国手机市场情况。麦肯锡的预测结果是，美国在 2000 年的手机销量不会多于 100 万部。

AT&T 实际上是无线通信技术的发明者。他们当时认为市场机会不大，所以没有进入手机业务领域。20 世纪 80 年代中期，投入电信行业的资金并未流向手机。而 2000 年，美国的实际手机数量达到 1.06 亿部，是"电信专家"预测数量的 100 倍。AT&T 最终在 1994 年花费 128 亿美元收购 McCaw 移动通信公司，重新进入手机业务领域。

在全世界的 70 亿人口中，有 60 多亿人拥有手机。[68] 而根据联合国的数据，全球能使用马桶的人口只有 45 亿。有十几亿人用不上马桶，但能用上手机。马桶是 2 800 多年前古希腊的 Minoa 发明的；2000 多年前，罗马修建了世界第一个能够有效运作的下水道系统。[69] 然而数字手机的使用量在 20 年内就超过了马桶的使用量。

我们必须承认，建设分布式、无线的、基于数字技术的基础设施要比建设集中式、管道连接的、基于资源的基础设施更容易一些。

很多产品都在 20 年甚至 2 年的时间内颠覆了规模达到万亿美元的不同行业。柯达在 2003 年的时候还是摄影行业的巨头。2007 年苹果发布 iPhone 之前，智能手机市场还没有形成规模。2010 年苹果推出多款 iPad 之前，平板电脑几乎不存在。

iPhone 和 iPad 都经历了指数级发展。指数级的发展并非显而易见，而且难以想象。但是如果某类产品以指数级速度发展，那么我们最好加以注意。10 年或 20 年的指数级发展可以带来巨大的革命性影响。

太阳能会带来能源革命，但是市场的革命不仅仅体现在淘汰原有产品和行业的革命性技术创新上。

谈到对原有业务的颠覆，商业模式创新与技术创新同样具有举足轻重的作用。要理解商业模式革命，我们首先要理解金融与金融创新。

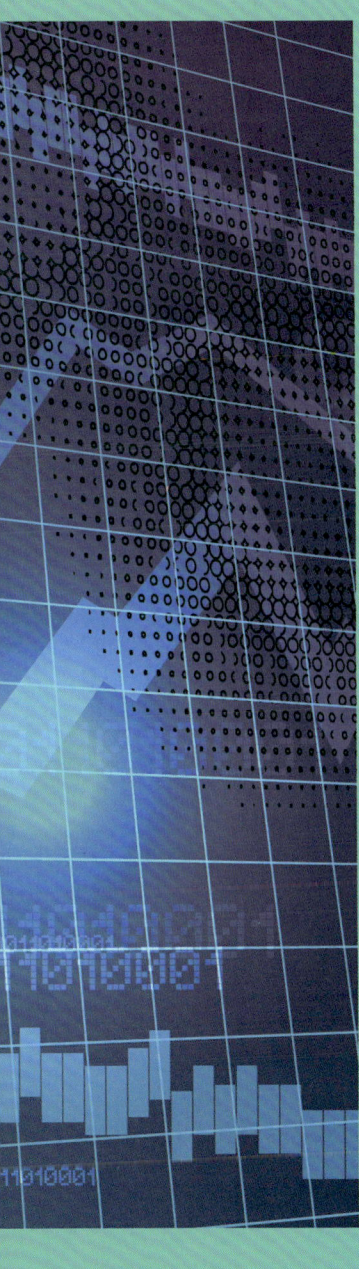

第二章 金融与能源革命

◆"商业模式创新远比技术创新更重要。"

——艾贝·雷切特勒，**3D Systems** 公司 CEO（2013）

◆"很多时候，人们放弃努力是觉得自己没有能力。"

——艾丽丝·沃克

◆"在线数据库永远不能替代我们每天看的报纸。"

——克利福德·斯托尔，天文学家、作家

第二章　金融与能源革命

1918 年，每 13 个美国家庭中有 1 个家庭拥有 1 辆汽车；而 11 年后，80％的美国家庭都拥有至少 1 辆汽车。美国的汽车市场在 10 年多一点的时间里从初具规模发展到接近全面覆盖，主要缘于通用汽车公司推出的一项创新举措。而这项创新与发动机技术的进步、新型变速器或其他技术创新没有任何关系。

1919 年，通用汽车与杜邦集团合作成立了通用汽车金融服务公司（GMAC），为购车者提供汽车贷款服务。[70] 7 年之后，利用贷款购买汽车的购车者数量达到了总数的 75％。

通用汽车与杜邦集团的这一做法让美国的主流购车者都买得起汽车，这是一项金融创新而不是技术创新。换句话说，交通运输行业被一种前所未有的商业模式所颠覆。而能源行业同样也在被一种新型商业模式颠覆。

太阳能行业新型商业模式

2008 年，一家名为 SunEdison 的公司推出了"太阳能服务"的概念。住宅和商业太阳能发电用户不再需要花钱购买太阳能电池板。

在这种模式下，SunEdison 负责太阳能电池板的出资、安装和维护，并拥有太阳能电池板的所有权。客户无需支付首期款，也无需承担任何技术、资金或维护风险。他们只需要与 SunEdison 签订一份为期 20 年的合同，并且在 20 年合同到期后，他们可以选择以非常优惠的价格买下太阳能发电设备，或者将其退还给 SunEdison。

在 SunEdison 推出这项服务后不久，硅谷的另一家太阳能设备安装企业 SolarCity 就推出了 SolarLease 这项太阳能租赁服务，引爆了太阳能市场。享受 SolarLease 服务的客户可以租赁设备，不需要购买。这一概念很快流行开来，硅谷的 Sungevity 和 SunRun 等公司纷纷加入 SunEdison 和 SolarCity 的队伍，为客户提供"太阳能租赁"服务或与客户签订太阳能发电购买协议（业内称为"太阳能购电协议"）。

这些公司为用户带来了一项金融创新：签订协议，将太阳能发电作为一项整体服务来提供，客户无需支付首期款，只需在 14～20 年的合同期限内定期支付固定费用即可。

"太阳能服务"合同有两种主要类型：

太阳能购电协议。客户在协议期限内，以固定的电价购买太阳能电力；
太阳能设备租赁。无论发电量多少，客户每月都支付固定的电池板租赁费用。

按照这两种合同的规定，太阳能设备公司需要负责太阳能电池板和配套技术的购买、出资、安装/应用和维护，用户无需为此支付费用。现在的太阳能发电用户可以享受到汽车购买者享受了接近一个世纪的服务：现金购买、贷款购买或者租赁太阳能发电设备。

这些金融创新措施产生了效果。2009 年之后，美国的太阳能光伏市场规模每年都扩大将近一倍，复合年增长率（CAGR）达到 97%。众多第三方太阳能金融公司是促成这一增长的主力。

到 2012 年中期，在美国加利福尼亚州、科罗拉多州和亚利桑那州，向第三方公司融资购买的住宅太阳能发电设备在总量中所占的比例从不足 10% 提高到 75%～80%（图 2.1），并且这一比例仍在上升。到现在为止，美国有 80% 的住宅与商业太阳能发电设备由第三方公司出资，[71] 而科罗拉多州的这一数据接近 90%。

这种创新商业模式大获成功。2009 年，《科学美国人》杂志将"无首期款太阳能计划"评为"改变世界的 20 个理念"之一。[72]

第三方融资还让用户节省了前往银行办理太阳能发电设备贷款所耗费的时间和精力。

此外，第三方融资还推动外界改变了对太阳能发电的评价。多年以来，一些能源公司一直以"投资回报"不佳为由劝说客户不要安装太阳能发电设备。他们

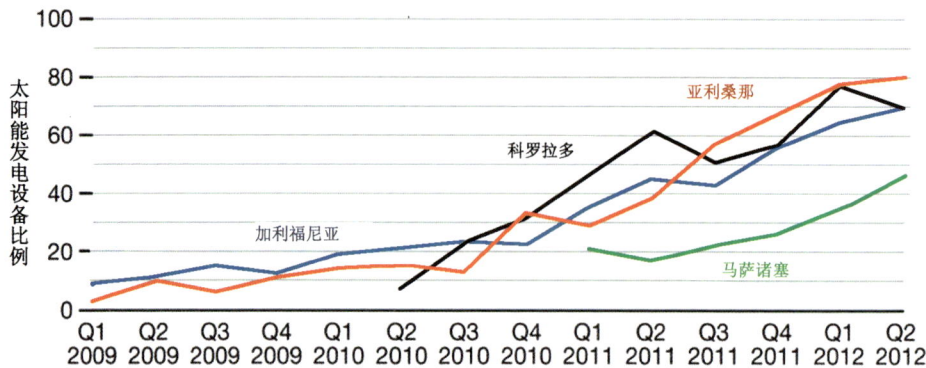

图 2.1　由第三方出资的住宅太阳能光伏发电设备所占比例［来源：美国太阳能产业协会（SEIA）与 GTM Research 研究公司］

告诉客户，太阳能发电的初始投资需要很多年才能收回。他们的这种观念基于两种假设：

客户需要支付现金（或借款）购买太阳能发电设备；

客户最初需要为太阳能电力支付更多费用，但是随着常规电价的提高而太阳能成本保持固定，客户最终节省的费用会抵销其最初投入的资金。

第三方融资完全改变了这种观念。"如果客户一分钱也不用花，而且安装之后马上就能节省费用，那么讨论'投资回报'有什么意义？"Sungevity 联合创始人丹尼·肯尼迪 2012 年在我的斯坦福大学课堂上说道。

第三方太阳能融资业务先驱 SolarCity 在 2012 年 12 月上市时（纳斯达克代码：SCTY），筹集到了超过 13 亿美元的项目资金。2013 年 6 月，为了投资住宅太阳能发电，SunRun 从摩根大通、美国银行和其他金融机构筹集了 6.3 亿美元。[73] Vivint Solar 筹集到的资金超过 7.4 亿美元。Clean Power Finance 管理着 5 亿美元，用于投资自己的太阳能发电设备。[74]

SolarCity 在 2012 年 12 月上市时的每股价格为 9.25 美元。而到 2013 年 8 月，当 SolarCity 宣布其太阳能发电装机规模增长 144％以上，并且租赁收入增长 78.8％时，[75] 其股价已经翻了两番，达到 40 美元左右，该公司的隐含估值达到 29 亿美元。[76] 在之后的几个月内，SolarCity 的股价又翻了一番。

如同一个世纪之前的汽车产业一样，太阳能产业借助商业模式的创新实现了爆炸式的发展。

太阳能电池板成本下降

早期的汽车产业与当今的太阳能产业还有很多其他相似之处。除了汽车贷款之外，汽车市场高速发展的另一个重要原因在于成本的下降。市场竞争、规模扩大以及各种创新共同推动了汽车成本的大幅度下降。

1908 年，福特 T 型车的售价是 850 美元，这是一个美国中等收入工薪阶层负担不起的价格。但是到 1914 年，T 型车的价格降到 490 美元；到 1921 年又降到 310 美元——13 年中的降幅达到 62%。

我们将汽车在 1908 年到 1921 年之间的价格下降与太阳能发电设备的价格下降做一下比较。2009 年，一套"典型"的 4 千瓦住宅屋顶太阳能发电设备的价格约为 32 000 美元（不考虑补贴）。[77] 按照这个价格，安装一套太阳能发电设备的成本要高于美国 2009 年中等收入阶层的工薪（约为 26 684 美元）。[78] 但是在 2011 年，仅太阳能电池板的价格就下降了 50%，与 2008 年相比已经下降了 90% 左右。与上个世纪的汽车价格相比，太阳能发电价格的下降幅度和速度均已大大超过。

汽车产业达到临界规模之后，在十年多一点（1908～1921 年）的时间内完全颠覆了以马匹为动力的交通运输业。相信太阳能发电也会走上相同的发展轨道，并且势不可挡。

投资成本与融资成本

"软成本"是太阳能投资成本的主要组成部分，而太阳能电站的融资成本已经成为太阳能发电成本（平准化发电成本 LCOE）中最重要的一项因素。如果您以 30 年抵押贷款的方式购买住房，那么每月偿还的房贷中有一大部分是用于偿还利息。太阳能电站的融资偿还也是这种情况。

太阳能电站的燃料（阳光）成本为零。虽然需要偶尔清洗电池板（也可借助雨水冲刷）并每隔两年左右更换一次逆变器（逆变器用于将电池板发出的直流电转化为家庭中使用的交流电），但持续发生的运维成本也接近于零。因此，借款的成本（利息）就构成了太阳能电力用户所交电费的主要部分。

按照 SolarCity 的 CEO 林登·赖夫的说法，太阳能项目的投资成本每降低一个百分点，项目成本就可以下降 20 美分/瓦。什么在阻碍太阳能产业的发展？赖夫认为是较高的利率——太阳能产业的融资利率一直处于"信用卡利率"水平。

尽管如此，事实证明，金融创新仍然可以快速打开太阳能市场。太阳能产业开发者还会继续推出多项金融创新举措，上文所述的太阳能购电协议和太阳能租赁仅仅是一个开端。

案例研究：索诺玛县的 PACE 项目

我们可以从很多项目中看出低成本资金对于清洁能源生产的重要性，而旧金山北部的索诺玛县就是开发此类项目的先驱之一。

2011 年底，索诺玛县每位居民的平均太阳能发电装机规模为 500 瓦，每百名居民拥有 4.5 套太阳能发电设备。[79] 这两个数字看上去不大，但是如果将其扩大到加利福尼亚州的 3 800 万居民，那么加州的太阳能发电总装机规模会达到 1 900 万千瓦，太阳能发电设备数量会达到 170 万套。当时加州的实际数值还不到这两个数值的 1/10。但是，加州 2020 年的分布式发电装机规模目标是 1 200 万千瓦，太阳能发电设备装机量目标是 100 万套，将索诺玛县的数据扩大所得到的数值实际上已经比目标值分别高出 45％和 70％。

在全国经济危机的影响和美国联邦住房金融局的强烈反对之下，索诺玛县仍然在不到 3 年的时间内让自己的太阳能发电达到了上述规模，这无疑是一项正确的举措。

索诺玛县清洁能源开发的核心是"索诺玛县能源自主项目（SCEIP）"，该项目处于 PACE（房产评估清洁能源）项目的框架范围内。SCEIP 项目于 2009 年3 月启动，目标是"改善索诺玛县 80％的家庭和商业场所的能源消耗，使其成本效益达到最高水平"。

从概念上讲，PACE 是市政当局主导的一项地方性融资项目，市级政府可以通过这个项目从私人资本市场上筹集资金，用于住宅和商业建筑的能效提升与清洁能源改造工程。融资形式为评估住宅和商业建筑的房产税。

《科学美国人》杂志将"无首期款太阳能计划"评为"改变世界的 20 个理念"之一，而 PACE 项目就是该计划的另一种形式。PACE 这种融资机制的门槛和利率都比较低，可以为住宅和商业建筑的业主在房屋清洁能源改造方面提供便利。

索诺玛县的 PACE 项目具有以下特点：

融资以房产税评估的形式进行，不采用贷款。房产税评估与房产挂钩，而不

像贷款一样与个人挂钩，这样可以大幅度降低融资风险；

融资以房产税留置权作为抵押，因此如果房产在借款完全还清之前被出售，其偿还责任会自动转移到新房主身上；

借款偿还期为 10 年或 20 年，在评估后的房产税中偿还，房产税每年缴纳一次；

改造设备必须永久附着在房屋上。

能效提升和清洁能源方投资一般需要在前期投入，而且收回时间比较长，推出 PACE 融资项目最初的目的就是应对这一情况。PACE 融资项目于 2005 年在加利福尼亚州的伯克利市最先发起，并且很快就推广到了美国的其他 23 个州。[80]

索诺玛县能源自主项目（SCEIP）的启动资金为 6 000 万美元，其中 4 500 万美元来自县财政，1 500 万美元来自该县的水务部门。SCEIP 已经投入了 5 850 万美元，用于 2 855 所住宅和 87 所商业建筑的能源改造工程。据该县估计，在 SCEIP 创造的 682 个工作机会中，79％为本地工作岗位。

我关注的是太阳能项目，但 SCEIP 还为 1 000 多个非太阳能改造工程提供了资金，其中包括 500 多个节能门窗工程、200 个暖通空调工程和 200 个密封隔热工程。

索诺玛县用实际行动证明了 PACE 融资项目的作用。虽然处于全国经济衰退和金融危机的大环境中，但 PACE 融资项目仍然取得了丰硕的成果。SCEIP 的资金不用纳税人提供，而是通过债券的形式向私人投资者筹集。SCEIP 实际上已经通过融资项目取得了一些进展。

美国的其他很多州和城市都注意到了索诺玛县在 PACE 融资项目上取得的成功。PACE 是一项由市级政府主导的项目，因此需要州一级的立法支持才能继续推进。美国一度有 23 个州在推行 PACE 融资项目，并有 20 多个州在考虑推行。[81]

PACE 项目如果在全国范围内推广，会取得什么样的效果？如果整个美国都与索诺玛县一样，让每名居民的平均太阳能发电装机规模达到 500 瓦，让每百名居民拥有 4.5 套太阳能发电设备，那么全美的太阳能发电装机规模可以达到 1.59 亿千瓦，太阳能发电设备数量可以达到 1 400 万套。这一容量相当于 159 座核电站（接近美国和日本所有核电站的总和）的峰值功率。

此外，美国也可以和索诺玛县一样，在三年内实现上述太阳能发电装机规模。其效果会极具颠覆性：核能会成为多余的能源并在三年内退出市场，传统电力企业束手无策。

联邦政府希望美国构建一种清洁能源经济——这像肯尼迪总统当年提出的登月计划一样具有挑战性，不同的只是把目光对准了太阳能。索诺玛县已经通过PACE项目证明了这种想法的可行性并提供了经验，而联邦政府是否会大力推行？

奇怪的是，正是联邦政府机构突然叫停了风行全美的PACE项目。联邦住房金融局（FHFA）是半官方抵押融资公司房利美、房地美以及联邦住宅贷款银行的监管部门，就对PACE项目持否定态度。FHFA表示："PACE贷款形成的优先留置权……为贷款方、服务提供方和抵押贷款证券投资者的风险管理工作带来了异乎寻常的艰巨挑战。"[82]

FHFA声称PACE项目出资支持的能源改造工程是一项风险很高的投资，我就此询问过SCEIP项目负责人黛安娜·莱斯科的看法。她表示，索诺玛县PACE项目的违约率是1.1%，而美国当时抵押贷款的违约率接近10%。

太阳能行业的投资风险低于住房抵押贷款。而房利美和房地美这两家享受纳税人资金支持并且发放了数千亿美元高风险抵押贷款以致美国经济几乎崩溃的金融服务公司，却告诉美国的银行们不要投资于一种违约率只有1.1%的项目。

PACE是一种成功的金融创新，但是在政治上受到了阻碍。联邦政府功败垂成。

能源自主项目是否成功，最重要的影响因素是什么？当我向SCEIP项目负责人黛安娜·莱斯科提出这个问题后，她毫不犹豫地回答道："是政治意愿。需要领导层的共同努力才能实现我们的共同目标。"

虽然FHFA对住宅PACE贷款持反对态度，但是美国的许多市级政府仍然推行了大量针对商业建筑（非住宅）太阳能改造的PACE项目。举例来说，佛罗里达州的迈阿密-戴德县已经宣布，总部设在索诺玛县圣罗莎的Ygrene Energy金融服务公司将在该县开发一个投资5.5亿美元的商业PACE项目。[83]Ygrene还计划在加利福尼亚州萨克拉门托市投入1亿美元PACE资金。

索诺玛县的经验已经证明，低门槛、低融资成本的资金可以打开清洁能源市场并推动其发展。与一个世纪前被颠覆的汽车产业一样，太阳能产业也需要一种类似的金融创新手段，并且这一点已经在索诺玛县得到证实。索诺玛县的经验还证明，能源行业的颠覆可以在很短的时间内实现。

参与式融资：太阳能众筹

PACE、太阳能购电协议和太阳能租赁等金融创新手段让我们看到了如何快速推动住宅和商业太阳能市场的发展。与此同时，通过互联网实现的分享经济也构建了另外一种可以用太阳能发电设备融资的金融工具。

2012 年 12 月 10 日，旧金山一家名为 Re-Volv 的非营利组织在当地的众筹网站 Indiegogo.com 上发起一项筹款活动。Re-Volv 的目标是在 6 周内筹集10 000 美元，用作一个社区组织的屋顶太阳能发电设备安装资金。而在仅仅 3周内，Re-volv 就从 100 名捐赠者的手中筹集到了 10 000 美元，并且其最终筹款总额达到 15 391 美元，比目标高出 50%。[84]

除了因帮助社区组织而产生的满足感之外，捐赠者还会得到什么？捐款1 000 美元的两位捐赠者参观了 Re-volv 位于旧金山的办公室，并与 Re-Volv 的工作人员会面；捐款 500 美元的捐赠者收到了执行董事安德里亚斯·拉普托普洛斯的电话问候。如果您捐赠了 50 美元，则可以在本人的《Solar Trillions》和保罗·韦普纳的《Living Through the End of Nature》两本书中选择一本。

参与这次众筹活动的大多数捐赠者的目的仅仅是让世界变得更加美好。事实上，在捐款 50 美元的 75 位捐赠者中，只有 24 位领取了图书。

Re-Volv 的众筹活动结束三个月后，我收到了安德里亚斯·拉普托普洛斯的电子邮件。他在邮件中告诉我，Re-Volv 已经同意为 Shawl-Anderson 舞蹈中心出资安装一套 10 千瓦屋顶太阳能发电设备。在合同期内，该设备将为舞蹈中心提供所需的全部电力。而 Re-Volv 会将设备的租赁收入重新投入其他太阳能发电设备（这就是该公司取名 Re-Volv 的原因）。

一年之后，Re-Volv 发起了第二次筹款活动，此次的筹款目标是 55 000 美元。最后，Re-Volv 收到了来自美国 20 个州和其他 7 个国家/地区的 303 位捐赠者的捐款，总额比目标多出 1 000 美元。这笔款项用在了奥克兰市，为 Kehilla社区犹太教堂安装了一套 22 千瓦太阳能发电系统。"系统在整个使用期内可以节省超过 13 万美元的电费"，安德里亚斯·拉普托普洛斯高兴地说道。

Re-Volv 是一家发展社区太阳能发电的非营利组织，而太阳能市场的投资规模可以达到数万亿美元。众筹是否现实可行？社区参与太阳能开发能否带来能源革命？

参与式融资：丹麦的风电

能源行业是一个等级分明并受严格控制的世界。大型银行投资于大型公用事业公司运行的大型能源资产，向个人、家庭和企业出售能源。能源向一个方向流动（从大型能源公司流向用户），而金钱向反方向流动（从用户流向大型能源公司）。大型能源公司的决策由少数个人和委员会做出，而这些决策者中大多数不对用户或全社会负责。

参与式能源是指个人和家庭参与其自己及其社区所用能源的产生、传输和储存过程。

参与式融资是指个人和家庭直接投资于其自己及其社区要使用的能源资产。在参与式融资模式下，个人直接投资于能源资产。个人可以选择要投资的能源项目（清洁能源、分布式能源或相对规模较小的能源项目），并从项目产生的现金流中获益。

参与式能源和参与式融资可以齐头并进，20 世纪 70 年代的丹麦就能证明这一点。丹麦的风电市场在全国所占的份额位居世界之首。

2013 年 11 月 3 日，丹麦的风电瞬时发电量超过了其全国电力总需求的 100%，打破世界纪录。[85]但当时的丹麦并不是一个普通的受操控的能源市场。丹麦的风电利用率已经达到世界第一，而实现这一成果的过程并没有得到本国最大电力企业的投资或支持。

丹麦成为世界第一大风电市场得益于众多社区对自己的风力发电设备的投资。

为了鼓励社区利用风能，丹麦政府出台了很多激励措施，推动个人和家庭投资于其社区的风电。随着市场的发展、风电机组规模的增大以及所需投资的增加，投资形式逐渐转变为个人持有"风电机组合作社"的股份，然后由合作社投资开发属于社区的风电机组和风电场。

到 2001 年，已经有 10 万多个家庭加入风电机组合作社。丹麦有 86% 的风电机组由合作社安装。[86]丹麦的风电机组合作社是能源行业参与式融资的第一个重要典范，也是参与式能源的第一个重要典范。在丹麦，个人可以选择自己要使用的能源类型（通常为风能，但也有地热和太阳能），然后与社区共同投资建设。丹麦在风电上的成功，也让我们第一次看到了从大型集中发电模式转变为分布式发电模式的重要意义。

参与式融资与参与式能源在丹麦齐头并进。到 2005 年，超过 15 万个家庭拥有风电机组或加入了风电机组合作社，合作社掌握的风电发电量占丹麦总量的 75%。从那时起，私营部门开始逐渐注意到分布式风力发电的重要作用。[87]

到 2008 年，丹麦的风电发电量已经占到全国总发电量的 19.1%（图 2.2）。[88]

分布式清洁能源受到了 86% 的丹麦人的支持，在这种形势下，丹麦的风电市场持续增长。到 2012 年年底，丹麦全国总用电量的 30% 由风能提供（图

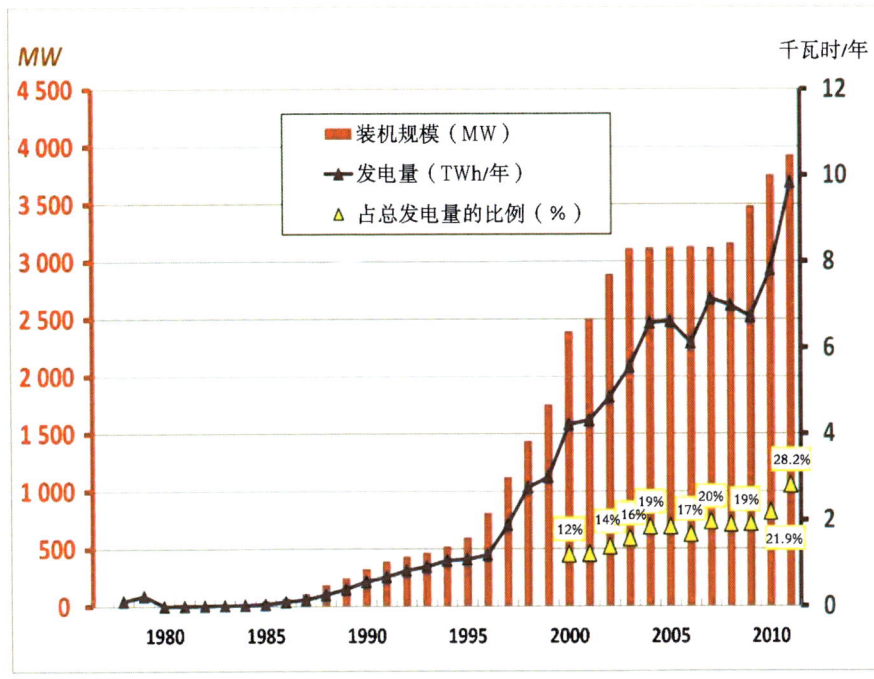

图 2.2 1977～2011 年，丹麦的风电装机规模、年度发电量和容量因数（来源：维基百科）[89]

2.2）。按照丹麦的计划，到 2020 年，风电发电量将达到全国总用电需求的 50%。

丹麦的参与式能源模式很快扩散到欧洲其他国家，德国已经开始大规模推行这种模式。在没有大型电力企业支持的情况下，德国的太阳能发电装机规模跃居世界首位。德国的太阳能发电就是一种参与式能源，太阳能发电设备开发和安装工作主要由个人和小型企业进行。但太阳能发电设备需要的资金主要来自银行，也就是说，德国并没有采用对丹麦而言极为重要的参与式融资模式。

为风电项目和太阳能发电项目筹集资金的小型众筹（参与式融资）公司在英国和荷兰等国家如雨后春笋般涌现。

2013 年 9 月 24 日，WindCentrale 公司宣布该公司已经筹集到 130 万欧元，用于一座风电场的建设和运行。[90] 在这次不算典型的融资活动中，该公司以每股 200 欧元的价格向 1 700 户家庭出售了一台 2 MW 机组的 6 648 股股份。每股每年可以获得 500 度发电量带来的收益。WindCentrale 表示，如果电费每年上涨

3％，那么这些股票的年收益率可以达到 8.5％。[91]该风电场发出的电力将通过销售清洁电力的 GreenChoice 公司，出售给荷兰的 35 万多家电力用户。

美国能否赶上欧洲的发展脚步？规模达到数万亿美元的太阳能市场由谁来投资开发？是像德国一样的大型银行，还是像丹麦一样的个人和家庭？

参与式融资的范例：金门大桥

参与式融资和众筹被视为新生事物，但在旧金山市民看来却并非如此，因为这种活动在旧金山已经有几十年的历史。如果没有加利福尼亚州大众的参与，金门大桥——可能是美国西海岸最具有标志性、最受人们喜爱的人工建筑物——就不会存在。

当金门大桥的建设构想在 1916 年被提出之时，旧金山还是美国依靠渡轮连通外界的最大的城市。而约瑟夫·施特劳斯这位雄心勃勃的工程师和企业家已经花费了将近十年的时间游说于北加利福尼亚州，寻求对大桥建设的支持。当时，金门渡轮公司是世界最大的渡轮公司，也是当时在政商两界最具影响力的南太平洋铁路公司的子公司。[92]如果有一座大桥连接金门海峡两岸，金门渡轮公司就会失去轮渡业务，这无异于失去一棵摇钱树。

1928 年，加州立法机构通过了《金门大桥与公路行政区法案》。法案划定了由六个县（旧金山、马林、索诺玛、德尔诺特以及纳帕和门多西诺的部分地区）组成的一个特别行政区，负责出资设计、建设和运营金门大桥。[93]大桥的预计建设成本为 3 500 万美元。但是 1929 年华尔街股灾让美国陷入大萧条之后，用于建设大桥的公共资金已经枯竭。

施特劳斯和他的支持者决定直接向加州民众筹集资金。1930 年 11 月 4 日，金门大桥相关的公路行政区六个成员县进行民众投票，决定是否以自己的住宅、农场和商业地产作为抵押来发行 3 500 万美元债券，筹资建设金门大桥。

南太平洋铁路公司、金门渡轮的游说集团和他们的盟友精心策划了一场混淆视听的宣传活动。与后来化石燃料和核能产业在抹黑清洁能源时使用的手段一样，这场宣传活动采用的策略是引发民众的恐惧、不确定和怀疑（FUD）。大桥的反对者声称：

大桥的净空高度会让大型船只无法进入旧金山湾；如果敌舰炸毁大桥，美国军舰会被彻底封锁在港口内；金门海峡的海床无法承受桥墩和索塔的重量，大桥无法直立起来；整个工程完全是个骗局；只有傻瓜才会购买一座注定要垮塌的大桥的债券；建设大桥是浪费纳税人的金钱，而且在建设失败后还会继续浪费纳税人的金钱。[94]

而投票结果表明，人们相信了总工程师约瑟夫·施特劳斯的远见卓识。建设金门大桥获得的赞成票为 145 057 票，反对票为 46 954 票。

这不是一次普通的投票。北加州的民众以三比一的结果，投票赞成抵押自己的财产来建设金门大桥。1932 年，以民众的财产为抵押，美国银行承诺购买首批 300 万美元的债券，用于启动大桥的建设工作。

金门大桥的成功兴建，离不开旧金山湾区民众在资金和政治上的支持。大桥于 1937 年 5 月开通，开通后第一年就通过了 330 万辆汽车。到 1967 年，通过金门大桥的汽车数量已经增长到 2830 万辆。[95]旧金山与马林县之间的轮渡业务逐渐萎缩，最后在 1941 年正式取消。轮渡行业被彻底取代。

致力于参与式融资的 Mosaic 公司

站在从旧金山渡轮大厦开往奥克兰市杰克伦敦广场的渡轮甲板上，我回想起了金门大桥的故事。虽然在旧金山已经生活了 20 年，但我依然喜欢站在渡轮的甲板上，欣赏旧金山湾的风光。渡轮在 20 世纪 70 年代重新开通，目前占据一小部分市场，是湾区交通体系的一个补充。

我目前在 SFUNCube 太阳能加速平台担任顾问，这家公司位于奥克兰市的杰克伦敦广场附近。这片区域让我想起了马萨诸塞州坎布里奇市的肯德尔广场，肯德尔广场邻近我的母校麻省理工学院。公司后来发展成全球性的技术创业公司中心。奥克兰市的轮渡码头附近有漂亮的船坞、商店和餐厅，但是如果向东穿过几个街区，我们就能看到卷帘门紧闭的仓库——这是最后一波工业化浪潮残留的遗迹。

作为 SFUN 的顾问，我的工作是与联合创始人埃米莉·基尔希和丹尼·肯尼迪共同审核世界各地的申请者提交的商业计划。SFUN 相信，软件创新和金融创新是推动下一波太阳能创业浪潮的关键因素，而掌握这两项资源的公司少之又少。

Mosaic 是位于 SFUNCube 办公大楼内的一家众筹公司。Mosaic 的联合创始人兼董事长丹·罗森告诉我，太阳能市场的规模有望达到数万亿美元，而 P2P 融资是开发这一市场的最佳途径。直接投资太阳能项目的投资者可以获得利息回报，而太阳能发电用户可以享受低廉的电费。

　　Mosaic 成立于 2013 年 1 月。到当年 12 月，已经有 3 000 名投资者在 25 个太阳能项目上投资了 600 多万美元。小到加利福尼亚州科提马德拉市低收入住宅区的 55 千瓦太阳能发电设备，大到佛罗里达州盖恩斯维尔市 Prairie View 太阳能电站的 1.6 兆瓦发电系统，项目的种类多种多样。[96]

　　Mosaic 将自己的使命设定为：为普通大众提供机会，让他们可以投资于规模达数万亿美元的太阳能市场。

　　美国持续投资于太阳能行业的银行不超过二十家。资本的这种流向说明了以下三个问题：

　　1. 投入太阳能项目的资金有限。即使这二十家左右银行都看好太阳能行业，投资组合理论也不允许他们在任何单一资产类别上投入太多资金。

　　2. 银行期望的回报较高，与太阳能行业的风险回报水平不对应。联邦存款保险公司（FDIC）为接近 6 800 家银行提供存款保险服务，[97] 而其中只有不到二十家投资于太阳能行业。在流动性高而利率低的金融市场中，只有少数银行参与太阳能融资业务，这说明银行之间缺乏竞争。这种情况提高了贷方议价能力和太阳能行业的融资成本。

　　3. 交易成本高。目前还没有业界普遍接受的项目投资标准。每个项目似乎都在使用不同的购电协议和文件。这种情况让律师的收费提高，并延长了项目推进和融资关闭的时间。"我们真的需要每开发一个太阳能项目就支付给律师 70 000 美元吗？"丹·罗森提出了这个问题。

　　Mosaic 网站上发布的大多数项目为投资者带来的年化收益都在 4.5% ～ 5.75% 之间，只有两个项目的收益相对较高，达到 7%。对于银行存款年化收益不到 1% 的个人投资者而言，超过 4% 的回报率是一个相当可观的数字。到目前为止，Mosaic 的所有项目都准时为投资者提供了回报。银行希望太阳能项目开发者提供信用卡利率水平的回报，这种要求毫无根据。

　　金融服务公司和能源公司总是希望获得超高的投资回报。而 Mosaic 等 P2P 融资技术平台让各种金融服务公司和能源公司不得不退出竞争舞台。小投资者加入 Mosaic 等 P2P 融资平台之后，可以形成一种双赢的局面：个人投资者可以获得稳定、长期的现金流，而且回报水平相当于以前只有大型能源投资机构才能获得的水平；而太阳能发电用户能够获得价格更低并且更加稳定的电力供应。"太阳能发电的总投资成本每降低 100 个基本点，也就是 1 个百分点，每千瓦太阳能电费就能降低 1 ～ 2 美分，"Mosaic 董事长丹·罗森表示，"随着太阳能电价在全国范围内逐渐接近并低于电网电价，投资成本即使降低 1 个百分点也能产生巨大的差异。"

丹·罗森将 Mosaic 视为扩大机遇的一种途径。Mosaic 为太阳能电力最终用户和小投资者带来了当今的能源金融模式中原本不会存在的机遇。

"太阳能融资和开发过程的效率已经低到令人震惊的程度，"罗森表示，"我们正在试图将太阳能融资过程标准化，目标是让太阳能贷款像汽车贷款一样，可以在网上申请并且马上就能获得批准。"

Mosaic 希望构建一个互联网云平台，任何规模的太阳能项目的开发者都能在这个平台上发布项目，而大小投资者都能在平台上投资于这些项目。项目和投资者可以分布在世界各地。罗森表示："小投资者可以投入几百美元，而退休基金管理机构可以投入几百万美元；关注社区的投资者可以投资于自己所在社区的项目，而投资经理可以投资于不同市场中的多个项目，打造一个资产组合。"

大约一百年前，通用汽车金融服务公司（GMAC）推出了汽车贷款。之后，在获得数千亿美元盈利的同时，GMAC 还让处于早期阶段的汽车市场变成了一个规模达到数万亿美元并且无比繁荣的市场。而 Mosaic 的梦想就是通过参与式融资，建立一个同等规模并且同样繁荣的太阳能市场。

"美国人的个人退休账户中躺着五万亿美元，"罗森说道，"而我们要做的就是让每个美国人都有机会告诉别人：'我的个人退休账户背后是一座太阳能电站'。"

华尔街最终跟上了 GMAC 的步伐。但是对于技术平台而言，网络效应的存在使得胜利者可以把对手远远甩在身后。Mosaic 有可能成为主要依靠 P2P 平台实现万亿美元融资规模的第一家公司。华尔街是否会错过这个万亿美元的能源投资机会？

沃伦·巴菲特和华尔街青睐太阳能的原因

2012 年 2 月，沃伦·巴菲特旗下的中美能源控股公司在出资 24 亿美元收购了世界最大的太阳能电站两个月后，前往华尔街为项目再次融资。中美能源希望从华尔街筹集到 8.5 亿美元的一期款项。虽然有沃伦·巴菲特的支持，但太阳能项目并未受到各家信用评级机构的热烈欢迎。据彭博社报道，惠誉国际为中美能源的债券给出的评级为 BBB，这是其最低投资价值信用评级。穆迪给出的评级为 Baa3，标准普尔给出的评级为 BBB，也是最低投资等级评级。[98]

据彭博社报道，后来，中美能源收购的 Topaz 太阳能电站有限公司发行了

8.5亿美元的无担保债券，到期时间为2039年9月，年收益率为5.75％，而等值美国国债的年收益率只有1.95％。也就是说，巴菲特的太阳能项目提供的投资回报几乎达到美国政府国债的3倍。投资者闻风而至，Topaz发行的债券最后超额认购了4亿美元。

　　现在的投资者很难找到一种能够长期提供稳定回报的投资项目。今年8月，1年期美国国债的回报率只有0.13％，而5年期国债的回报率只有1.47％。[99]股票市场的收益可能较高，但非常不稳定。从2000年以来，美国股市已经发生了两次崩盘。2000年1月，纳斯达克综合指数（IXIC）为4 571点，随后下跌到2002年7月的1 172点；2007年7月上涨到2 700点之后，又在2009年1月下跌到1 528点。2013年年底，纳斯达克综合指数回到4 177点（图2.3）。

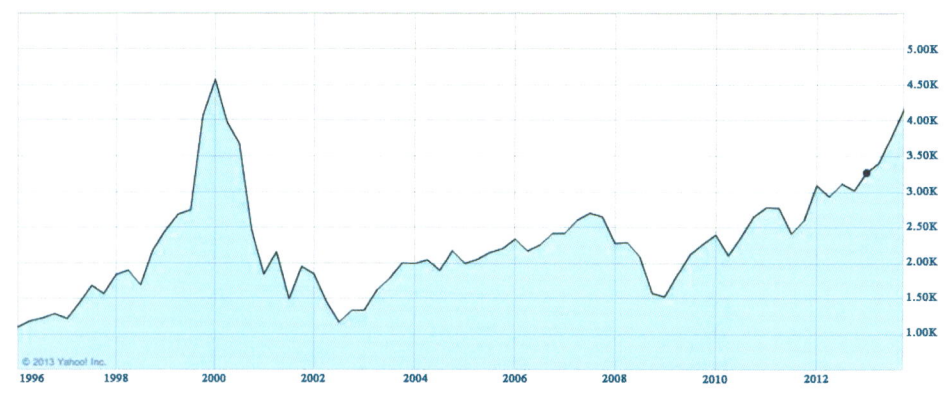

图2.3　纳斯达克综合指数（来源：雅虎财经）[100]

　　抵押证券的情况如何？许多人对引发金融危机并让美国至今还深陷其中的债务抵押债券（CDO）仍心有余悸。大宗商品市场像过山车一样动荡。

　　2013年夏天，太阳能发电和风电项目进入公开市场。对于很多投资者来说，那是一个阳光明媚的夏天。

　　我们回想一下沃伦·巴菲特的中美能源控股公司出资24亿美元收购Topaz太阳能开发项目这一壮举。有很多书籍探讨过巴菲特的投资秘诀，但是他为什么投资于Topaz？为得到答案，我们可以分析一下巴菲特关于价值投资的某些基本原则。关于"市场秘诀"，沃伦·巴菲特说过：

　　"我喜欢投资于自己了解的业务。"

　　"我要知道某项业务十年之后的发展情况。如果确定不了，我就不会投资。"

"我们不会收到巨大的回报，但我们也不会赔钱。"[101]

换句话说，沃伦·巴菲特倾向投资易于了解并且能够长期提供良好回报的传统业务，并且在最坏的情况下也不会损失投入的资金。

中美能源收购的是一个太阳能电站，而不是一家太阳能光伏技术公司。这两者之间存在巨大的差别，但是很多媒体都区分不出这种差别。

太阳能电站项目的经济效益分析比较枯燥。与所有业务一样，一座太阳能电站的净收入等于收入减去成本。如果签订了购电协议（PPA），那么收入和成本的构成如下：

收入：用电量×电价
  电价——购电协议期（20年或20年左右）内固定价格。
  用电量——购电协议期内固定数量。
成本：燃料成本＋运维成本＋保险成本＋融资成本
  燃料成本——零。使用阳光不要费用，太阳还能照射十亿年左右。
  运维成本——极低并且保持稳定（不到1美分/千瓦时）。
  保险成本——一般占资产成本的很低比例（0.3％），并会在电站寿命
      期内逐渐降低。
  融资成本——基本上等于利息成本，取决于利率。

与住房抵押贷款一样，融资成本已经成为太阳能电站建设成本中最高的一项内容。而贷款利率越低，太阳能电价就越低。

随着太阳能发电设备装机成本的持续下降，太阳能电价将逐渐接近于融资成本。这是一个好消息，因为美国政府开发太阳能项目的融资成本已经不到1％。而在日本，融资成本基本为零的情况已经持续了十几年。

华尔街观望了很长时间之后才了解到太阳能发电的价值，并且很快就会采取行动。大型太阳能电站的融资成本已经下降，太阳能电价以后也会随之下降。

太阳能市场正处于良性循环状态。太阳能发电成本的下降提高了市场占有率，这又反过来降低了投资者感知到的风险，吸引到融资成本更低的更多资金。而这一点又进一步降低了太阳能发电成本并进一步提高市场占有率、带来更多投资和更多创新，并让融资成本进一步下降。这种良性循环达到临界规模后，太阳能市场会加速增长。太阳能将会以不可阻挡的态势发展，掀起一场能源革命。

对于规模较小的分布式住宅与商业太阳能发电设备，其投资前景如何？从华

尔街融资的时间很长，交易成本也很高。华尔街的投资银行家更喜欢大型投资项目，对成批的小规模住宅项目并不感兴趣。那么，分布式太阳能项目怎样才能从华尔街获得所需的数万亿资金？

太阳能资产证券化

2013 年 11 月 13 日，SolarCity 宣布发行一批价值 5 440 万美元的债券，以其太阳能资产作为担保。[102] 债券的利率为 4.8%，到期日为 2026 年 12 月 21 日。标准普尔为这批名为 SolarCity Series I LLC Series 2013－1 的债券给出的信用等级为 BBB＋。[103] 按照《纽约时报》列出的企业债券比较表（图 2.4），标准普尔为 SolarCity 的 2013－1 债券给出的信用等级略高于福特汽车的 F. GY（等级为 BBB－），低于 AT&T 的 T4013485 债券（等级为 A -）。

FINRA TRACE Corporate Bond Data

12/27/2013

INVESTMENT GRADE　HIGH YIELD　CONVERTIBLES

Issuer name (symbol)	Coupon %	Maturity	Credit rating Moody's	S.&P.	Fitch	Price Last	Change	Yield %
General Elec Cap Corp Medium Term Nts Bo GE.ATZ	2.15%	Jan '12015	A1	AA+	n.a.	101.271	−0.61	0.90%
Continental Res Inc CLR3875305	5.00%	Sep '12022	Baa3	BBB-	n.a.	103.5	−0.125	4.35%
Ford Mtr Co Del F.GY	7.45%	Jul '12031	Baa3	BBB-	BBB-	121.75	−1.23	n.a.
Procter & Gamble Co PG.HT	1.80%	Nov '12015	Aa3	AA-	n.a.	102.551	+0.183	0.43%
Devon Energy Corp New DVN3852854	3.25%	May '12022	Baa1	BBB+	BBB	95.711	−0.255	3.85%
Anheuser Busch Inbev Worldwide Inc BUD.IZ	7.75%	Jan '12019	A3	A	A	125.518	+0.424	2.35%
General Elec Cap Corp Medium Term Nts Bo GE3872800	1.63%	Jul '12015	A1	AA+	n.a.	101.611	+0.109	0.55%
At&t Inc T4013485	4.30%	Dec '12042	A3	A-	A	85.608	−2.98	5.28%
Apple Inc AAPL4001809	2.40%	May '12023	Aa1	AA+	n.a.	91.607	−0.08	3.46%
Commonwealth Bk Australia Medium Term Nt CBAU3828562	2.25%	Mar '12017	Aaa	n.a.	AAA	102.934	−0.225	1.31%

图 2.4　2013 年 12 月 27 日《纽约时报》发布的美国金融业监管局 TRACE 企业债券数据
（来源：NYTimes. com）

债券的规模虽然不大，却代表着美国太阳能产业的一个突破。资产证券化是一个行业在提高资本流量上迈出的重要一步，而且能降低行业的融资成本。

SolarCity 的证券化交易将 5 033 套住宅太阳能光伏系统的合同作为整体担保。5 033 名住宅电力用户每月支付的电费或租赁费将被汇总，为投资者提供回报。太阳能证券的投资者有哪些？其中包括退休基金管理机构、大学捐助基金以及希望获得可预见长期回报的投资者。最后 SolarCity 成功募集到 5 300 万美元，并将其用于数千套住宅太阳能系统的建设。

太阳能产业可以证券化的资产规模有 1.8 万亿美元，SolarCity 在资产证券化道路上迈出的只是最初的一小步。[104] 太阳能资产担保证券迟早会受到退休基金管理机构和投资银行的欢迎。他们会要求 SolarCity、SunRun 和 Sungevity 等业内领先的太阳能安装企业发售更多这种证券。随着更多买家（退休基金、捐助基金和投资银行）和卖家（第三方太阳能安装企业）参与到这一过程中，市场的流动性会进一步提高，并会有更多资金流入市场。因此，以优质太阳能资产为担保的证券的融资成本将会下降。

新资金注入后，太阳能市场能够更快地扩张。与此同时，更低的融资成本可以降低太阳能电价，增加用户数量。企业也可以更快地建设太阳能发电系统。然后，太阳能安装企业可以将成千上万的住宅太阳能贷款证券化，以更低的融资成本筹集到更多资金。

一个世纪之前，广泛普及的信贷服务和较低的利率让汽车产业进入良性循环。随着更多的新客户获得贷款，汽车销售量得到提高；而随着汽车销售量的提高，汽车产业获得了更多投资、产生了更多创新，规模经济效果也更加明显。这种情况又降低了汽车的售价，吸引到更多客户，并吸引更多银行进入信贷市场，从而再次降低融资成本，进而再次吸引到更多客户……最终结果就是汽车产业进入良性循环。

如同资产证券化让普通大众有机会购买汽车、房屋以及接受大学教育一样，太阳能资产证券化也很有可能让太阳能惠及普通大众。太阳能资产担保证券的产生，进一步加快了太阳能市场的良性循环。

房地产投资信托（REIT）投资于太阳能

2013 年 4 月，Hannon Armstrong Sustainable Infrastructure Capital 公司在纽约证交所上市（交易代码：HASI）。该公司发售了 1 333 万股股份，募集到 1.554 亿美元资金。[105] 这次上市在其他方面平淡无奇，但是有一点非常重要：HASI 是一家以清洁能源投资为重点的房地产投资信托（REIT）公司。

房地产投资信托（REIT）是一种法定组织架构，公司可以通过 REIT 来投资、持有和经营收益性房地产。[106] REIT 由美国国会在 1960 年创立，目的是让投资者能够像投资于股票、债券等流动性市场证券一样，投资于房地产领域。[107] 1960 年以来，REIT 的投资范围和地域已经有了大幅度的扩大。

作为一家 REIT 公司，Hannon Armstrong Sustainable Infrastructure Capital 公司在投资清洁能源项目时具有非常大的优势。"REIT 的市场估价为 6 300 亿美元，平均股息为 5%"，斯坦福大学能源政策与金融中心主任、斯坦福大学教授丹·雷切尔这样表示，"清洁能源 REIT 今后可以获得来自私人投资者的数千亿美元的资金，而且融资成本远远比现在低。"

由谁决定太阳能发电或风电等某个资产类型是否符合 REIT 投资条件？答案是美国国家税务局（IRS）。IRS 通过"税收裁定"来决定 REIT 可以投资于哪种类型的资产。目前，REIT 可以投资于办公楼、公寓楼、仓库、购物中心和医院，甚至木材也符合 REIT 投资条件。

本章的前文介绍过 PACE 融资有一项要求，即投资的资产必须附着在房屋上。屋顶太阳能光伏发电设备就安装在公寓楼、仓库和住宅等房屋上，因此符合 PACE 融资条件。但 IRS 尚未将太阳能发电设备划定为可以获得 REIT 投资的资产。

太阳能发电设备安装在房屋上，因此符合 REIT 投资条件——投资者能否用这一点来说服 IRS？是的，公司可以申请 IRS 颁布"个案裁定"，具体规定某种类型的基础设施是否符合 REIT 投资条件。Hannon Armstrong 公司就获得了 IRS 颁布的这种"个案裁定"。

在 2013 年 10 月提供给国会的证词中，斯坦福大学的雷切尔博士表示，为提高税收公平性，FirstWind 等公司支付的融资成本高达 14%。[108] 而根据晨星公司的分析，Hannon Armstrong 的股息收益率为 3.19%。[109] 由于 Hannon Armstrong 将全部收入都派发给了投资者，因此其股息收益率实际上等于其融资成本。

利用 REIT 等金融工具直接向投资人筹资，可以大幅度降低清洁能源的成本。我们可以想象一下利率分别为 14% 和 3.19% 的住房抵押贷款的月还款额之间的差距有多大。这就是 REIT 融资与传统融资方式之间的差距。

2013 年 12 月 23 日，Hannon Armstrong 宣布其售出了金额为 1 亿美元、以资产为担保的持续收益债券（HASI SYB），收益率比之前有所降低，为 2.79%。Hannon Armstrong 的 CEO 杰夫·埃克尔表示，这笔 1 亿美元的交易"将 100 多套独立的风电设备、太阳能发电设备和节能设备产生的现金流证券化"。[110]

2012 年 12 月，35 名国会议员在写给奥巴马总统的一封信件中表示，允许 REIT 投资于清洁能源资产，可以将太阳能发电和风电的电价降低 1/3。信中说道：

对税法进行细微调整可以让可再生能源开发行业吸引到数 10 亿美元的民间

投资，将可再生能源发电价格降低高达 1/3，并大幅度扩大合格投资人群体的规模。[111]

实际上，要让太阳能发电和风电获得 REIT 投资，并不需要国会采取任何行动，斯坦福大学的雷切尔博士这样表示。通过行政手段，即 IRS 改变"税收裁定"，就可以实现这一点。Hannon Armstrong 公司可能已经打开了一扇大门，推动 IRS 从颁布具体的"个案裁定"转变为颁布普遍适用的"税收裁定"。

国会还在信件中敦促奥巴马总统向清洁能源产业开放另一种类型的法定组织架构：业主有限合伙企业。

业主有限合伙企业扩展到清洁能源领域

1997 年，理查德·金德、威廉·摩根和大量投资人在收购 Enron Liquids Pipeline 这家小型油气管道上市公司时，于休斯顿成立了金德摩根公司（纽约证交所交易代码：KMI）。[112]金德摩根如今拥有或经营着长达 132 000 千米的油气输送管道以及 180 个接收站，用于储存石油、煤炭和石油焦炭等产品。[113]基于业主有限合伙企业（MLP）这种企业架构，金德摩根已经发展成一家市值高达 1 020 亿美元的能源巨头，是北美第四大上市能源公司。[114]

金德摩根并不是唯一一家采用 MLP 架构的能源公司。早在 1981 年，Apache Petroleum 就利用业主有限合伙企业（MLP）架构成功上市。从那时开始，能源行业的各种 MLP 已经筹集到超过 4 亿美元的资金，用于油气管道建设、钻探、采矿、能源输送以及石油、天然气和煤炭的加工业务。

作为一种企业架构，业主有限合伙企业不但具备有限合伙企业的税收优势，其股票也能像股份公司的股票一样在市场上交易。与需要缴纳企业所得税的常见 C 类股份公司不同，MLP 不需要缴纳企业所得税，这是一项巨大的优势。MLP 的净收入以股息的形式派发给股东（图 2.5）。

如果没有 MLP，金德摩根就不会发展到现在的规模，美国的页岩油和页岩气也不会出现近期的繁荣景象。MLP 让石油和天然气行业在 2008 年金融危机中逆流而上，从公众投资者的手中募集到大量资金。

但是，MLP 这种企业架构不能用于清洁能源开发项目。美国国会不允许成立 MLP 来开发风能和太阳能等"取之不尽用之不竭"的自然资源。这是美国政府针对清洁能源为化石燃料行业提供的另外一种特别的制度性保护。

斯坦福大学教授、前能源部长助理丹·雷切尔曾经提议向清洁能源项目开放

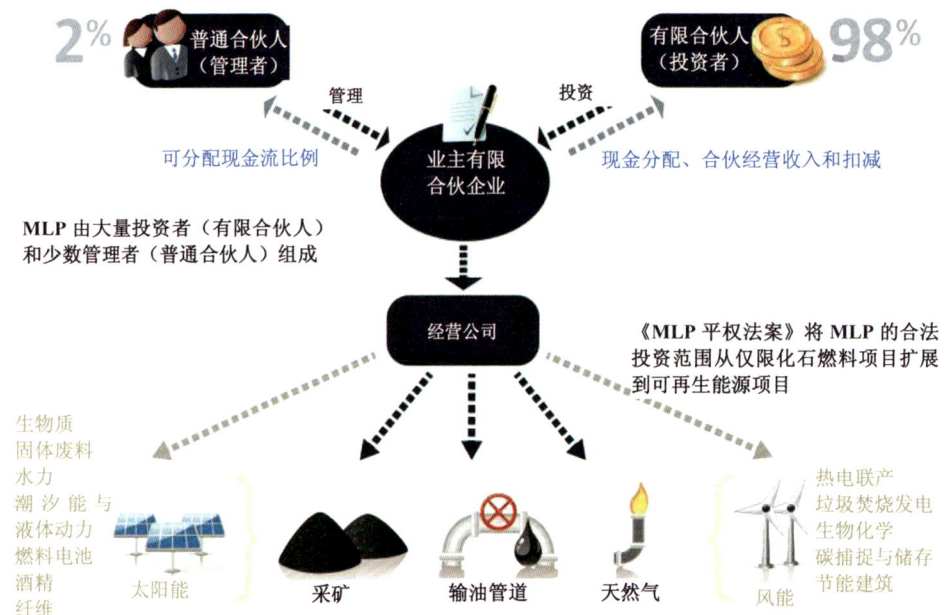

图 2.5　业主有限合伙企业（MLPs）的运作机制（来源：美国参议员科恩斯·库恩）[115]

MLP。他认为，清洁能源 MLP 可以大幅度增加投资者的数量，并能降低清洁能源项目的融资成本。[116]

　　按照雷切尔的说法，美国 MLP 的总市值为 4 400 亿美元，派发的平均股息为 6％。相比之下，清洁能源公司为遵守税收公平原则而支付的融资成本高达 10％~20％，与信用卡的利率水平相当。

　　要了解 MLP 能够带来多大改变，我们可以先思考一下清洁能源行业为什么很难募集到股权资本。美国对太阳能产业的主要扶持手段是投资税抵免（ITC）政策。对于住宅和商业太阳能系统，投资税抵免比例为 30％。[117]

　　石油和天然气公司同样享受投资税抵免。举例来说，他们可以享受外国税收抵免和无形开发成本的税收抵免。根据国会税收联合委员会的分析，在未来 10 年，这两项优惠政策可以为五大石油公司分别节省 20 亿美元和 75 亿美元。[118]

　　单个项目在产生收益之前，无法直接获得投资税减免，并且这一过程可能会持续数年。而与之形成对照的是，大型化石燃料能源公司已经获得了巨额利润，可以立即享受投资税减免。

　　美国的太阳能企业在募集股权资本时，只能吸引到可以享受投资税减免的投资者，这是"税收公平"原则造成的结果。而在太阳能项目融资过程中执行"税收公平"原则会带来一些问题。第一个问题在于太阳能市场的流动性高度不足：在任何一年，整个美国只有十家到二十家投资者愿意投入太阳能开发所需的数十亿美元资金；第二个问题在于缺乏竞争，导致这些为数不多的股权投资者索取高额回报，其利率像信用卡利率一样高。

如果石油与天然气行业的投资者数量像太阳发电和风电行业一样受到政府的限制，那么他们在过去十年开发出的数百万油井和数千英里管道就根本不会存在。

如果引入业主有限合伙企业，太阳能发电和风电公司就有机会通过公开资本市场直接吸引数百万投资者。单单提高流动性这一项，就能让清洁能源项目的融资成本下降。

2012 年，美国国会收到了关于《业主有限合伙企业平权法案》的提案，内容是将 MLP 的投资范围扩展到清洁能源领域。该法案如果通过，就会创造一个公平的竞争环境，让其他形式的发电与节能项目也可以获得有限合伙企业这种架构带来的优势。风电、太阳能发电、气化、垃圾焚烧发电、碳捕捉以及节能建筑项目都可以获得 MLP 的投资。

《业主有限合伙企业平权法案》由马里兰州民主党参议员科恩斯·库恩和堪萨斯州共和党参议员杰里·摩兰共同向国会提出，并在 2013 年进行了修改，扩大了其涵盖的能源项目范围。该法案已"提交财政委员会审核"，目前正在等待国会听证。[119]

税收联合委员会研究了将 MLP 的投资范围扩展到清洁能源领域后产生的经济效果。研究表明，"《MLP 平权法案》能够以很小的代价带来巨大的回报"。委员会认为，该法案可以"立即"催生 100 亿美元的清洁能源投资。[120]此外，现有化石燃料行业 MLP 预计会在未来 10 年花费纳税人 67 亿美元，而该法案通过后，在未来 5 年只会花费 3.07 亿美元，在未来 10 年只会花费 13 亿美元。

用以前的一句啤酒广告词来形容，《业主有限合伙企业平权法案》"口感好，喝不够"。这项法案将会减少用户的用电费用，创造新的就业机会并减轻纳税人的负担。它有什么理由不受到欢迎？

总结：万亿美元的太阳能金融机会

从 2008 年推出"无首期款"和"太阳能服务"商业模式以来，太阳能金融已经走过了很长的道路。借助对新型金融模式的探索和现有证券手段方面的创新，太阳能这个规模较小、流动性不高并且受税收公平原则阻碍的投资市场，已经实现了资金规模的快速扩大和融资成本的快速降低（图2.6）。

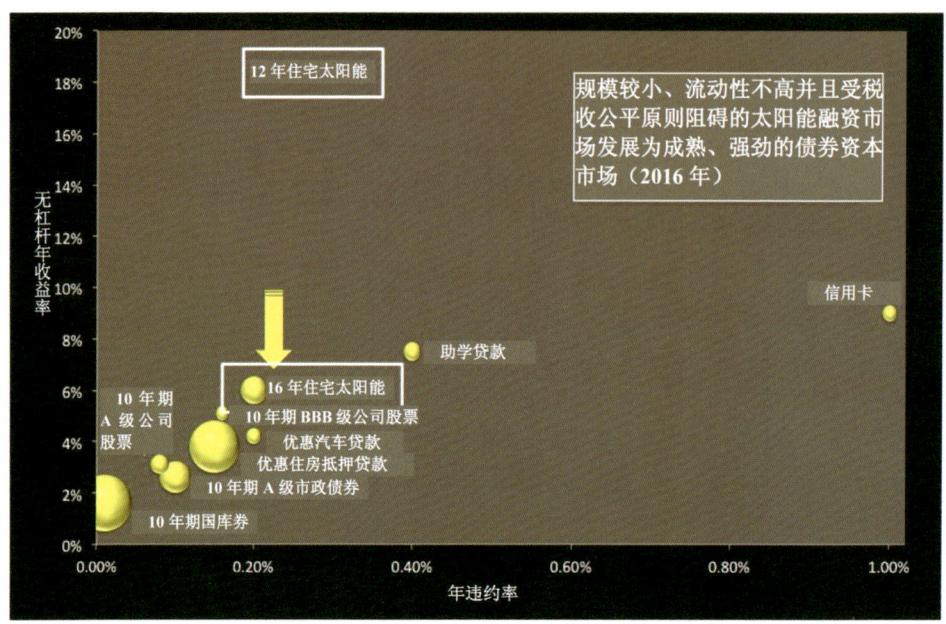

图2.6　住宅太阳能融资成本从 2012 年到 2016 年的变化（来源：Clean Power Finance 公司）

沃伦·巴菲特的伯克希尔·哈撒韦公司旗下的中美能源公司现在已经成为美国最大的太阳能开发企业。该公司前后收购了两个世界最大的太阳能发电项目，其中的 Topaz 太阳能电站有限公司已经成功发行了 8.5 亿美元的无担保债券，收益率为 5.75%。事实上这笔债券最后还超额认购了 4 亿美元。

总部设在加利福尼亚州奥克兰市的 Mosaic 众筹公司，已经成为美国第一家成功经营太阳能项目营利性参与式融资业务的太阳能金融公司。其项目的融资成本约为 5%。Mosaic 还在建设一个用于推动能源融资大众化的互联网平台，让个人也能够直接投资规模达数万亿美元的太阳能市场并从中获利。

2013 年 11 月，SolarCity 启动了历史上第一次住宅太阳能证券交易。这次交易打开了流动性更高的住宅太阳能金融市场的大门。SolarCity 发行的债券以太阳能资产为担保，筹资金额为 5 440 万美元，利率为 4.8%。[121]

在随后的一个月，世界第一家以清洁能源 REIT 身份成功上市的 Hannon Armstrong 投资基金公司宣布，其售出了金额为 1 亿美元、以资产为担保的持续收益债券（HASI SYB），收益率比之前有所降低，为 2.79%。

旧金山清洁电力金融（Clean Power Finance，CPF）公司的克里斯蒂安·汉娜特预计，到 2016 年，太阳能金融市场将会发展成一个强劲的资本市场。CPF是一家金融与软件服务公司，管理着高达五亿美元的住宅太阳能项目金融资本。[122]CPF 在自己的商业模式中整合了互联网云技术软件。利用这些软件，投资者和放款机构可以了解并投资于太阳能安装企业的住宅太阳能项目，而这些太阳能安装企业同样也在使用 CPF 的网站平台。

2006 年以来，美国住宅和商业太阳能市场的年增长率已经达到 76%。[123] 20世纪初，通用汽车金融服务公司率先发起的金融创新和商业模式创新让汽车产业变成了美国最重要的制造产业。而太阳能金融与商业模式创新也会像汽车产业的创新一样，对私人资本市场进行前所未有的挖掘。数万亿美元的私人资本流入太阳能市场之后，能源这个世界上最大的行业将会迎来一场革命。

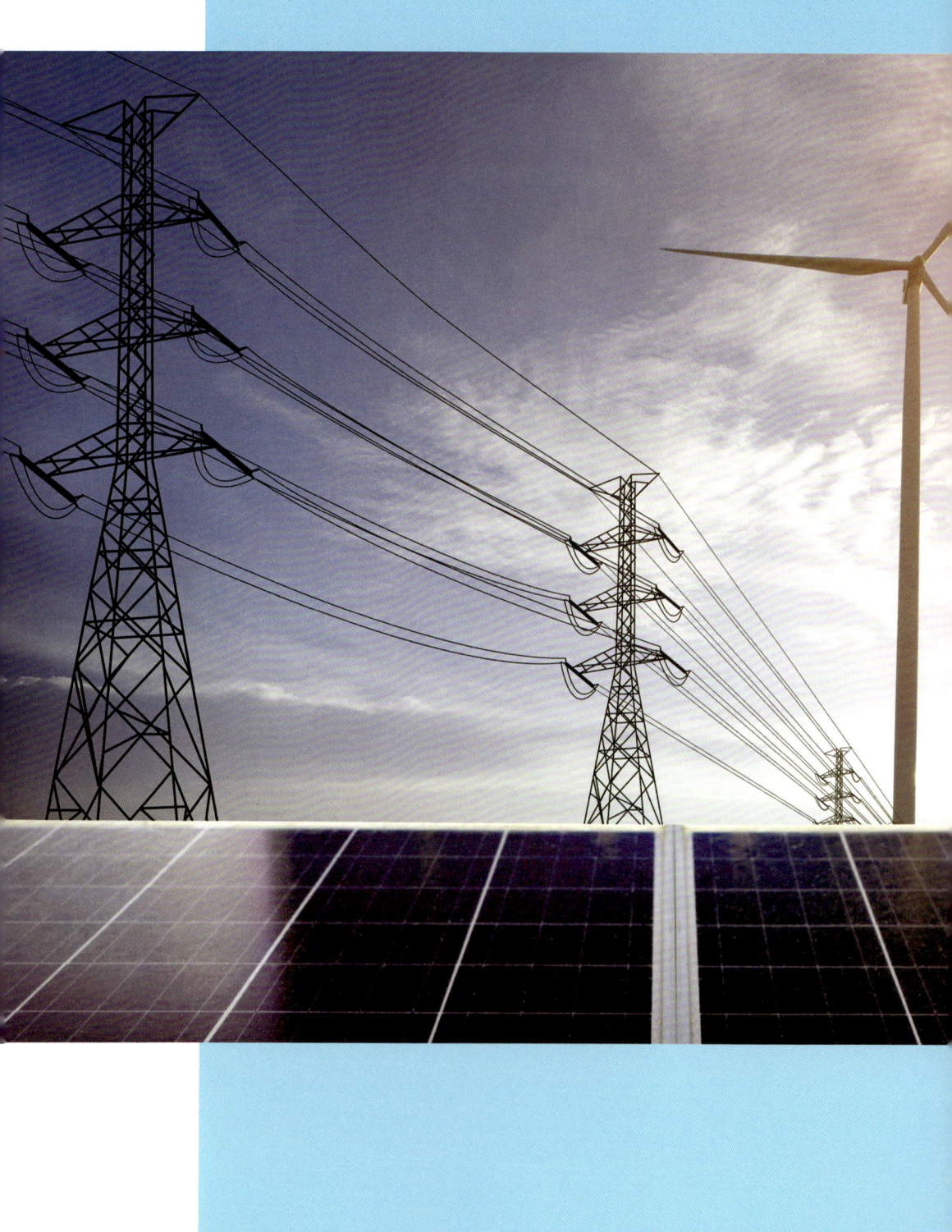

第三章 电力2.0-分布式、参与式能源及其对电力公司的颠覆

■ "抨击无益于改变现状，唯有建立一个可以淘汰现有模式的新模式，才能带来真正的变革！"

——巴克敏斯特·富勒

■ "移动电话绝对不可能替代有线电话。"

——马丁·库帕，世界第一台手持移动电话的共同发明人（**1981** 年）

■ "被动改变不如主动出击！"

——杰克·韦尔奇，通用电气前任 **CEO**

第三章　电力 2.0－分布式、参与式能源及其对电力公司的颠覆

　　2012 年 11 月 5 日，加利福尼亚州帕洛阿尔托市宣布了一项 25 年期合同，以 7.7 美分/千瓦时的价格购买太阳能电力。[124]而与此相比，加州北部最大的电力公司——太平洋燃气电力公司（PG&E）收取的最低电费为 13 美分/千瓦时（基准线），最高为 34 美分/千瓦时（针对 "4 级" 和 "5 级" 用电量）（图 3.1）。帕洛阿尔托市为太阳能电力所支付的价格相当于 PG&E 向住宅用户收取的最低价格的一半；同时，该市所支付的电价相当于 PG&E 针对高用电量用户所收取的电费的五分之一（请参见：夏季空调使用）。

　　而在七个月后，就在人们的惊讶与怀疑尚未平息之时，帕洛阿尔托市又宣布了另一项协议，以更低的价格购买太阳能电力：6.9 美分/千瓦时。[125]

　　帕洛阿尔托市设置了 100％清洁能源的目标，有望在 2015 年购买 30％的清洁能源，并在 2017 年购买 48％的清洁能源。这些数字中并不包括家庭住户和企业安装在自己屋顶上的太阳能设施。帕洛阿尔托市不仅将通过价格低廉的 100％清洁电力来供电，该市还保证在未来的 20～25 年都能享受低电价。

　　随着太阳能技术的提高，市场规模和融资成本不断下降，太阳能发电成本正在迅速下降。太阳能的分布式特性对现有的电力公司业务模式的颠覆是不可避免的，这种颠覆会来得比现有的操控型能源公司所预期的更快。

　　现有的能源公司正在迷失大方向。太阳能的各个方面都呈分布式：技术创

新、设计与开发、融资、安装与维护。一些专家预计，市场还需要几十年才能接受太阳能，但是由于其分布式特性，太阳能市场具备很大的灵活性。

把你帐单上的电量和下面各级电量比较一下， 看一下你家电费是多少（蓝色的是我家电费?）				254.06美元 946千瓦时
千瓦时				千瓦时
基线 0～225千瓦时 0.13美元/千瓦时	2级 226～293千瓦时 0.15美元/千瓦时	3级 294～450千瓦时 0.30美元/千瓦时	4级 451～675千瓦时 0.34美元/千瓦时	5级 676+千瓦时 0.34美元/千瓦时
225千瓦时 29美元	67千瓦时 10美元	156千瓦时 47美元	224千瓦时 76美元	270千瓦时 92美元

图3.1　PG&E在加利福尼亚州旧金山市的费率（资料来源：PG&E网站）[126]

为了对分布式清洁能源带来的颠覆做出响应，大多数电力公司聘请了游说者、律师和会计师来证明他们提高价格和增设收费项目是合理的。这些能源行业的"船长"在做的无异于提高泰坦尼克号上的食品价格。提高价格和增加收费项目可能会增加他们的短期现金流，但依然无法抵抗不可避免的颠覆。

澳大利亚：未来事物的面貌

在2008年，澳大利亚几乎没有任何太阳能设施。而到2012年底，澳大利亚安装太阳能设施的住宅数量已经突破一百万套大关（图3.2）。[127]在大约四年内，太阳能电力在澳大利亚住宅电力市场上的占有率几乎从零增长到了11%以上。

为了让这些数字更加直观，我们把澳大利亚与加州和美国进行对比。澳大利亚的人口为2 300万。[129]加利福尼亚州的人口为3 800万，美国的人口为3.13亿。[130]

加州是美国最大的太阳能电力市场。尽管加州每年的市场份额存在波动，但它历来都占据美国一半的太阳能电力市场。据"加州太阳能计划"的数据显示，截至2012年底共有167 878套太阳能装置，包含住宅、商业及大型发电站。[131]

　　如果加利福尼亚州的太阳能达到了澳大利亚 11％ 的市场占有率，那么太阳能装置的数量将达到 165 万套，大约是目前数量的十倍。如果美国住宅太阳能的市场占有率与澳大利亚相当，那么安装太阳能设施的家庭将达到 1 360 万户。截止 2012 年底，美国太阳能装置的实际数量为 30 万套，只占了美国在达到澳大利亚太阳能市场占有率时的数量的 2％ 左右。[132]

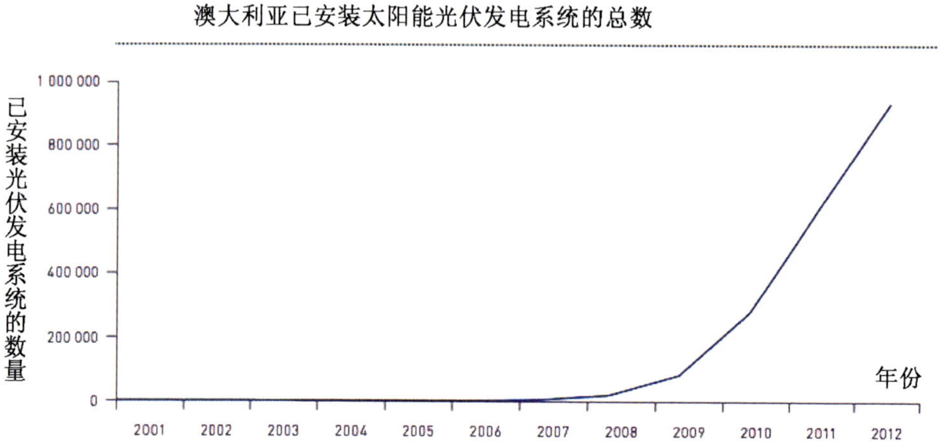

澳大利亚已安装太阳能光伏发电系统的总数

图 3.2　澳大利亚已安装太阳能光伏发电系统的数量（来源：澳大利亚清洁能源委员会）[128]

　　此外，11％ 的市场占有率只是澳大利亚的平均数。在南澳大利亚州，有 20％ 的房屋都安装了屋顶式太阳能设施。据位于昆士兰的 Energex 电力公司的迈克·斯万顿表示，有些居民区的太阳能设施占有率达到了 90％。[133]

　　如果用户开始自己利用太阳能来发电，将给电力公司带来什么影响？

　　1. 对电力公司的电力需求下降。当用户可以自己发电时，他们向电力公司购买的电量就会变少。

　　2. 竞争加剧。电力公司需要与无数的太阳能安装公司展开竞争。

　　3. 电力公司的收入下降。随着需求的下降和竞争的加剧，电力公司赚的钱会更少。

　　4. 电力公司的利润大幅下降。太阳能在高峰定价计费周期内所生产的电量最大，从而削弱了电力公司在峰值电量消费时的赢利水平。

在过去五年内，澳大利亚的电力价格上涨了 50%，从大约 25 美分/千瓦时提高至 38 美分/千瓦时。[134]尽管澳大利亚是一个主要的煤炭和天然气生产国，价格依然上涨了。在 2013 年，太阳能电力已经低至 12 美分/千瓦时，而且还在下降。

通用电气公司前首席执行官杰克·韦尔奇表示："如果外部的改革速度超过了内部的改革速度，那么离终结也就不远了。"电力公司的业务模式已经过时，电力公司很快就会行至终点。

太阳能如何颠覆高峰零售定价

谈及太阳能时，很多话题都是关于它神奇地实现了"电网平价"，亦称"市电平价"。电网平价是指一种替代能源的发电成本与电网售电的价格达到相同水平。但是，实现电网平价只是太阳能电力颠覆传统电力公司的原因之一。

在零售层面上，由于分布式太阳能发电打破了传统电力公司最为赚钱的收入来源——高峰定价，因此对它的商业模式带来了颠覆性影响。

电力公司历来都能从所谓的峰值电价中不成比例地赚取大量收入。比如，亚利桑那电力公司会在非高峰时段仅收取 5 美分/千瓦时的费用，但在高峰时段收取的费用大约是上述价格的 5 倍（24.4 美分/千瓦时），而在亚利桑那州最热的六、七、八月的"超高峰"时间段所收取的费用能达到上述价格的将近十倍（49.4 美分/千瓦时）。[135]

事实证明，当日照最猛烈的时候，亚利桑那电力公司（APS）所收取的电费价格是"基准"价格的将近十倍。由于屋顶太阳能设施的成本要比电力公司所收取的高峰电价更便宜，因此自己利用太阳能发电的住宅用户会从第一天开始就实现节约。亚利桑那州全年日照充足，尤其夏季更加阳光明媚，因此分布式屋顶太阳能光伏发电设施的价格要比 APS 向纳税人收取的费用便宜得多。

随着越来越多的客户选用太阳能发电，以高峰电价向电力公司购买电力的可能性降低，电力公司的高溢价开始消失。电力公司无法根据市场需求来启停自己的大型核能或煤炭"基荷"发电厂。这些过时的基荷电厂不论需求大小都保持发电。

电力公司的高管已经注意到，随着分布式太阳能发电在市场上实现高占有率，高峰溢价已经呈断崖式下跌。据弗劳恩霍夫太阳能系统研究所的数据显示，德国的高峰溢价在短短五年内下跌了 80%，从 2008 年的 14 欧元/兆瓦时下降至 3 欧元/兆瓦时。[136]

电价：

6～8 月计费周期 （夏季超高峰期）
超高峰时间段为 0.49445 美元/千瓦时，高峰时间 段为 0.24445 美元/千瓦时，非高峰时间段为 0.05254 美元/千瓦时

5 月、9 月和 10 月计费周期 （夏季）	11 月至翌年 4 月计费周期 （冬季）
高峰时间段为 0.24445 美元/千瓦时，非高峰 时间段为 0.05254 美元/千瓦时	高峰时间段为 0.19825 美元/千瓦时，非高峰 时间段为 0.05253 美元/千瓦时

图 3.3　亚利桑那电力公司的费率表 ET-SP；2012 年 1 月[137]

上述高峰定价的商业模式不只适用于住宅用户，也适用于农业、工业和商业客户。

太平洋燃气电力公司（PG&E）正在让农业用户改用高峰定价模式。这会给 PG&E 销售区域内的农民带来怎样的影响呢？据能源管理公司 Enernoc 表示，"运营一台 240 千瓦的灌溉水泵的平均费用可能会从 24 美元/小时增加至 224 美元/小时。"[138]而太阳能电力的价格已经远远低于电力公司的高峰电价。让农民支付比以前高十倍的电费账单，势必会使更多的农民考虑改用太阳能或风能来为他们的灌溉系统供电。

随着高峰定价溢价变少或消失，采用传统能源的电力公司零售收入会下降、利润空间缩小。

太阳能如何颠覆电力批发市场

太阳能和风能也将对电力批发市场带来重大影响。看一下竞争性电力市场的运作方式（图 3.4），就能知道原因了：

1. 电网运营商（也称作独立系统运营商）会提前一天对电力需求进行预测。比如，纽约的独立系统运营商（ISO）预测中午至次日下午 1 点的需求量 Q＝

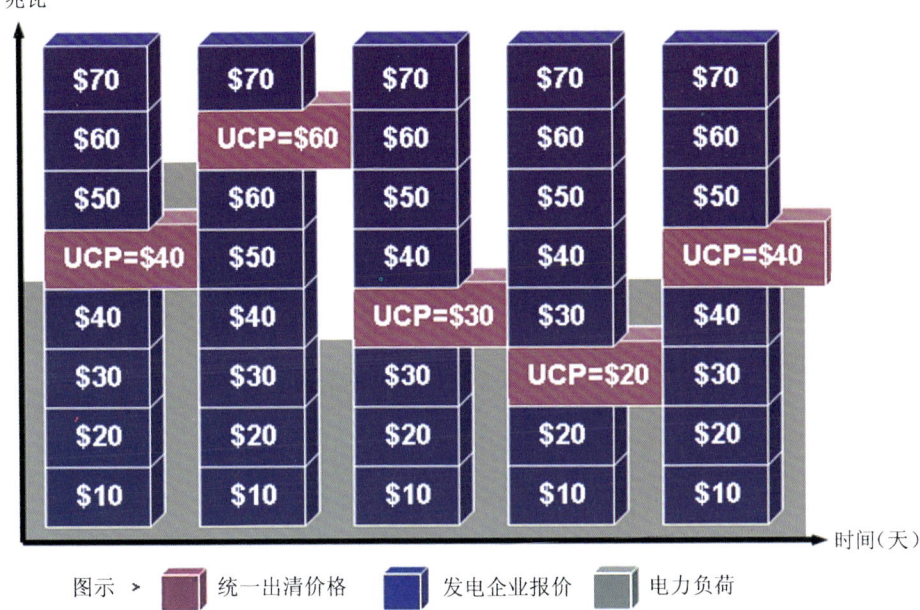

图示　▶　■ 统一出清价格　　■ 发电企业报价　　■ 电力负荷

图 3.4　批发市场结算价格拍卖（资料来源：NY ISO）[140]

1 000 兆瓦。

2. 为满足其预测需求，电网运营商（ISO）会要求发电企业为供应所需的 1 000 兆瓦电量（Q）进行报价。电厂运营商通常会根据其生产下一单元电力的边际成本来报价。假设太阳能发电运营商为 200 兆瓦电力出价 10 美元/兆瓦时，水电运营商为 300 兆瓦电力出价 20 美元/兆瓦时，风电运营商为 300 兆瓦电力出价 30 美元/兆瓦时，天然气发电运营商为 400 兆瓦电力出价 40 美元/兆瓦时，核电运营商为 1 000 兆瓦电力出价 50 美元/兆瓦时，等等。

3. 电网运营商开始向报价最低的运营商购买电力，直到满足所需电量（Q＝1 000 兆瓦）为止。在这一案例中，纽约独立系统运营商（NYISO）会向太阳能发电运营商购买 200 兆瓦电力，然后向水电运营商购买 300 兆瓦电力，并向风电运营商购买 300 兆瓦电力。此时 NYISO 已经有 800 兆瓦电力，另外只需 200 兆瓦就能满足 1 000 兆瓦的需求量。随后，它便会向天然气发电运营商购买 200 兆瓦电力，以最高报价 40 美元/兆瓦时出清市场。该价格被称为统一出清价格（UCP）。核电运营商 50 美元/兆瓦时的价格被挤出市场。

4. 电网运营商会向所有的供应商支付 40 美元/兆瓦时的统一出清价格

（UCP）。也就是说，出价 20 美元/兆瓦时或 30 美元/兆瓦时的运营商依然可以就他们的供应量得到 40 美元/兆瓦时的费用。

美国电力批发市场上采用的就是这种称作"统一出清价格拍卖"的方法。[139]

电厂运营商会基于他们的边际成本（即生产下一单位电力（兆瓦时）的现金成本）出价。边际成本主要由燃料成本决定。太阳能（和风能）的边际成本为零。将阳光作为燃料发电的成本为零，因此生产下一单位太阳能电力（兆瓦）的成本也为零。由于太阳能（和风能）的出价基于零的边际成本，因此始终可以让竞争性市场出清，并以高于其边际成本的价格出售。但化石燃料与核电站的运营商并不是这种情况，他们的边际成本由高昂且不断上涨的燃料成本来确定。

当太阳能和风力发电厂出价时，竞争性电力在批发市场上的出清价格就会变低。据弗劳恩霍夫太阳能系统研究所的数据显示，在 2011 年，每增加 1 000 兆瓦的太阳能电力供应，就会导致欧洲能源交易所（EEX）的平均现货价格降低 82 欧分/兆瓦时（1.13 美元/兆瓦时）。[141] 随着更多的太阳能电力输入电网，出清价格也会变得更低。

边际成本最低的常规发电厂会设定出清价格，并卖出部分（但不一定是全部）他们所投标的电量。价格最高的常规资源发电厂（柴油、天然气、核能或煤炭，根据市场而定）将无法售出更大比例的潜在电量。由于这个原因，化石燃料和核电站运营商在批发方面的收入和利润将受到挤压。

此外，其中部分电厂（核电和煤电）无法按需发电。由于技术原因，无论这些电厂是否能将电量卖出，它们都需要维持运行。当它们无法将高昂的电力售出时，它们其实就是在烧钱。新一点的天然气发电厂相对更加灵活，可以按需发电，这使得天然气与其他化石燃料和核能相比具备技术优势。当它们生产的电力太贵，无法出清市场时，它们便会停止发电。

在传统的商业模式下，电力公司自行负责发电、输电和零售业务。电力公司所享有的垄断地位导致他们效率低下，但仍然能够保证高于市场的资本回报率。但随着电力市场的竞争越来越激烈，同时随着独立发电企业被允许进入市场，传统电力公司商业模式效率低下的情况愈发明显。当太阳能发电的市场占有率变高，传统电力公司——即拥有大型化石燃料或核能发电设施，并将电力出售给零售终端用户的电力公司——在零售和批发两方面的利润都受到了挤压。

批发和分布式太阳能发电正在颠覆传统能源公司历经百年的经营模式。并不是只有住宅用户自己正在利用太阳能发电，商业用户也在这么做。

探索分布式发电的成本优势

大型集中式电厂具备规模经济的优势，可以把一些自身成本分摊到大量的生产单元上，从而降低单位成本。与规模较小的分布式发电相比，规模经济可能会给集中式电厂带来一定的单位成本优势，但集中式发电设施需要依靠昂贵的输配电基础设施才能把电力提供给零售用户。

如果把输配电成本加进去（先不提 CEO 的工资），就会发现局部分布式发电比集中式发电更具备成本优势。这种成本优势是指什么？

为了解建设新的电厂，并向南安普敦运河变电站以东地区输电和配电需要花费多少成本，长岛（纽约）电力局（LIPA）进行了一项研究。研究结果表明，要想将电力输送至上述区域，LIPA 需要花费超过 7 美分/千瓦时的输配电基础设施成本。近期由于飓风桑迪的袭击，长岛和纽约市的基础设施遭到破坏，LIPA 完全知道输电线路、变电站和配电杆在未来几十年的运营和维护成本将达到什么样的水平。

不同城市、不同州、不同国家的输配电网的成本各不相同。比如，在欧洲，与家庭用户相连的配电网的平均成本存在很大差异，比利时和挪威的成本最高，马耳他和立陶宛的成本最低（图 3.5）。输配电网的成本受到几大因素的影响，其中包括电压等级、地形、国家大小，以及发电设施的位置。

据 EIA 的数据显示，在美国，与家庭用户相连的配电网在 2013 年的平均成本为 4.16 美分/千瓦时。[142]

这些电网的成本数据仅适用于现有的输配电网，其中大多数都建于几十年前。建设新的网络基础设施非常昂贵。输电网络的基础技术成本从 57.6 万美元/千米（230 千伏单回路）到 186.45 万美元/千米（550 千伏双回路）不等。[144]建设输电线路的最终成本还包括用地成本和地形系数成本（如果你建设的线路需要穿越山岭，你可以在上述成本基础上乘以 1.7 的系数）。

所有这一切都假设能有一条新的配电网络可以建成。在 2010 年，北美仅有 5 000 千米的线路正在建设，这在 728 392 千米的已建成线路中只占了 0.7%的增长率。[145]

为了代替投资额高达几十亿美元或建设周期长达十年的输电线路建设项目，LIPA 决定花 7 美分/千瓦时来鼓励发展局部分布式太阳能发电。[146]从长远来看，它不仅能节约资金，还能在别人投资基础设施时将资金存放在银行。

与分布式发电相比，集中式发电具有 7 美分/千瓦时的成本劣势。换句话说，

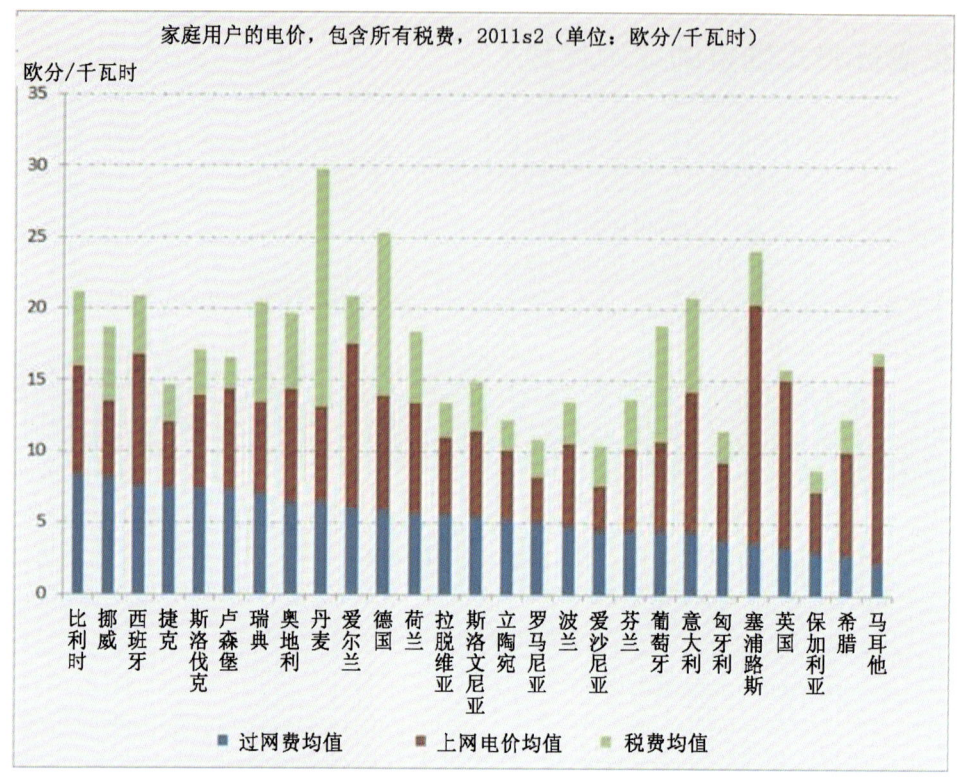

图 3.5　欧洲零售电价的成本分解。（来源：欧盟委员会）[143]

如果你的屋顶式太阳能系统能够以 10 美分/千瓦时的成本发电，那么，为了给你提供更好的价格，集中式发电厂就必须以 2 美分/千瓦时的成本发电。任何基于资源的集中式发电企业都无法以这样的成本发电，无论有怎样的补贴。天然气不行、煤炭不行，核能或柴油当然更不行。

　　太阳能发电的成本不断下降。不用多久，它的成本就会低于输配电网络 7 美分/千瓦时（左右）。届时，我们所知道的传统集中式电力公司可能会被淘汰。

　　这种情况会在多久以后发生呢？帕洛阿尔托市此前宣布签署了一份协议，以 6.9 美分/千瓦时的价格购买太阳能电力。[147] 如果分布式太阳能系统能够以这个成本发电，那么电力公司的时日就会变得屈指可数。要想在零售层面进行竞争，电力公司就必须以负数的价格进行电力销售，这不是一种可持续的商业模式。我并不是从"环境可持续"的角度来说，而是从"财务可持续"的角度来说。

　　帕洛阿尔托市在协议中签署了每年 52 兆瓦的太阳能电力，这些电力将来自一座 20 兆瓦的太阳能发电厂。这家电厂要比父辈的核电机组小得多（最大产能的 5%），但也不是屋顶式太阳能系统的规模。发电厂虽然不一定正好位于负荷中心，但可以位于电力需求侧附近。

沃尔玛、宜家与"大盒子"商场的屋顶太阳能

如仔细看一下宜家的门店或配送中心，你会发现它们的外形犹如一个巨大的盒子，具备很大的顶部空间。宜家的屋顶具备很大的经济潜力，以前都这么白白浪费了，但现在情况不同了。截至 2013 年，宜家在美国 20 个州的 39 家门店安装了合计 34.1 兆瓦的太阳能设施。[148] 美国共有 89% 的宜家商场安装了太阳能设施。

宜家并不是唯一一家使用太阳能的"大盒子"商场。沃尔玛为 215 家门店安装了 89.4 兆瓦的太阳能设施，好市多为 78 家门店安装了 47.1 兆瓦，科尔士为 147 家门店安装了 44.7 兆瓦。虽然 89% 的宜家门店已经利用太阳能，但已安装太阳能设施的沃尔玛门店只占了 5%，不过沃尔玛计划在 2020 年前为其 4 522 家门店中的 1 000 家完成太阳能设施的安装。[149] 很多这些"大盒子"商场不仅自己使用太阳能电池板，还销售电池板。

沃尔玛目前已安装太阳能发电设施的门店平均装机只有 415 千瓦。如果沃尔玛为其所有门店都安装了这种规模的太阳能发电设施，它的太阳能发电装机量就会达到 180 万千瓦，几乎达到了两个标准核反应堆的峰荷发电能力。到目前为止，沃尔玛已安装太阳能设施的门店平均装机容量还不到宜家（874 千瓦）的一半，但随着光伏发电的成本持续大幅下跌，以及常规电力的价格不断上涨，沃尔玛自然而然就会安装更多的太阳能发电设备。

此外，假设沃尔玛在美国的所有店面都达到宜家的 874 千瓦的装机容量，它的分布式太阳能发电装机量就能达到 380 万千瓦。届时沃尔玛的发电能力就几乎达到了四个核反应堆的最高发电能力。

沃尔玛还可以每年节约五亿美元的电费。假设平均电费为 10 美分/千瓦时，如果沃尔玛通过自身门店的屋顶太阳能设施来发电，那么当地电力公司的年收入就会因此减少 5.7 亿美元。

如果沃尔玛把它的太阳能计划扩展到全球 27 个国家的所有 10 400 家门店，那么这家"大盒子"零售商的屋顶式太阳能设施将达到 918 万千瓦的发电能力，相当于九个核反应堆的最高发电能力。

随着太阳能电力的成本下降，以及传统能源的成本不断上升，太阳能对于

"大盒子"商场的价值就会提升，同时也在财务上为门店生产更多的太阳能电力带来了巨大的激励效果。

如果"大盒子"商场利用太阳能就地生产更多的能源，那么电力公司就会失去几十亿美元的年收入。随着商业用户的需求降低，尤其是在"高峰定价"期间的需求降低，电力公司的高峰溢价就会减少，从而使他们的收入降低、利润缩减。

宜家希望在 2020 年利用太阳能和风能实现能源的自给自足。[150] 沃尔玛则为自己设定了利用清洁能源来实现 100% 自行发电的目标。[151] 随着越来越多的大型机构成为净零能耗组织，传统的电力公司将彻底失去它们最大的客户。

传统电力公司将进入收入降低、利润下滑、机组利用率下降、投资回报率下跌的恶性循环。但它的资金成本会上升，从而导致它们的电力更贵，并因此使得恶性循环更加严重。

沃尔玛、宜家以及其他的"大盒子"商场成为净零能耗组织对电力公司产生了巨大的负面影响，但这还未必是电力公司所面临的最坏场景。当这些公司从自行发电变成为他人提供能源时，下一阶段的颠覆流程才正式开始。

电力公司已经习惯于通过垄断轻松赚钱。它们的基因中没有竞争意识。随着"大盒子"商场开始生产剩余电力，电力公司可能会发现自己需要与曾经的客户展开竞争。电力公司的高管不想与硅谷的小型初创公司（如 Sungevity、SolarCity 和 SunRun）竞争。由于电力公司已经建立并维护公共监管体系长达百年之久，因此可以利用公共监管体系来暂时阻止它们。但是，如果想一想诸如沃尔玛这样实力雄厚、资金充裕、技术娴熟、竞争力超群的公司也要通过销售廉价太阳能电力而进入能源市场，电力公司的管理人员就需要为他们的退休账户仔细考量一下。

在一个分布式能源发电的世界中，"大盒子"商场进入能源行业的情形势必会发生。请记住，太阳能发电的边际成本为零。沃尔玛和其他"大盒子"商业发电企业将始终能够在竞争激烈的电力批发市场上出清价格。

沃尔玛和其他"大盒子"零售商甚至可能会决定将电力直接出售给消费者。据埃森哲公司最近的一份报告显示，59% 的能源消费者会考虑直接向零售商（如百思买、乐购或家乐福）购买电力。[152] 该报告还显示，47% 的能源消费者会考虑向纯网络公司购买电力。你是否会看到亚马逊现身电力行业呢？

传统电力公司会采用自己最好的武器来参加比赛：监管体系。但是这种颠覆趋势无法阻挡，最多只能推迟一下。

"大盒子"商场并不是唯一一个把屋顶太阳能发电设施转换成现金价值的行

业。包括大众、日产、苹果在内的工业企业都宣布了大型现场太阳能项目。德国汽车巨头大众近日宣布已在西班牙建成一座 11 兆瓦的屋顶太阳能发电设施。[153]

全球市值最大的苹果公司设定了成为净零能耗公司，并实现 100% 由清洁能源供能的目标。在 2012 年，苹果公司在其位于北卡罗来纳州梅登的数据中心附近建设了一座 20 兆瓦的陆基太阳能电站。据该公司称，这座电站是世界上规模最大的由最终用户所拥有的现场太阳能光伏电站。该公司目前还正在其数据中心一英里范围内建设第二座 20 兆瓦太阳能光伏电站。该电站预期将在 2013 年后期投入运营。[154]据苹果公司称，其位于内华达州里诺市的新数据中心将 100% 由太阳能和地热能供电。

房地产管理公司发现太阳能的经济价值

普洛斯是一家领先的工业地产所有者、经营者和管理公司，资产遍布全球。普洛斯仅在美洲就管理着 460 亿美元的资产，其中包括约 5.63 亿平方英尺（约 5 230 万平方米）的物流配送区域。[155]这里拥有很大的屋顶空间，但没有产生任何收入。这家房地产管理公司是否可以将太阳能纳入它的创收资产组合，从而改变这种现况呢？答案是肯定的。

2011 年 6 月，普洛斯宣布与 NRG Solar 和美国银行建立合作伙伴关系，在普洛斯拥有的仓库顶部建设 753 兆瓦的太阳能发电设施。[156]该设施所产生的太阳能电力足以给十万户人家供电。美国银行将为该项目提供 14 亿美元的贷款。普洛斯目前已经建成 34 座合计 79.6 兆瓦的太阳能发电设施。[157]

其他的房地产开发商和管理公司也开始恍然大悟。哈茨照明（Hartz Lights Industries）建设了 17 座合计 19.2 兆瓦的太阳能发电设施。金科（Kimco）也在六个地方建设了 3 兆瓦的太阳能发电设施。

普洛斯与哈茨照明管理着几十亿平方英尺的工业设施。随着它们证明分布式太阳能可以带来赚钱商机，全国成千上万的仓库业主也将会注意到这个商机。

机器人恒温器

太阳能发电并不是唯一一项给电力公司带来颠覆性影响的技术。机器人和硅谷的其他技术也开始蚕食电力公司的商业利润。

2007 年，松冈容子获得了麦克阿瑟奖"天才"奖。麦克阿瑟基金会表示，她的工作"改变了我们对中枢神经系统如何协调肌肉骨骼动作的理解，以及我们对机器人技术如何提高残疾人活动能力的理解"。[158]当松冈获得该奖项时，她还是华盛顿大学计算机科学与工程副教授，负责管理该大学的神经学机器人实验室和感觉运动神经工程中心。

松冈获得了麻省理工学院电气工程和计算机科学博士学位。神经学机器人（结合了神经学和机器人技术）领域几乎就是由她开创的。麦克阿瑟奖奖励了她20 多万美元，供她在后续四年里用在合适的地方。那么松冈博士做了些什么呢？她回到了硅谷，在谷歌工作了一小段时间后便加入了一个名为 NEST 实验室的小型初创公司，担任技术副总裁。NEST 的创始人是两名设计师，他们曾参与了苹果 iPod 的设计，他们想把苹果在音乐领域所做的工作运用于能源领域。

NEST 在 2012 年推出了 NEST 学习型恒温器，价格 299 美元。这并不是普通的可编程恒温器。这是一个基于传感器、接入互联网，且基于人工智能的计算机，它能够不断地对家里面的温度进行扫描，并了解居住者的偏好信息。

据美国能源署的数据显示，供暖和制冷占据了典型美国家庭的能源使用量的 56％。[159]如果空调在夏季保持满负荷运行，电费就会高到令人咂舌。在夏季温度最高的日子里，下午较晚时段的用电量会增加 40％以上。[160]当大多数人都把空调打开时，批发电价就会上涨超过 100％。其结果就是，当电价最贵的时候，家庭用电量也更大。这就是为什么电费账单会在夏季蹭蹭涨到数百美元。

事实上，许多市场的夏季"高峰"电价可能会比"最低"或"平均"价格高出许多倍。2011 年 8 月，当热浪席卷德克萨斯州时，电价就飙升到了 6 美元/千瓦时左右，达到了"正常"高峰价格的十倍（图 3.6）。而讽刺的是，当得克萨斯州的电价上涨至 6 美元/千瓦时，达到太阳能发电成本的 50 倍时，这种阳光明媚的日子正可以生产出最多的太阳能电力。

无比炎热的日子还会继续出现。在 2012 年，美国打破了超过 27 000 个日高温记录。[162]据美国国家海洋和大气管理局的数据显示，2011 年 6 月至 2012 年 6月这一年是美国本土有史以来最热的一年。[163]

空调的智能化使用可以大大降低能源消耗。可编程恒温器已经销售了几十年，但由于很难对它们进行编程，所以用起来很费劲。客户通常用了几周之后便会放弃使用恒温器。

松冈容子和 NEST 着手改变这种状况。通过使用人工智能，NEST 恒温器能够对用户的喜好和舒适度进行跟踪。用户通过一个简单的按钮（如同 iPod 上的按钮）来进行温度设置。恒温器内的传感器会检测用户什么时候在家，同时，恒温器会根据所收集到的用户数据来进行温度的调节。为了最大限度地降低能耗，当用户去上班后，恒温器便会把温度降低。通过 iPhone 和 Android 智能手

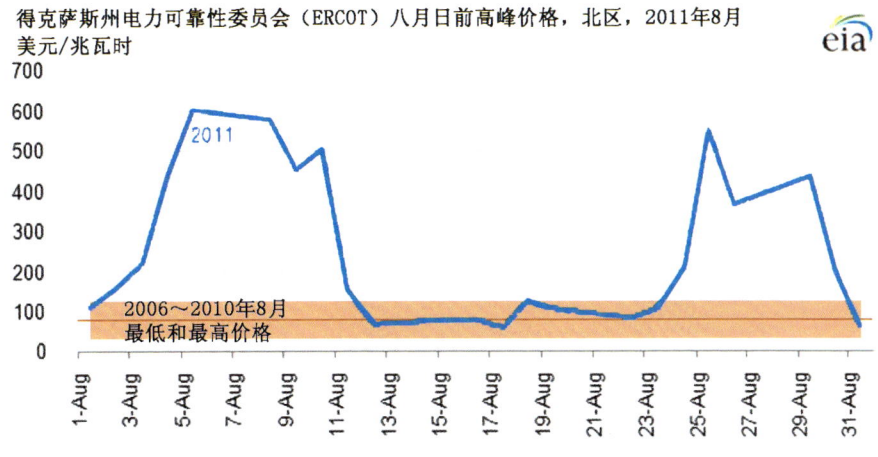

得克萨斯州电力可靠性委员会（ERCOT）八月日前高峰价格，北区，2011年8月
美元/兆瓦时

图 3.6　2011 年 8 月，得克萨斯州的高峰电价（来源：能源信息署）[161]

机上的应用程序，用户便能够命令恒温器打开或关闭暖气或空调。事实上，比如用户是下午 5:45 分下班回家，他便可以把恒温器设置为在 5:45 分之前提前打开空调预冷。

NEST 恒温器在运行的第一年就为用户节约了 50% 以上的制冷费用。

NEST 恒温器还只是第一代产品。请记住，这款恒温器是一台电脑，就像 iPhone 一样。当 NEST 为它的恒温器开发出新的功能，用户便可以通过无线互联网将这些功能下载至恒温器。

恒温器采用的所有技术正在快速完善：传感器、机器学习、无线通信、大数据和分布式运算。传感器正在变得更便宜、更快、更好、更小，连接性能更出色，并且更加节能。传感器可以植入智能手机、平板电脑和可穿戴设备。比如，三星 Galaxy S4 手机就配备了检测运动、光照、温度、湿度、位置和更多信息的传感器（图 3.7）。

位于硅谷的应美盛（Invensense）公司是全球领先的传感器供应商。应美盛公司的前任 CEO 和创始人史蒂夫·纳西里曾对我在斯坦福大学的学生表示，运动传感器在十年前的成本为 25 美元，而现在的成本仅为 2 美元。如今传感器的尺寸小了一百倍，节能效率提高了十倍。再过十年，传感器的成本可能仅为几美分。

NEST 正在把能源效率转化成一种廉价、快速、易于采用的技术产品。能源效率历来都是改变家中的设施配置：新型窗户、新型外墙保温和 LED 灯具。这些东西都是重要的，但智能恒温器也是如此。你只需要花 299 美元，并花上 5 分

Galaxy S4中隐藏的创新技术

Galaxy S4让你不错过生活中的重大点滴，汇聚你的世界

手势传感器
使用红外线来识别用户的手势动作。
—手势感应

近距离传感器
通过红外线来识别手机当前和用户的距离。
—体感拨号

颜色/光敏传感器
测量光源的红、绿、蓝、白光的强度
—三星Adapt Display

陀螺仪传感器
基于三个轴心来探测手机的旋转状态。
—智能旋转屏幕

霍尔传感器
识别保护壳处于开启或者关闭状态。
—S View Cover保护壳

加速计
基于三个轴心来探测手机当前的运动状态。
—S Health：运动伴侣

气压计
识别用户当前所在位置的大气压。
—S Health：运动伴侣

温度/湿度传感器
检测温度和湿度等级。
—S Health：舒适度检测

磁力计
基于三个轴心来探测磁场强度。
—数字罗盘地图

SAMSUNG TOMORROW

图 3.7　三星 S4 智能手机中的传感器（来源：Samsung）[164]

钟把它安装在家里，便可以节省高达 50% 的取暖费。如果数百万人都这么做，就可以节省数亿美元。

电力公司会发现：由于智能信息技术设备（如 NEST 学习型恒温器）的应用，用电量可能会快速且显著下跌。如同屋顶太阳能设施一样，智能能源管理设备会促使电力公司进入恶性循环，从而实现颠覆。

随着越来越多的客户通过采用人工智能技术的产品来管理自己的能源使用，对昂贵的高峰电力（千瓦时）的总体需求将会下降。电力公司需要将其沉没成本除以更小的分母，从而导致电费账单的金额上涨。电力公司将增加费用，提高电价。随后会有更多的用户改用太阳能和智能能源设备，从而进一步降低了用户对电力公司的需求。随着电力公司的收入减少，它们的资金成本将上升，从而导致它们的服务更加昂贵。一旦进入这种恶性循环，就很难停下来。

此外，诸如 NEST 之类的公司才刚刚起步。最近，在加利福尼亚州圣何塞举办的机器人技术会议上，NEST 公司的松冈容子发布了该公司的新装置：名为卫士（Protect）的烟雾报警器与一氧化碳探测器。

电力公司通常不会对烟雾报警器这类产品有所顾忌，但这款产品却不太一样，它配有多个可以对家里的能量流动进行监测的传感器，因此值得引起电力公司的关注。以下是烟雾报警器所配备的传感器列表：

光电式烟雾传感器
一氧化碳传感器
热传感器
环境光传感器
湿度传感器

每一天、每一分、每一秒，"卫士"都会为其所在的每个家庭收集大量的多维度能源数据，其所收集到的能源数据要比任何人或任何设备此前所收集到的数据量更大。NEST 所拥有的关于家庭能源使用情况的信息量将远远超出传统电力公司的想象。

当然，这些数据的用途在于保护家庭免受烟火之灾。但是，通过对数据进行智能化分析，为家庭开发新产品和服务就拥有了无限可能。

2014 年，谷歌以 32 亿美元的价格收购了 NEST 公司。试想一下，谷歌庞大的计算资源和数据基础设施与 NEST 能源管理设施相结合将会产生多么强大的力量。

大数据如何增加清洁能源的收益

Climate Corp. 是一家位于旧金山的公司，它出色地展示了硅谷技术如何发挥出大数据的价值。该公司由两位前谷歌员工创立于 2009 年，通过使用美国政府的气象数据，Climate 公司提供了旨在提高农作物产量的产品。该公司整合了30 年的气象资料，60 年的作物产量数据和 14 TB（兆兆字节）的土壤数据，并将其用于农作物保险的研究和定价等多项用途。[165]2013 年 10 月，Climate 公司被农业巨头孟山都公司以 9.3 亿美元现金收购。

Climate 公司所使用的数据都是美国政府免费提供的，公司通过开发信息技术来发挥出这些数据的价值。想象一下如果 NEST 这样的公司也采用类似的思路会发生什么。通过将美国政府所提供的天气和能源数据与利用数十亿传感器在几千万个家庭中采集到的私人数据相结合，NEST 可以前所未有地发挥出数据的价值。

对于电力公司而言，家庭就像是一个黑匣子，输入的是能源，输出的是现金。电力公司其实对它们客户的了解并不深。

相比之下，NEST 正在为产品设计建立一个知识库，两者相辅相成——并在该过程中颠覆了多个行业（包括能源行业）。如同 iPad 可以与 iPhone 相连一样，NEST 学习型恒温器可以与 Protect 烟雾报警器相连；它们将能够相互交流和学习。比如，据松冈容子称，40％的火灾都是由壁炉引发的。通过恒温装置来了解壁炉在什么时候点燃，能够帮助报警装置确定它感应到的烟雾可能是来自真正的火灾，而不是来自烧烤架上烤焦的牛肉。

NEST 是提升收益的硅谷经济学的最佳范例。对于房屋业主而言，购买烟雾报警器提高了其学习型恒温器的价值，反之亦然。同样，如果你的邻居购买了 NEST 烟雾报警器，它也减少了你的家（当然也包括他们自己的家）发生火灾的可能性。随着越来越多的邻居购买学习型恒温器，NEST 将能够对整个居民区进行分析，并根据它所收集到的数据进行产品完善。对于购买了学习型恒温器的人们来说，下载新的改良版软件都能给他们带来益处。

通过今天的恒温器进行数据收集，建立客户洞察力，可以开发明天的能源管理平台，以及未来的能源交易平台，谁知道呢？

从有到无的颠覆：探索科学博物馆

科学正在以很多方式颠覆电力行业。旧金山的探索博物馆正展示着从有到无的颠覆过程。

最近，探索博物馆位于旧金山内河码头沿线 15 和 17 号码头的全新设施正式开放。《纽约时报》将这座新的博物馆称为"在 20 世纪中期以后开业的最为重要的科学博物馆。"[166]

探索博物馆此前位于滨海区艺术宫旁，现在的展示区是以前的三倍，达 33 万平方英尺，建有一座能容纳 400 人的剧场，工作人员也已搬入这座建筑内办公（此前工作人员是在另外一栋建筑内办公）。博物馆预计参观人数将从每年 50 万上涨到 100 万，实现翻一番的盛景。

　　在所有的增长态势中，有一个数据却是下降到零：电费。探索博物馆被设计成了一座零能耗的场馆，100％由屋顶的太阳能电池板进行供电。该博物馆建设了一座 1.4 兆瓦的太阳能电池板，预期将在首个运营年达到 210 万千瓦时的发电量。该博物馆预期太阳能发电量能够满足其每年的所有电力需求。这种能源消费量原本会产生每年约 30 万美元的费用。[167]

　　所有的能源都由太阳能电池板产生，但这并不是探索博物馆成为 21 世纪节能建筑领导者的唯一原因。探索博物馆在设计中加入了节能特色。据该建筑的运营经理查克·米高纳克称，该建筑的能耗还不到同类建筑的一半。

　　这座博物馆建在海滨码头，采用了名为"海水供暖和制冷系统"的创新型水资源和能源管理系统。由八台太阳能电机抽取 73 800 加仑（约 280 立方米）的水；随后将水进行过滤、消毒，并在整个建筑内循环（图 3.8）。根据不同的季节，过滤后的水会被用来供暖和制冷。每个办公室、展厅和实验室都通过海湾海水来供暖或制冷，即便是二楼的数据中心也是采用海水制冷。与行业标准建筑相比，这种独特的暖通空调系统能让博物馆在制冷时节约 80％的能源，并在供暖时节 77％的能源。

　　传统上，对建筑进行制冷和供暖的方式是冷却塔，但冷却塔的效率比较低，视觉上比较突兀，也利用天然气来为系统供能。[168]但探索博物馆并不是一座传统的建筑物。建筑内的一切设施都是通过太阳能电力供能——LED 灯具、（供暖和制冷）水泵、换气扇、计算机和实验室设备。除了厨房内所使用的 2.54 厘米直径的天然气管道以外，博物馆的碳排放量为零。

分布式设计助力清洁能源

　　2013 年 7 月 24 日，我来到迈克·萨利姆萨奇位于加利福尼亚州密尔布瑞市的办公室，一起对我们正在为格鲁吉亚共和国开发的 400 兆瓦风力发电项目进行分析。一名西班牙的风能资源评估工程师在前一天通过电子邮件将设计图发给了我们。我们可以在"谷歌地球"上看到整座风电场，还可以通过点击每个风力发电机来弹出信息框，框内显示关键指标：高度、坐标、风速等。迈克注意到有 3 兆瓦的风力发电机位于山脊上。他问我是否需要把它们移动一下，如果要的话，是否应该把它们移到另外一座已经有 6 台风力发电机的山脊附近。

　　在进行风电场的设计时，必须找到一个适当的平衡。不能把风力发电机设置的太近，否则它们会对彼此的风力资源和发电量产生影响。但是，由于你需要为

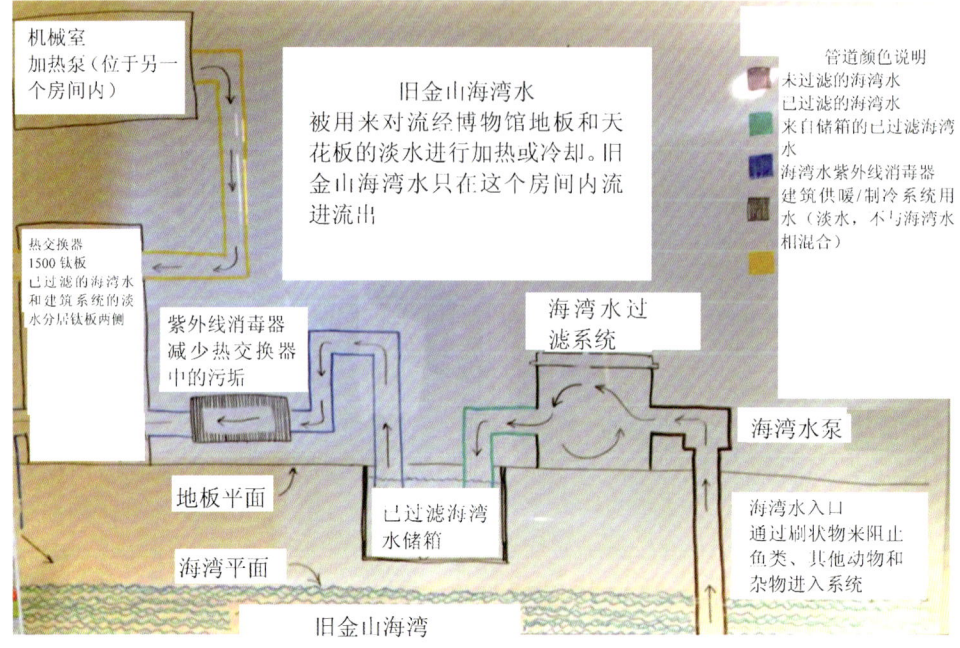

图 3.8　旧金山探索博物馆的海水供暖和制冷系统（摄影：托尼·西巴）

每一台风力发电机建设输电线路和道路，因此在同一座山脊上把它们排成一列比较有利。我们通过计算机模拟来找到优化发电效率，同时降低成本的布局方式。这是风电场设计流程中的一个必要步骤。

在下午结束时，我们通过电子邮件将反馈信息发送给了西班牙的工程师，随后结束了一天的工作。第二天，我和往常一样在清晨 4 点醒来。不久便收到了来自马德里的回复邮件，邮件中提出了风力发电机的三种布局方式。

我突然意识到，风电场或太阳能发电站的设计与信息技术编程项目非常相似，两者都需要高技术人才通过互联网展开合作，并需要利用其他人先前编制并共享的公开数据、大数据分析、开源技术与知识。

通过美国航空航天局（NASA）和美国能源署可以公开获得格鲁吉亚共和国风场的风资源数据。谷歌创办了"谷歌地球"，设计了创建地图的工具和对这些地图加以利用的方法。风力模拟软件原本是一个开源程序，先前曾有几十名、也许数千名程序员和风能工程师花了数百万小时来构建这个工具，并提供给他人使用。任何希望改进这一软件的人也都可以进行相关操作。

模拟演练甚至可以在多个国家的计算机网络中进行，从而可以把很多人的电脑闲置时间利用起来。我想我们的西班牙风能资源评估工程师就是在美国团队下班回家后把他们美国办公室的闲置电脑利用了起来，或者他们可能使用了像亚马逊网络服务系统之类的云服务（也是基于标准的公开平台）。对互联网的发展做出贡献的所有元素都可以在这里找到。

电力 2.0 既是信息技术，也是能源基础设施。因此，它受信息经济学的支配。如同计算机行业一样，太阳能和风能也基于收益递增的经济模式。

瑞秋·罗兹，颠覆性的远程太阳能从业者

我最近前往 Sungevity 公司进行了参观，这是硅谷发展最快的太阳能安装公司之一。Sungevity 公司进行住宅屋顶太阳能发电设备的设计、融资、安装和运行。

Sungevity 公司不生产太阳能电池板、逆变器或任何其他的系统硬件。该公司不配备货车，没有任何硬件存货。他们的员工甚至都不用爬上用户的屋顶或者安装太阳能电池板，千真万确，不用进行测量，不用安装电池板，也不用进行维护。

Sungevity 是一家软件和融资公司。当潜在的太阳能发电用户在 Sungevity 网站（或它的联盟网站）上进行注册后，后续的所有工作都在奥克兰的办公室里完成。

Sungevity 配备了一支远程设计团队，进行住宅屋顶太阳能装置的设计。瑞秋·罗兹向我展示了她如何为数百英里之外的屋顶进行太阳能装置设计。

瑞秋·罗兹毕业于塔夫茨大学，获得了国际关系与环境科学学位。她已经在 Sungevity 工作了一年半的时间。她首先在她的电脑上打开一个视窗，通过这个视窗得到潜在用户的街道地址。该公司已经有人与这位用户电话沟通了三四十分钟，对用户的能源消耗进行分析，并对融资方案做出解释等。罗兹随后在"谷歌地球"上看了一下这座房子的鸟瞰图，屋顶呈现出许多形状和角度，罗兹可以通过多种方法把太阳能电池板置于屋顶，以将发电量提到最高，并把成本降至最低。

美国的每个司法管辖区都拥有不同的建筑规范和设计要求。比如，部分城市会要求设计一个三英尺的屋顶退台，这样就减少了安装太阳能电池板的潜在可用面积。瑞秋·罗兹对树木和潜在阴影区域进行了观察。通过另外一个 20 英寸的屏幕，她能从另一个稍许不同的角度来鸟瞰这个屋顶。这第二个视图能让她以一定的角度来观察屋顶，研究阴影区域。

随后，她便开始在屋顶上放置虚拟太阳能电池板。用户已经把他/她的电力

消费水平告诉了 Sungevity。罗兹在设计电池板的布局和大小时便会将这项数据考虑在内。看上去她就像是在玩俄罗斯方块之类的太阳能主题电脑游戏。

不到十分钟她便确定了正确的布局方式。该公司的联合创始人丹尼·肯尼迪告诉我说，与"站上屋顶"进行实地测量相比，远程设计的速度更快、准确度更高。Sungevity 的颠覆性太阳能设计方案能提供比竞争对手"更快捷、更便宜、更优质"的产品和服务。

基于罗兹的设计，该用户会收到一个"iQuote"——为未来 25 年购买太阳能电力的计划。一旦用户签署协议，Sungevity 软件就会自动启动下一个流程，即监管审批手续所需的文件，联系当地经独立公司认证的安装公司，并启动太阳能电池板交付和安装的物流工作。根据不同的家庭和设计布局，太阳能设施安装本身只需花几个小时便可完成。但是，由于监管手续受到本地管辖区和电力公司的管控，因此可能会导致安装工作推迟几周或几个月。

通过这个软件，罗兹可以在奥克兰的办公室里为美国以外的区域，比如澳大利亚和荷兰进行太阳能屋顶的设计。澳大利亚是否存在不同之处？她说，需要记住的是在澳大利亚需要将电池板朝北安放。

太阳能行业需要高技术人才的参与，他们利用公开数据、大数据分析和开源技术，通过互联网展开合作，他们会对其他人先前编制并共享的知识加以利用。

谷歌创办了"谷歌地球"，设计了创建地图的工具以及对其加以利用的方法。太阳辐射数据基于 NASA 和美国能源署的公开信息。世界各地的人和公司都在提供相关内容、技术和技能以改善这些工具。Sungevity 把这种技术联合加以利用，并增加了自己独特的技术技能和知识产权。这就是硅谷精神的集大成者。

硅谷的比特世界与太阳能的电子世界相融合，建立了一个基于互联网的开放式、可扩展基础设施。这种"比特—电子"相结合的互联网基础设施的经济状况呈现出收益递增的趋势，而以能源开采为基础、基于原子的受操控的能源产业根本无法与其抗衡。

在结束与瑞秋·罗兹的会谈之时，我心里还在想，不难想象这家基础设施公司可以在一眨眼的功夫建设上百万或上千万座屋顶太阳能设施，并给电力公司带来颠覆性冲击。

全球的电力公司游说集团：团结一致，共同提价！

爱迪生电气协会是一家为美国私营电力公司（IOU）服务的协会和游说组织，该协会最近发表了一篇名为"颠覆性挑战：不断变化的零售电力业务所面临的财务影响与战略对策"的报告。报告中强调了太阳能和分布式能源（DER）对其成员电力公司所带来的颠覆性威胁。爱迪生电气协会告诉其成员，电力公司没有必要改变自己的商业模式。相反，他们应该前往公用事业委员会，要求纳税人提高税赋。

因此，尽管电信行业的例子是对被淘汰的威胁做出应对，而电力部门近期所面临的挑战是怎样提供合理的电价设计，来保证收益水平，以应对非经济部门的颠覆速度。[169]

翻译过来就是说："别担心，提价就行！"它所推荐的一些"立即"和"长期"行动包括：

用户月度服务费。
向用户收取费用，用于电力公司购买新设备。
向抛弃电力公司的用户收取费用。

在这个年代，用户的选择越来越多，分布式清洁能源的价格要比传统能源更低，而电力公司却被告知应提高最低消费。爱迪生电气协会倡导的是逃避现实的"鸵鸟政策"。那么就请等着你们的"柯达"时刻！不会让你们等太久！

与此同时，随着欧洲正在带领着全世界选用清洁能源，欧洲的电力公司已经感受到颠覆性冲击所带来的痛苦。与 2008 年的高峰期相比，前二十家欧洲电力公司已经失去了一半的市场估值，市值从 1 万亿欧元（1.3 万亿美元）下降到 5 000 亿欧元（6 500 亿美元）。[170]

德国的电力公司巨头意昂是欧洲电力公司遭受重创的一个实例（图 3.9）。该公司在 2009 年和 2010 年的美国存托凭证（ADR）股价曾达到 30 美元，而截至 2013 年 10 月已经低于 15 美元，下跌幅度超过一半。

同时，爱迪生电气协会的债务梦魇已经发生。在 2008 年，欧洲十大电力公司的信用评级都是 A 或更高。而到 2013 年，只有 5 家公司的评级达到了 A。

电力公司的股票价格发生下跌，这代表着股权价值下降，同时也意味着资本投资将下降。信用评级降低意味着电力公司需为电厂贷款支付更高的利息。股权价值下跌，再加上所需支付的利息提高，这些在资金成本方面给电力公司带来了连环打击。资金成本提高就意味着 NPV（净现值）为正数的项目数量更少，并导致能够建成的常规发电厂数量变少。同时，这也意味着，随着所需支付的利率提高，那些能够建成的电厂的电力价格也会提高。

与成本不断下降的太阳能（和风能）相比，这种昂贵的电力毫无竞争力。传

图 3.9   意昂公司的股票走势图 — 2009～2013 年 （图片来源：雅虎！）

统的电力公司已经陷入了一种恶性循环。随着他们的竞争力越来越差，他们的用户正在流失给太阳能电力，以低利率筹集资金的难度也在变大。他们的竞争力还在进一步下降。

下一个颠覆性浪潮：分布式电力储存

传统的电力公司很快将受到多个颠覆性浪潮的冲击。每一次冲击都会给电力公司历经百年的商业模式带来重创。由传感器、机器学习和互联设备所构成的网络实现了分布式发电和以用户为中心的能源管理。所有这些技术都将给电力公司带来打击，而让电力公司受创最为严重的是：

降低批发竞争市场的结算价格
降低零售市场的高峰溢价
由于更多的最终用户选择自行发电，市场需求减少
大量用户成为净零能耗的支持者

收入降低、收益显著下降的连环打击会吓跑大多数工业企业，但电力公司却不受影响。电力公司深深依赖于监管流程，他们不需要为了迎合技术的进步、消

费者偏好的变化以及市场的变化而进行重组。

传统的固定电话公司并没有消亡。世界在 20 世纪 90 年代初进入手机时代时，大多数人依然保留着固定电话作为备用。但随着手机质量的提高，用户逐渐习惯了手机，他们便拔掉了固定电话。诞生于手机时代的人们根本就不会用到固定电话。那些未曾有过固定电话基础设施的发展中国家则是直接跳跃式建设了移动通信基础设施。

在分布式太阳能目前引发的颠覆性浪潮中，家庭和企业会把电力公司作为备用电源——虽然昂贵，但不可或缺的备用设施。电力公司在过去一个世纪从来不需要去争夺用户。由于垄断而高枕无忧的时代即将结束。现在，电力公司需要把用户（或"纳税人"）拱手让给两个以技术为基础，并不断迅速提高的企业：光伏发电供应商和能源管理供应商。

随着市场上所提供的服务成本降低、质量提高，电力公司将很快遭遇需求下降、成本上升的恶性循环。

而当电力储存变得足够便宜，用户可以储存一些他们的日常发电量或用电量时，便会引发下一个颠覆性浪潮。随着技术的融合，太阳能发电的成本正在降低，质量却呈指数级提高：

电池的成本正在下降，而电池的质量却在提高。

智能能源管理设备正在提高能源的利用效率。随着机器学习软件、传感器和通信设施的质量提高、成本降低，这些设备得以应运而生（想一下 NEST 公司）。

太阳能光伏发电的成本正在下降。

电力公司的成本正在上升。

下一个颠覆性浪潮：现场电力储存

随着用户开始选用电力储存设施和智能能源管理设备，第二波颠覆性浪潮就会席卷而来。

电力储存公司已经向太阳能供应商学习了商业模式的创新。最近硅谷一家名为 Stem 的公司开始提供"储存服务"。与太阳能设施的第三方供应商相类似，Stem 公司为它的能量储存和管理服务向用户提供了"零首付"协议。该公司拥有储存技术，进行储存设施的融资、安装和管理，而作为交换，用户需要签署一份十年期的协议。[171]

　　Stem 公司并不只是提供电力，还能够将电力成本降低 10％到 50％。如何做到呢？其实是老办法：在低价时购买电力并储存起来，并在高价时用电。

　　硅谷的人才与资金的良性循环在这里发挥了作用。基格·沙在 2008 年提出了"太阳能服务"的理念，并在 2009 年底以 2 亿美元的价格将自己的公司 Sun-Edison 出售给 MEMC。[172]随后他便创办了"碳作战室"，这是一个非政府组织性质的智囊团，并成为名为 Clean Feet Investors（CFI）的风险投资基金的主要投资者。

　　Stem 公司最近宣布了一轮由 CFI 主导的 500 万美元投资。他们不仅向专家学到了知识，还得到了专家的投资！

　　因现场电力储存而引发的颠覆性浪潮将在多久之后出现呢？我计算了一些数字。我在第四章中写到了锂离子电池的成本演变对电动汽车所带来的影响。锂离子电池也可用于家庭和企业的电力储存。目前正在开发的还有用于电网级存储的技术，但我还是采用锂离子电池来说明成本的演变及其对电力市场的影响（表 3.1）。

表 3.1　　锂离子电池储存系统的资金成本以及储存系统的每月平准成本

电池存储系统的采购成本（美元/千瓦时）—>			$600	$500	$300	$200	$100	$50
	小时	千瓦时	每月的储存成本					
需求响应	1	1.25	$4.6	$3.8	$2.3	$1.5	$0.8	$0.4
避开高峰期，低价购买并在其他时间使用	4	5	$18.4	$15.3	$9.2	$6.1	$3.1	$1.5
储存所有的自行太阳能发电量	8	10	$36.8	$30.7	$18.4	$12.3	$6.1	$3.1
自给自足	16	20	$73.6	$61.3	$36.8	$24.5	$12.3	$6.1
离网供电	24	30	$110.4	$92.0	$55.2	$36.8	$18.4	$9.2

　　今后，电力用户会在他们的住宅、商业或工业场所储存一些电力。将电力储存在使用地点能给用户带来诸多优势。能够储存数小时日常电力需求量的用户至少可以在电力成本较低时（向屋顶式太阳能发电设施或向电网）购买电力，并在电力成本较高时使用。比如，储存 4 小时的电力就减少了用户在高峰用电周期内

高价购买电力的必要。在夏季用电高峰期，这就相当于为用户每月节省了数百美元。

美国居民用户的平均用电量约 903 千瓦时/月，略高于 30 千瓦时/天。[173] 为了储存 4 小时的用电量，户主需要购买一个 5 千瓦时的储能系统。目前，锂离子电池以及进行电池管理的电子设备的成本大约为 600 美元/千瓦时，因此整个系统的投资成本约 3 000 美元。假设有一个用户以 4% 的资金成本、二十年以上的融资周期（抵押利率）为 3 000 美元进行融资，则该系统的月付金额（储存设施的平准成本）为 18 美元。从用户的每月电费账单来看，通过短短几个月的炎夏就足以收回这个系统的成本。在此之后，这个系统就是纯粹在为用户省钱；对于电力公司而言，它所面临的是用电高峰期的收入损失。

现在我们假设上面的这位用户决定把他三分之一的每日用电量（10 千瓦时）储存起来。每月费用为 36.80 美元。这位用户可以享受到的福利包括：在价格最低时购买电力、把他在白天没有用完的剩余屋顶太阳能电力储存起来到晚上使用。当电力公司实施需求响应计划时，用户甚至可以从中挣钱（由于在高峰期间未使用电网电力，因此会获得奖励）。

对于希望能基本实现电力自给自足的用户而言，需要利用屋顶太阳能发电，并储存 20 千瓦时的电力。以 600 美元/千瓦时计，那么这个系统的投资成本为 12 000 美元，折算成月均储存成本为 110.40 美元。

但是，锂离子技术的成本正在大幅下跌。现在人们普遍认为，到 2020 年，锂离子电池的成本将达到 200 美元/千瓦时至 250 美元/千瓦时。以 250 美元/千瓦时计，用户仅需支付 7.70 美元/月，基本上就可以不用购买高峰电力了。用户仅需支付约 15.30 美元/月，便可拥有 8 小时的储存量，把白天的太阳能发电量留到晚上使用，既不用支付高峰电价，还可以参与需求响应计划。

由于电力公司采用了爱迪生电气协会的方案，把电价和费用提高，同时由于他们犹豫着不肯向最终用户购买多余的太阳能电力，这便会鼓励更多电力用户改用太阳能并为电力储存进行投资。

犹他州的落基山电力公司（RMP）最近要求公用事业委员会批准 15 美元/月的最低费用、8 美元/月的用户服务费以及 4.25 美元/月的太阳能费，合计就是 27.25 美元/月的最低费用加上实际使用费。[174] 这样的费用使得现场储存的财务可行性变得更强。以 600 美元/千瓦时计，用户花费 18 美元/月便可以拥有 4 小时的现场储存量，来储存多余的太阳能电力。预计到 2020 年这一数字将下降到 7.70 美元/月。不仅太阳能电力要比电力公司的电力更加便宜，用户把太阳能电力储存起来要比卖给电网在财务上更加合理。

到 2025 年，只需 12.30 美元/月便可拥有 20 千瓦时的现场电量存储能力。对于普通的美国居民用户而言，20 千瓦时就相当于每日用电量的三分之二。5 000 万到 6 000 万名美国户主基本上能够利用太阳能实现电力的自给自足；同时他们也将能够把没有用掉的发电量储存起来，留到其他时间或晚上使用。他们只需花费 18.30 美元/月，就能储存足够的能量，基本实现离网供电。

电力公司通过收取新的费用、提高现有费用，哄抬电力价格，从而增加了他们的短期现金流，但却是在拿自己的存亡作为赌注。随着分布式太阳能发电的成本急剧下降，现场储存的成本竞争力不断提高，此时提高自己的服务价格无异于是在鼓励用户选用这些技术。电力公司正在为自己的"柯达"时刻更快到来推波助澜。

柯达：电力公司的反面教材

电力公司历经百年的商业模式基本上已经过时。随着分布式太阳能的市场占有率不断提高、成本不断降低，它已经开始对集中式垄断大型能源的业务模式产生影响。

我很想说，柯达公司曾经眼睁睁地看着数码摄影把它的业务蚕食干净，而现在电力公司正在步柯达的后尘。柯达的事例是一个典型的市场颠覆的故事，但不要将其与因管理不善而引发颠覆的事例混为一谈。

柯达其实是数码相机的发明者。几十年来，该公司为数字成像技术投资了几十亿美元。比如，柯达在 1986 年发明了世界上首款百万像素传感器（140 万像素），这款传感器可以拍出 5×7 英寸清晰数码相片。[175] 在随后的一年里，柯达发布了七款产品，分别用于电子静态视频图像的录制、存储、处理、传输和打印。

1991 年，柯达公司为尼康 F-3 相机配备了一颗 130 万像素的传感器，这是柯达为摄影记者所发布的第一款专业数码相机系统。截至 2001 年，柯达已在研发方面投资了 50 亿美元。它在数字成像技术上拥有千余项专利。

2001 年，柯达公司首席执行官帕特丽夏·卢梭表示："信息成像是一个数据、音频和图像相互融合的世界，它的市场规模预计可以达到 2 250 亿美元，柯达必须突破摄影，把握住它的主要份额。柯达已经为主宰这个舞台做好了准备。"

柯达拥有技术，了解市场，它的品牌甚至已经成为摄影的代名词。但是，柯达却无法对市场变化做出响应。为什么呢？因为它的基因中只有旧的商业模式。它相信只要购买了相机的人都会不停地购买胶卷。他们会一辈子不停地购买胶卷。消费者每拍摄一张照片，柯达公司的收银机就会"咔哒"一下打开。胶卷就是一棵摇钱树。

但数码相机的商业模式却并不相同。在这个商业模式中，一旦供应商售出相机，交易基本上就完成了。从消费者的角度来看，唯一有意义的成本就是数码相机本身。拍摄、处理、传输和销毁图片的边际成本基本等于零。

即便当柯达公司想去适应数码相机时，它也不能这样做。它的商业模式基因不允许它这么做。它甚至都开发出了一款结合数码和胶卷的"混合型"产品——一种"兼容并包"的策略，只要你愿意就行。但柯达依然需要不惜一切代价保留原始模式。所以它最终得到的便是"一无所有"的结果。

当市场真正开始从胶卷摄影向数码摄影转型时，转型速度就非常迅猛。柯达从行业领导者沦落到申请破产保护只花了不到十年时间。

把"数码相机"和"摄影"替换成"太阳能"和"电力"，你就能理解这种模式。很多电力公司的高管都知道颠覆即将袭来。他们只是沉迷于现金流，无法放弃他们的传统商业模式。他们增加短期现金流的欲望越强，颠覆的破坏性也就越大。

二十年之痒：太阳能发电如何超越传统发电方式

2004 年 1 月 24 日，NASA 的机遇号火星车登陆火星，执行为期三个月的探测任务（图 3.10）。[176]NASA 曾预期这辆火星车能够行驶约一千米（0.6 英里），随后会因为太阳能电池板布满灰尘，无法为车辆及其实验室仪器供电而结束运行。[177]但事实却大大超出了服役三个月、行驶 1 千米的预期，太阳能电池板给火星车供电长达十年，让它行驶了 38.7 千米。火星车一路拍摄了 17 万张照片，并把它们传回地球，而地球与火星的平均距离为 2.55 亿千米。[178]似乎我们一直都低估了太阳能的力量。

与太阳能相比，化石燃料与核能的毒性和腐蚀性非常强，火电厂会在运营四十年后严重老化，无法修理。通常在四十年的使用期内，这些电厂都需要一次性关停几个月或几年，以进行维修和保养。随着现有核电厂和煤电厂的年份越来越久，效率越来越低，它们的运营和维护成本也会越来越高，竞争力日益下降。投资银行瑞士信贷银行在一份报告指出，核电站的停运天数已经显著上升，从而提高了维修和升级的资金成本（参见第 6 章）。

由于火星上的条件比较恶劣：极端温度、辐射、沙尘暴等，因此预期给机遇号火星车供电的太阳能电池板可以维持三个月。然而，十年过去了，火星车的太阳能电池板依然还在发电。太阳能电池板的持续时长已经超过最初预期的四

图 3.10　机遇号火星车（图片来源：NASA）[179]

十倍。

　　回到地球上，屋顶式太阳能光伏设备的发电量在二十年后也不会直线下降。虽然太阳能电池板的发电效率每年都会有所下降，但下降幅度非常小，两年之间几乎看不出差异。假设以每年下降 0.5% 的比例进行估算，预计太阳能装置在二十年后的发电量大约会是首年发电量的 90%。而在二十年后，太阳能发电站将会偿清贷款。所以，在二十年后，这些发电站几乎都是在以零成本进行发电，此后也将一直是这样。虽然电厂运营商需要每隔十年左右更换一下逆变器，但太阳能发电站会在后续几十年不断带来收益。

德国在 2000 年左右开始实施太阳能计划，等到 2020 年就有几百万千瓦的太阳能装置以零成本进行发电。在 2010 年并网发电的太阳能电站会在 2030 年进入零成本发电，依此类推。在 2040 年或 2050 年以后，当德国的大多数太阳能电站都进入了零成本发电时代，我们会看到什么情况？这个国家将拥有世界上最低的电力价格！

帝国的反击：大卫与歌利亚的加州对决[注]

人们一直用"无序"和"混乱"这两个词来评述加州的直接民主制。[180] 加州的投票中包含复决权和创制权，选民可以通过复决权来拒绝立法机关的法案，并通过创制权来编制他们自己的法律。加州和其他许多地方一样，它的政治制度已经被游说者和特殊利益集团绑架，他们在投票时声称他们行使创制权是为了公共的利益，实际上是在追求自己的利益。

据 BallotPedia 称，2010 年 6 月的投票中包含了 16 号提案，该提案名为"针对地方公共电力供应商实施新的三分之二投票要求的法案"。[181]

如果 16 号提案得到选民的批准通过，那么在公共机构进入零售电力业务之前，就必须得到选区内三分之二选民的投票同意。这会使得当地的公司更难组建地方电力公司或名为"社区供电集成选择（CCAs）"的社区性清洁电力区。

太平洋燃气电力公司（PG&E）希望阻止分布式、参与式局部发电的发展趋势。PG&E 是美国最大的电力公司，它的董事会批准了 3 500 万美元的专用资金，用于支持该提案。据前加州能源事务专员约翰·戈斯曼表示，该项提案主要针对的是当地政府、灌区和地方电力公司，以法律方式禁止它们通过投资与其竞争。[182]

但是，反对 16 号提案和 PG&E 的呼声也非常高。加州有超过 38 家报刊发表社论表示反对，并将其称作是"夺权行为"。四十座城市和十个商会公开表示反对。PG&E 在宣传文案中把它的联盟称作是"捍卫选举权的纳税人"，旨在让人们感觉 16 号提案是关乎人们的"投票权"。[183]

PG&E 最终为 16 号提案花费了 4 610 万美元，而反对者只筹集到了 10 万美元。[184] 虽然两者 461∶1 的开销对比悬殊，但是加州选民依然以 53∶47 的比例驳

注：圣经中的人物和故事，作者借此暗指弱者战胜强者。

回了 16 号提案。

电力公司现在处于被颠覆的边缘，为了保住它安逸的垄断地位费力周旋，加州 16 号提案仅仅只是其中一个例子。加州、其他州，乃至整个国家的电力公司都知道，增加自己现金流的最佳方式就是那种老套的方法——州立法机构、公用事业委员会和监管机构所召开的秘密会议。

帝国再次反击：向太阳能征税

试想一下，你所在地的固定电话公司（打个比方，贝尔电话公司）仅仅由于你拥有了一部移动电话而想向你收费。你收到一封来自贝尔电话公司的电子邮件：

亲爱的［某某］：我们发现您购置了一部新手机。当你使用新手机时，我们依靠昂贵、陈旧的基础设施赚得的钱就会变少。为了弥补这项损失，我们需要向其他的"纯固定电话"用户提高我们的服务费用。当然，我们可以为提升我们的技术、提供用户所真正重视的服务（比如手机服务）而进行投资，但作为一个垄断的供应商，我们不必这么做。我们更有意向您收取每月 50 美元的"手机费"。你的钱对我们来说至关重要。您明白的，我们要鼓励几百万没有手机的人。比如，我们的首席执行官每年只能挣 1 140 万美元，我们的首席网络官每年只能挣910 万美元，我们的首席运营官每年只能挣 540 万美元。[185] 因此，我们已要求州公用事业监管机构对"手机"费立即予以审批。欲了解更多信息请点击这里。

你可能会认为这是一封垃圾邮件，并把它删了。即便你认为这封电子邮件的确是电话公司发来的，你也会以为没有政府机构会对这项方案进行考虑，更别说批准了。

但能源行业是一个例外。把"手机"换成"太阳能"，你就会发现这个场景正在美国各地发生。

在亚利桑那州，当地的电力公司亚利桑那公共服务公司（APS）要求亚利桑那州公用事业委员会（ACC）批准其向太阳能用户收取 50 美元/月的费用，理由就是太阳能用户向 APS 购买的电力变少。

我们见识了手机曾迅速地淘汰了固定电话，而电力公司却还希望把鱼和熊掌都据为己有：他们既希望通过自己的垄断地位来利用自己过时的基础设施，同时还想利用监管体系，通过对分布式电力基础设施进行征税，从而在过渡过程中盈利。

　　你原本以为 ACC 所做的决定会是符合公共利益的,[186]还会让 APS 无地自容到退出房间——这样想你就错了。2013 年 11 月 19 日,ACC 批准了一项议案,允许 APS 向拥有屋顶式太阳能电池板的用户收取每月最低 4.95 美元的费用。太阳能系统的规模越大,APS 所收取的费用也就越高。[187]

　　电力公司的霸权行为也给了其他行业出现类似霸权行为的机会。你是不是会在 YouTube 或 Netflix 网站上观看视频? 当地的有线电视公司会因为你不观看他们的节目而收取每月 4.95 美元的费用。你驾驶的是电动汽车吗? 石油公司会因为你没有用他们的管道而收取每月 4.95 美元的费用。你使用电炉吗? 天然气公司会因为你没有使用他们接入你家的管道而收取每月 4.95 美元的费用。

　　小心曾经的电报公司也希望从你的钱包里分一杯羹。

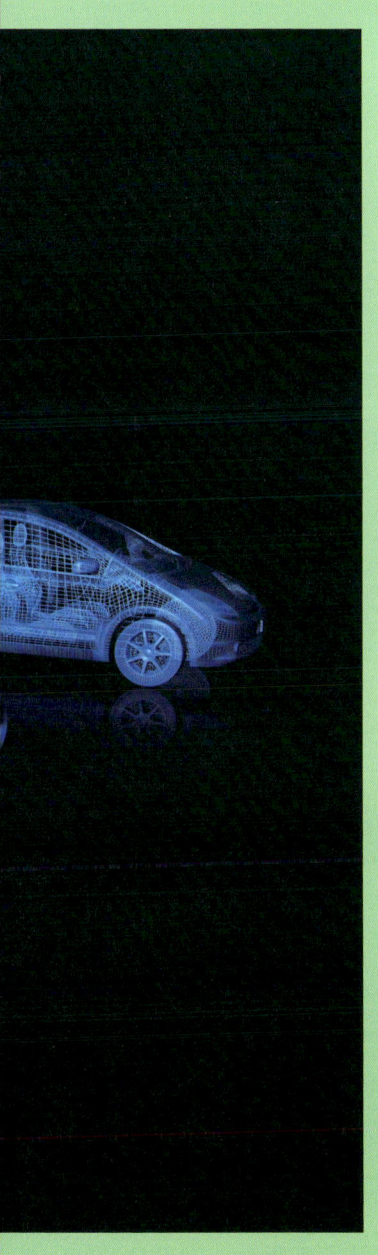

第四章　电动汽车革命

◈"我不认为汽车的普及会对骑马产生影响。"

——英国国会议员斯科特·蒙塔古，1903年

◈"未来20年的技术变革将相当于过去100年实现的变革。"

——雷·库兹韦尔

◈"未雨绸缪思变革。"

——通用电气前首席执行官杰克·韦尔奇

第四章 电动汽车革命

2013年11月，《汽车族》杂志揭晓了《汽车族》2013年度汽车的获奖者，它就是特斯拉Model S。[188]

从未有哪家公司像特斯拉这样，在创建不到十年之后，便制造出第一辆电动汽车并赢得了这项大奖。[189]特斯拉的行为模式更像硅谷的计算机公司，在精神和思想上更接近于苹果和谷歌而不是底特律的前辈们。特斯拉的首席执行官埃隆·马斯克并不否认他的公司有被苹果这样"富有财力"的公司收购的可能性。[190]

获奖是一回事，但在汽车行业中通常参考单位产品销售量。根据《绿色能源汽车报告》公布的2013年二季度市场数据，在大型豪华车类上特斯拉要比奔驰、宝马和奥迪卖得好。[191]

2012年，特斯拉仅售出了4 750辆汽车（按年度计算的话，为19 000辆），而当年汽车销售量是8 200万辆。[192]这在小型车类中占比很小，因此，大多数汽油车的高管们可能并不十分担心这个硅谷的"暴发户"。

但是，不久特斯拉的股票就翻了两番，其公司市值达到了170亿美元，更像一家硅谷高科技公司而非一家底特律汽车公司。特斯拉的营业收入仅为福特公司的1%，但其市值为福特公司（680亿美元）的1/4，其市场总值为通用汽车（510亿美元）的1/3。[193]

通用汽车首席执行官丹·艾克森立即命令通用汽车员工组建研究团队，对特斯拉及其挑战现有商业模式的方式进行研究。[194]即特斯拉会颠覆4万亿美元的全球汽车行业吗?

电动汽车具有颠覆性的 9 个原因

通用汽车首席执行官丹·艾克森对此颇为担忧。就在特斯拉的股票翻了两番不久之后，特斯拉 Model S 达到了美国国家公路交通安全管理局（NHTSA）测试的所有汽车中的最高安全等级。[195]《消费者报告》将特斯拉 Model S 称为其测试过的最好汽车。[196]

2013 年 12 月 2 日，当我漫步在旧金山汽车展时，不禁感叹一个世纪以来汽车行业变化如此之小。在欣赏完像宝马 950 及奥迪 R8 等最新设计后，我来到了"博物馆"展区，在那里展出了像 1928 年款希斯巴诺-苏莎 H6C、1931 年款 Cord L29 敞篷车这样的精美汽车，还有我最喜欢的老爷车——1937 年款拉格达 LG45 旅行车等。

拉格达 LG45 由一台顶置气门高压缩 4.5 升 6 缸引擎来提供动力，该引擎具有匹配梅多斯四速手动齿轮箱的双侧吸式化油器。LG45 也摆放在车展的博物馆展区，看起来和最新款的别克、大众、丰田及起亚并没有太大区别。看看 2014 款别克 3.6 升 VVT DI（图 4.1）就知道，自从 80 多年前拉格达 LG45 引擎问世以来，内燃机汽车真的没有多大变化。

2013 年 12 月 10 日，通用汽车董事会宣布，已推选效力 33 年的公司元老公司产品总监玛丽·芭拉为公司新任首行执行官。[197]

担心失去工作是芭拉及其他传统汽车高管们睡不着觉的原因之一。内燃机（汽油及柴油）汽车行业就像一个世纪以前的马车行业一样。电动汽车行业将迅速且永久地颠覆汽油车行业（随之颠覆石油业）。

电动汽车具有颠覆性存在许多原因。市场颠覆性不久就会使内燃机（汽油或柴油）成为过时的玩意。从汽油车及柴油车的观点来看，更糟的是，电动汽车不仅是一项颠覆性技术，而且会毁掉汽车业在过去一个世纪建立起来的健全的商业模式。

2030 年旧金山车展将会完全不同于 2013 年的车展。即使今天令人印象深刻的宝马 950 和奥迪 R8 到那时也将被视为设计华丽的马车。

电动汽车具有颠覆性的 9 个原因：

1. 电动机具有 5 倍以上的节能效率

在美国主要能源使用领域中，运输行业浪费最大。运输行业使用的石油能源

图 4.1　内燃机（摄影：托尼·西巴）

中有 79% 都化为乌有（图 4.2）。平均而言，汽油或柴油（二者都基于石油）在内燃机中仅有 21% 转化成有用能量。

当然，汽车公司一定会说，里程数可视驾驶条件、引擎条件、在市区还是在高速路行驶等等而变化。但数据详实，结论清晰：内燃机本质上效率不高。

根据美国能源部的信息，综合考虑美国一普通轿车在市区及高速路的行驶，实际上仅 17%~21% 的汽油能源用来驱动车轮（图 4.2）。一个世纪以来，我们从制造数十亿汽车获得的知识以及在研发中投入的数千亿美金，仅为我们带来了能量效率约为 21% 的内燃机车辆。

底特律、慕尼黑和日本的传统汽车制造商可以制造出更节能的发动机吗？当然，他们可以进行逐步改进，但物理定律挡住了路。

内燃机属于热力发动机，因此遵守热力学定律。具体来说，这类发动机需要遵守最大热效率定律，即可转换成有用功的热量是有上限的。当用来为汽车提供动力时，汽油发动机的上限约为 25%~30%。[199] 也就是说，即便在最佳理论水

发动机损失：70%～72%
热量，例如散热器、废热等
（60%～62%）
燃烧（3%）
泵送（4%）
摩擦（3%）

寄生损失：5%～6%
（例如，水泵、交流发电机等）

传动系损失：5%～6%

空转损失：3%

车辆动力：17%～21%
耗散：
风阻（8%～10%）
滚动阻力（5%～6%）
制动（4%～5%）

在本图中，这些损失计为发动机损失及寄生损失的一部分

图4.2　燃油经济性：能量去了哪里？（来源：美国能源部）[198]

平，汽油发动机仍将浪费掉70%至75%的能量。

　　将热力发动机与电动机相比会怎样呢？首先，我们应了解，电动汽车并没有散热器、活塞、排气管、曲柄轴、离合器、泵以及许多其他热力发动机的必要部件，这些部件将浪费大量能量（图4.2）。

　　电动机的能量转换效率最高可达99.99%。[200]特斯拉第一代电动汽车Roadsters的总体传动效率为88%。[201]此数值是美国汽油车平均能量转换效率的4～5倍。电动机不仅能带来舒适的乘坐体验，而且行驶的节能效率更高。

　　底特律能够设计出与电动机一样节能的内燃机吗？答案是不能。因为热力学定律使得这种情况不可能发生。请注意，底特律将使用什么技术来使得汽油车更节能呢？电池和电动机！

　　由于内燃机是一种热力发动机，因此需要增加发动机温度来实现更高的能量转换效率。即使温度远高于热力发动机的燃煤电厂及核电站，也会浪费掉2/3的能量。

　　电动汽车的节能效率又是如何呢？特斯拉Model S电动发动机的节能效率甚至是价值数十亿美元的大型核电站或燃煤电厂的3倍以上。

2. 电动汽车的充电费用要便宜十倍

根据《消费者报告》的数据，假设每年行驶 19 300 千米，吉普自由人在 5 年内的加油费用为 15 000 美元或每年 3 000 美元。[202] 而特斯拉 Roadsters 行驶 19 300 千米的费用为 313 美元。

让我们来快速计算一下，Roadsters 每千瓦时能行驶 7.4 千米。根据美国能源部数据，美国的平均零售电价是 12 美分/千瓦时。现在，做做下面的算术题：（19 300 千米 ∗ 0.12 美元/千瓦时）/7.4 千米/千瓦时＝313.04 美元。

在 5 年内，电动吉普自由人（如果有这么一台的话）将花费 1 565 美元的电费，而不是 15 000 美元的汽油费。

电动汽车的充电费用要比同等汽油车的加油费用便宜大约十倍，原因如下：

电动机的节能效率要比汽油车高 4～5 倍。

汽油每单位能量要比电贵 2～3 倍。

电及汽油价格在美国及世界范围内可能差异很大。就像业内人士喜欢说，里程数可能有差异一样，但这至少会给你一个大致概念。在美国，与汽油车相比，电动汽车每年将节省大约 90％ 的燃料费用。

吉普自由人所节省的汽油费等于或大约为佛罗里达州立大学本州学生两年的学费。[203] 这样的话，许多家庭会问自己一个问题：是用昂贵的汽油烧掉这些美元呢，还是买辆电动汽车而将省下的钱用来供孩子读大学呢？

3. 电动汽车的维修费用要便宜十倍

传统汽车一般每行驶 5 000～10 000 千米要换一次机油。电动汽车则不需要。但体现电动汽车优越性的点绝不仅限于此。

由于电动汽车由电动机提供动力，它不需要与燃烧有关的部件，例如，火花塞、启动器/交流发电机、喷油器、燃烧室、活塞、活塞头或气缸、过滤器或排气管等。电动汽车也没有曲柄轴或正时皮带或催化转换器。由于电动汽车的部件较少，它几乎不像内燃机汽车那样复杂，底盘上需要装载的部件也少（图 4.3）。

数据是有限的，但可以肯定地说，电动汽车所需的维护和维修量比汽柴油发动机汽车少 90％。因此，电动汽车驾驶员在车辆使用寿命周期内花在维护上的费用要少 90％。

图 4.3 特斯拉 Roadsters 的底盘（摄影：托尼·西巴）

4. 电动汽车将颠覆汽油车售后市场

在 2010 年，美国有 257 576 家轻型汽车维修店。[204] 在这些维修店中，3 978 家为百货商店服务点，16 800 家为汽车经销商维修点，77 674 家为综合汽修店。这些维修店对美国道路上行驶的近 2.5 亿辆轻型汽车进行全方位的维修和保养。

汽车制造商在 2010 年的售后市场总营收为 830 亿美元；根据弗若斯特沙利文咨询公司（Frost & Sullivan）预测，2017 年营收有望增加到 980 亿美元。[205] 售后市场成本包括维修化油器、火花塞、启动器/交流发电机、过滤器及排气管组件等部件。

但电动汽车完全没有这些部件。还记着每 3 000～5 000 千英里换机油的事吗？而电动汽车则不需要换机油。

根本上说，摧毁汽车行业的不仅是技术，事实上，搅局公司拥有守成公司无法匹敌的商业模式。

还记着柯达吗？它丢失的不仅是无法向数码相机用户销售胶卷，更丧失了冲洗胶卷的整个售后市场：设备、相纸和化学品。

售后市场收入是传统汽车业商业模式的重要组成部分。汽车制造商通过向售后市场价值链销售工具和设备而额外赚取了 258 亿美元。售后市场销售包括发动机动力工具、清污螺旋钻、切割机和流体管理设备等产品。[206]

汽车制造商不仅将损失电动汽车的单位产品销售量，也将损失大量的售后市场营收。他们将不再能够向维修店销售工具和设备以及销售维修所需的售后市场部件。

内燃机汽车售后市场将崩溃，传统汽车业将被全面颠覆。

5. 无线充电

1891年，尼古拉·特斯拉在纽约公开演示了世界上第一次通过静电感应实现的无线能量传输。[207]特斯拉继续加大对关键技术和概念的投资，这为未来的电力基础设施打下了坚实基础。

120年后的今天，我们会发现意大利的电动公交车靠站后，会在乘客上下车时进行再充电（图4.4）。[208]电动汽车业已采用了感应电力传送（IPT），可在没有"典型"充电基础设施的情况下对汽车进行无线充电。

图 4.4 意大利电动公交车的无线充电（来源：稳孚勒公司）[209]

能够以无线方式进行再充电，对于每天在相同地点沿着相同路线和站点行驶的城市公交车来说至关重要。与饱食一顿早餐不同的是，这些公交车每天可以上百次地品味电餐。无线充电从根本上解放了电动汽车。这些公交车一天需要补电许多次，因此可使用较小的电池。根据稳孚勒公司的数据，每天运行 18 小时、配备 240 千瓦时电池的公交车可与使用电感充电并进行再充电的配备 120 千瓦时电池的公交车行驶相同里程。稳孚勒公司在意大利生产电感式充电器。使用较小电池可将公交车的运行费用消减 10 万美元（按当前电池价格计算）。

给手机充电的同一无线技术可用于给到处行驶的电动汽车充电。通用汽车为其某些 2014 款汽车配备了充电板。充电板采用感应传送技术为智能手机无线充电。将来的某一天，通用汽车将会使用这种技术为电动汽车充电。[210]

想一下感应供电技术可能开启的新的商业模式。联邦快递和联合包裹速递服务公司的邮递车不再并排停放在闹市区并阻碍交通，而是在驾驶员投送邮件时停放在感应充电站。交通得到改善，有人通过向联邦快递和联合包裹速递服务公司出售电力来赚钱，而联邦快递和联合包裹速递服务公司则通过购买配备较小电池的电动邮递车来省钱。

6. 电动汽车的模块化设计架构

汽车的标准架构包括单个引擎，经由变速器、差速器及传动轴的组合向两轮或四轮提供动力。第一代电动汽车使用了这种单电机结构。然而，随着电动汽车制造商对其工程开发能力建立起信心，他们也已开始利用电动机具有而化石燃料引擎无法与其竞争的优势：模块化。

特斯拉 Model X 和奥迪 Tron All road 将配备两个电动机，一个给后轮提供动力的后轮驱动单元和一个给前轮提供动力的前传动单元（图 4.5）。

就像多核架构的英特尔处理器，模块化能够提高功率、增加设计灵活性以及更精确地控制牵引力，也使电动汽车更安全。电动机比内燃机更耐用。然而，当两个电动机中的一个出现故障时，电动汽车也不会停止行驶。第二个电动机仍可向汽车提供动力。况且，我们未必止步于配备两个电动机。可配置四个电动机，一个车轮一个。

由已故教授威廉 J·米切尔领导的 MIT 团队开发出一种称为机器人车轮的新颖技术。[212] 每个机器人车轮具有一集成式传动电动机、转向电机、悬挂装置和制动系统。设计有四个这种自含式车轮的汽车具有商业汽油车无法企及的灵活程度：没有变速器、齿轮箱和差速器的无负担底盘。仅需要在底盘的四个端部插入车轮，将这些车轮连接到电池（或两个电池或四个电池）并利用电子线控系统来控制车轮。

图 4.5 特斯拉 X 双电动机（前传动单元和后轮驱动单元）。（来源：特斯拉汽车）[211]

"四个独立电动机实现了额外动力供应、设计灵活性及牵引力控制"，世界上最畅销电动汽车日产聆风的首席产品设计师井上雅人如是说。在斯坦福大学向我们班级演讲时，井上展示了日产概念车 Pivo 3 是如何通过将其车轮转动 90 度来侧位泊车的。（关于 Pivo 3 的视频，请浏览 http://youtu.be/J2Ruxm_JdCU）

电动汽车拥有无穷的设计潜力。而内燃机将永远无法与之抗衡。

7. 大数据和快速产品开发

截至到 2013 年 6 月，特斯拉 Roadsters 总行驶里程已达 3 000 万英里（4 828 万千米），11 000 辆 Model S 汽车的行驶里程也已达 3 000 万英里（4 828 万千米），特斯拉汽车的总行驶里程已达 6 000 万英里（1 亿千米）。[213]

这又如何呢？通用汽车的行驶里程是以数万亿英里计的。底特律真的有理由为此担忧吗？

特斯拉电动英里数与通用汽油英里数的价值差异与数据有关。假设将电动汽车视为一台移动计算机，电动汽车可产生海量数据。汽车公司通过筛选此数据，可比没有用户数据的公司更快速地进行学习和适应。汽车公司收集关于其汽车的数据，能够了解客户的使用模式以及技术强项和弱项，有助于快速地纠正错误，给汽车下载新软件以及开发新的产品并为其服务。

电动汽车产品开发过程缩短，这就类似于计算机业的超快开发周期。特斯拉和其他电动汽车公司的产品开发周期为摩尔定律的指数速度；而底特律则是常规线性速度。

在硅谷，现在必须以快于摩尔定律的速度参与竞争。例如，苹果及其颠覆性的 iPhone。当苹果公司 CEO 蒂姆·库克在 2013 年宣布推出新款 iPhone 5s 时，他说，自从在 2007 年引入 iPhone 中央处理单元（CPU）以来，其性能提高了 40 倍。[214] iPhone CPU 的性能每年以 85％的速率提高！摩尔定律（仅为 41％）相比而言失色很多。像黑莓和诺基亚这样的公司一败涂地也不足为奇了。实际上，摩尔定律在竞争激烈的智能电话市场并不够快。苹果 iPhone 的产品性能几乎每年翻番，而其竞争对手需要花费两年的时间才能使其产品性能翻倍。

底特律所面临的是：底特律开发一款新汽油车的时间，特斯拉可开发出两代电动汽车。没有哪个行业在竞争对手具有如此开发能力情况下能够幸存下来。

8. 太阳能和电动汽车的土地效率高四百倍

在 2010 年英国石油公司的海湾溢油事件后，我开始猜测电动汽车与太阳能的组合会是怎样。将来的某一天，每辆汽车都将是电动的；大部分电力将来自太阳能和风能。如果美国的每辆汽车都是电动的，并且都由太阳能来供电又会怎样呢？

在美国需要多少土地面积才能用太阳能为每辆汽车提供充足电力呢？根据美国能源部的数据，美国人一年的行驶里程大约为 4.8 万亿千米。[215] 当今卖得最火的电动汽车日产聆风，每千瓦时能行驶 5.55 千米。设想在内华达、亚利桑那或加利福尼亚的沙漠地带建设一个巨大的太阳能电站，要多大面积才能为美国的所有汽车提供充足的太阳能电力呢？答案是：2 265 平方千米，也就是边长为 47.6 千米的正方形。

当然，没有人会建造这么大的一个太阳能电站。但是，能够在汽车附近发电是一个比较好的选择，例如，在居民及商业住宅的房顶上、在停车场、在填埋场等等。2 560 平方千米是一个概念性的数字，告诉我们大概需要多大的太阳能发电面积。

要知道沃尔玛到 2015 年所拥有的地盘将达到 564 平方千米。[216] 沃尔玛一家就可满足美国 1/4 的电动汽车里程所需的电力。而沃尔玛需要做的就是用太阳能电池板覆盖房顶，用太阳能天棚覆盖停车场。

石油天然气行业从美国政府租赁了 370 209 平方千米的土地而仅满足了美国运输需求的 1/3（参见第 7 章）。将这个数值乘以 3，将得出 1 110 629 平方千米，这就是石油天然气行业为生产出能够为美国每一辆汽油（及柴油）车提供动力的石油所需的土地量。

在美国，为给每一辆车提供动力，太阳能与电动汽车的组合需要 2 265 平方千米，而石油与内燃机的组合需要 1 110 629 平方千米。太阳能与电动汽车组合的土地效率比传统汽车与石油行业高 490 多倍。

新的技术融合（太阳能加电动汽车）比现有传统的组合（石油加内燃机汽车）节省 400 多倍的宝贵资源，它注定会是颠覆性的，尤其节省的是土地和水这样的宝贵资源。太阳能—电动汽车颠覆性变革的发生只是时间问题。

9. 电动汽车可有益于电力储存和其他服务

能想像别人因为你有车而付你钱吗？加利福尼亚公共事业委员会的最新报告指出，电动汽车车主可通过向电网基础设施提供电力而每月赚取 100 美元的收入。[217]

汽油车与能源基础设施的融合包括去加油站、加油和付款。能源按一个方向流动（流入汽车），而钱按另一方向流动（流入石油公司）。电动汽车可与电网紧密融合并双向地提供能源流和现金流（图 4.6）

电动汽车并不是仅仅停在那儿并入电网，而是通过向电网提供有用且有经济效益的服务成为能源基础设施中有活力的一部分。

我们可以在因特网架构中找到电动汽车有益于电网的例子。像 Skype 这样的公司通过使用对等（P2P）通信技术而取得了巨大成功。与 Skype 连接的每台计算机将成为一名积极的参与者，向整个网络贡献储存容量、带宽和处理能力。[218]这种分散式架构降低了所有参与者进行电话呼叫的成本。处理电话、文本、视频和文件流量不再需要大型的集中式基础设施。

电动汽车在电网中扮演的角色类似于计算机节点在 P2P 架构中所扮演的角色。电动汽车可在产生过多能源时存储能源。例如，风能主要在晚间及寒冷天气时发电。在多数工业化经济体中，电力大多是在白天消耗；电力的峰值需求出现在最热的日子。

电动汽车可在峰值需求时释放电能。在炎热的夏季，例如，电动汽车可充当按需电能提供者。由于在这期间公共设施支付的价格最高，因此电动汽车车主可向电网提供存储，用电动汽车电池中的电能来赚钱。在一个竞争激烈的能源市场中，每个电动汽车车主都可参与到电能拍卖中并向出价最高者出售电能。

提供电网服务并从中收取费用（例如，每月 100 美元）将改善汽车车主的经济状况。[219]汽车也将从纯消费品变成一项能产生收益的投资。

图 4.6　加利福尼亚州，帕洛阿尔托市 SAP 的电动汽车充电站（摄影：托尼·西巴）

何时才会发生？

早在 2013 年 4 月 30 日，通用汽车 CEO 就说过，2014 款雪佛兰 Volt（一款插入式混合动力电动汽车）的生产成本将比前一型号低 7 000 美元到 10 000 美元,[220] 而这 20％的降价发生在通用汽车售出 26 500 辆 Volt 的时候。

就像太阳能电池板一样，电动汽车成本快速下降。太阳能电池板具有 22％的学习曲线。也就是说，根据历史经验，每当产业能力翻倍时，太阳能电池板成本降低大约 22％。学习曲线是制造业的一个整体部分。基本上，一个公司生产的汽车、电池板或计算机越多，生产这些产品的效率越高且最终产品的价格越便宜。

在汽车行业，有一种说法是必须将电池成本降下来，这样电动汽车购买价格才能与汽油车相称并与其竞争。但这种说法靠谱吗？

移动电话的价格从未低于固定电话，但仍成功地颠覆了固定电话行业。最近，我查了查，固定电话的价格是 10 美元或 20 美元而苹果 iPhone 的价格是 600 美元。移动电话是老式传统电话的再创新而不仅是一个替代者。移动电话具有固定电话无法企及的价值（例如，移动性）；智能电话已成为人们社交生活的中心。

在美国，移动电话颠覆固定电话行业的创新是一种商业模式创新：消费者签订一份两年的服务合同，作为交换，运营商在一定时段内为电话提供资金而不需要首付。

内燃机汽车颠覆马车的创新也是一种商业模式创新：汽车贷款。到汽车价格下降到匹配马车的时候，这场颠覆已经基本上完成了。

类似地，当电动汽车匹配汽油车的资本成本（在 2030 年之前的某个时间）时，对汽油车行业的颠覆也将差不多完成了。

当消费者问"我能买得起多少钱的车呢"，她一定是问多少月供才符合她的预算。电动汽车仅需要匹配或接近汽油车的月供就好。

电动汽车行业可能比你想象的更接近达到此月供的预算。日产聆风的月租费可为 179 美元（图 4.7）。

汽油车迷将会比"马车"迷更快地呼喊出"里程焦虑"。对电动汽车的最大冲击是需要再充电才能开得更远。然而，美国人上下班的平均单程通勤里程仅为 29 英里（46.7 公里）。日产聆风单次充电的续航里程为 120 千米，比美国人一趟上下班平均往返里程还多出 27 千米。"里程焦虑"真的存在吗？或是一种内燃机行业创新？都不是，我同意德意志银行丹·贾维斯的看法，他说，当今市场主流电动汽车的最低要求是 320 千米的续航里程。对于 93 千米的平均往返通勤里程，将剩余 229.5 千米的备用电池里程。

电动汽车行业的技术创新已站在了前沿，但该行业尚未开发出可能是它们最有力的工具：商业模式创新。

颠覆性的商业模式创新

当谷歌创建时已经有几十家因特网公司了。当然，谷歌的技术是没的说，但使其成为当今无可争议的搜索引擎领导者的却是它的商业模式创新（广告用语）。技术创新形成了发生颠覆的环境，但要使颠覆真正发生，有时商业模式创新要比技术创新更重要。

电动汽车是连接、联网的移动装置，可实现汽油车销售商无法复制的新商业模式。

图 4.7 "100%电动汽车一月租费 179 美元加上税"（摄影：托尼·西巴）

免费充电

在 2014 年 1 月 26 日，约翰·格里尼带着他 26 岁的女儿驾驶特斯拉 Model S 完成了跨越美国的行程。[221] 格里尼的特斯拉电动汽车花了多少燃料费呢？答案是：零。

特斯拉在北美和欧洲建造了"特斯拉超级充电网络"，使得特斯拉 Model S 的车主可长距离免费行驶（图 4.8）。建造这一网络的一个重要原因是驳斥被重复多次的媒体断言——电动汽车行程短且大规模推广为时尚早。格里尼的特斯拉 Model S 一次可充满 85 千瓦时的电量，能行驶 426 千米。[222] 格里尼穿越整个美国的旅行中在 28 个充电站对 Model S 进行再充电。大约 40 分钟就可充满电池容量的 80%。

有关特斯拉超级充电网络，最重要的是特斯拉试验一种新的潜在颠覆性商业

图 4.8　特斯拉超级充电网络（来源：特斯拉汽车）[223]

模式，假设电动汽车公司可以提供 5 年或 10 万千米的免费"燃料"，而底特律却无法做到。

　　在本章中已提到，根据《消费者报告》的数据，吉普自由人 5 年的燃料费用为 15 000 美元或每年为 3 000 美元。[224] 作为汽车购买价格的一部分，汽油车制造商不可能提供免费燃料（5 年 15 000 美元）。

　　电动汽车经销商提供 5 年免费电力作为购买激励措施简直太容易了。在美国，汽车经销商将为此花费 1 500 美元。

　　根据埃森哲咨询公司的数据，传统汽车制造商花在消费者和经销商激励上的费用为每辆车 3 000 美元，花在媒体及营销活动的费用为 1 100 美元。[225] 每辆车的总费用为 4 100 美元。而电动汽车提供 1 500 美元的激励，这将比底特律如今争取一个客户所花费的少 62％。

　　"里程焦虑"和高油价带来的无经济保障哪一个更糟呢？驾驶免费充电的电动汽车的市场意愿有多强？

　　对每辆电动汽车实行免费充电将是一种颠覆性的商业模式。然而，这种商业模式对汽油车行业将是毁灭性的；汽油车行业拿不出任何东西来与其竞争，绝对无法竞争。一旦此商业模式成为行业标准，石油时代也就基本上结束了。

免费维护

电动汽车（EV）公司可通过提供免费维护而使得内燃机行业的灭亡来的更快一些。

电动汽车的维修成本要比内燃机低一个数量级。电动机可持续使用数十年，而热力引擎却常常发生故障。电动汽车没有需要经常维护的数百个部件——化油器、火花塞、启动器/交流发电机、过滤器及排气组件等。

假设电动汽车公司提供 5 年或 10 万千米的免费维护。这将是内燃机公司无法匹及的另一颠覆性措施。

如今，售后市场业务实际上是汽车制造商的一颗摇钱树。如果像售后市场业务这样的主要盈利项变成开支项的话，将很有可能使大多数汽车制造商破产。

在本章的开头我解释了电动汽车具有颠覆性的 9 个原因。正如我们所说，硅谷汽车修理厂的伙计们可开展这种新的颠覆性商业模式，而底特律不可能与其竞争。

2010 年我预测汽油车时代将在 2030 年终结

2010 年夏季，我在北达科他州的迪金森做了一次主旨演讲。在这次演讲中，我预测汽油车将在 2030 年被淘汰。（视频请见：http：//youtu. be/MAFoqo3 Jhro）。北达科他州刚刚完成了一项"完全成熟"的水力压裂"革命"，并就此成为美国第二大石油生产商。而同时，特斯拉汽车公司仅仅交付了 1 000 辆第一代电动汽车（Roadsters）。我的预测听起来有些疯狂，但这已经是很保守的预测了。

在 2010 年，经验法则表明电动汽车所用的锂离子电池成本约为 1 000 美元/千瓦时。特斯拉 Roadsters 具有的 53 千瓦时电池，其成本约为 53 000 美元，大约占该车总成本的一半。

进行预测的时候，我做了我认为还算合理的假设。假设锂离子电池的成本每年下降 12%（图 4.9）。按此下降速度，到 2028 年锂离子电池的成本将降至 100 美元/千瓦时。当电动汽车的储能设备价格达到这个门槛时，我告诉北达科他州的听众，汽油车（也针对石油业），"游戏结束"了。

尽管其他所有人都相信石油和天然气还有一个新的黄金时代就要到来，但我告诉听众们，石油的统治时期将在 20 年内终结。要么是所有人对能源的认识错

2010 年锂离子电池成本预测

（成本每年下降 12%）

图 4.9　在 2010 年对电动汽车锂离子电池每年成本的预测，单位：美元/千瓦时（托尼·西巴）

了，要么是我的预测太过疯狂。在我回机场的路上，无意间听到我后面的演讲者——一位政治家——谈到关于"清洁煤炭"的需求。我不知道我们俩谁更疯狂。

现在的电动汽车最昂贵的部分是电池。例如，特斯拉、日产聆风及雪佛兰沃蓝达（Volt）等当今最流行的电动汽车都使用锂离子电池。特斯拉的基本型号Model S 配备有 60 千瓦时的电池。其估算里程数为 370 千米。[226]也就是说，它使用存储在电池中的能量可以每千瓦时行驶大约 6.16 千米。Roadsters 的电池为53 千瓦时、续航里程为 390 千米；每千瓦时可行驶约 7.4 千米。

按照每千瓦时电池电能平均行驶 6.4 千米来计算，基本上，320 千米里程的电动汽车需要 50 千瓦时的电池。还要注意的是，并非所有锂离子电池都是一样的。就像是很多产品系列一样（如智能电话、衬衫或汽车等），可以有很多不同的质量和价格可供选择。

当锂离子电池达到 100 美元/千瓦时时，里程为 320 千米的电动汽车的电池成本大约为 5 000 美元。假设电池约占到电动汽车价格的 1/3，那么你将能买得起价值 15 000 美元的入门级特斯拉 Model S。

相比之下，2013 年美国新车的平均售价为 31 252 美元。[227]即使像现代和起亚这样的低端品牌，平均售价也在 22 418 美元。

根据晨星公司的数据，通用汽车的营业毛利从 2012 年的 19.9％下降到 2013

年的 3.3%。[228] 基于这些数字，通用汽车并没有多大的调价空间来避免在财务上陷入负面的不可持续的现金流境地。一线品牌制造商宝马在 2010 年至 2012 年间的经营毛利在 8.7% 至 11.7% 的范围内。[229] 这使得宝马的调整空间稍好一点，但也没有太大的空间。如果市场上有 10% 的价格波动，这两家公司将实实在在地陷于亏损境地。

汽油车行业无法与售价 15 000 美元或 20 000 美元并具有特斯拉 Model S 质量的汽车竞争，起亚不行，通用汽车不行，丰田不行，宝马也不行。当电池价格达到 100 美元/千瓦时时，汽油车行业将陷入困境。那时，颠覆的发生就不远了。

我在 2010 年的预测中就指出，电动汽车行业将在 2028 年达到 100 美元/千瓦时。现在看来，或许会提前实现。

我在 2010 年做出的预测是"大致正确的"，只是电池成本的下降比我 2010 年预测快了点。在技术市场通常如此，创新、竞争及规模的良性循环使锂离子电池成本的下降比预期略快。"仅在 3 年（2009～2012 年）时间里，锂离子电池的生产成本就从 1 000～1 200 美元下降到 600 美元"，美国能源部部长在 2012 年说。[230]

这与我的预测非常接近，我当初预测说，到 2014 年，电动汽车的锂离子电池的价格将下降到约 600 美元/千瓦时。如今，电动汽车电池的价格在 500 美元/千瓦时左右。

我最新预测汽油车时代将在 2030 年终结

特斯拉汽车电池由数千个小的锂离子电池单元组成，这些小电池单元在尺寸上类似于笔记本电脑的锂离子电池单元。这使得人们自然得出这样一种结论：电动汽车锂离子电池的成本曲线应类似于笔记本电脑锂离子电池的成本曲线。

锂离子电池的成本还能降多少呢？预测前我们先看一下这些产品电池的历史成本变化：笔记本电脑、智能电话及平板电脑的锂离子电池的成本。根据德意志银行的数据，在过去 15 年内，笔记本电脑电池成本自 2 000 美元下降至 250 美元，这表明年均成本下降率达 14%。[231]

基于 16% 的年均成本下降率（图 4.10），我预测在 2014 年锂离子电池的成本为每千瓦时 498 美元。这与数据更相符。我喜欢使用科学的方法。基于事实的数据将验证假设是否成立，除此之外没有其他更好的方法。

锂离子电池的成本下降快于历史上其他的成本下降。电力存储行业从未有如此高的投入。至少三家数万亿美元的行业现在正投入数十亿美元以生产出更好的

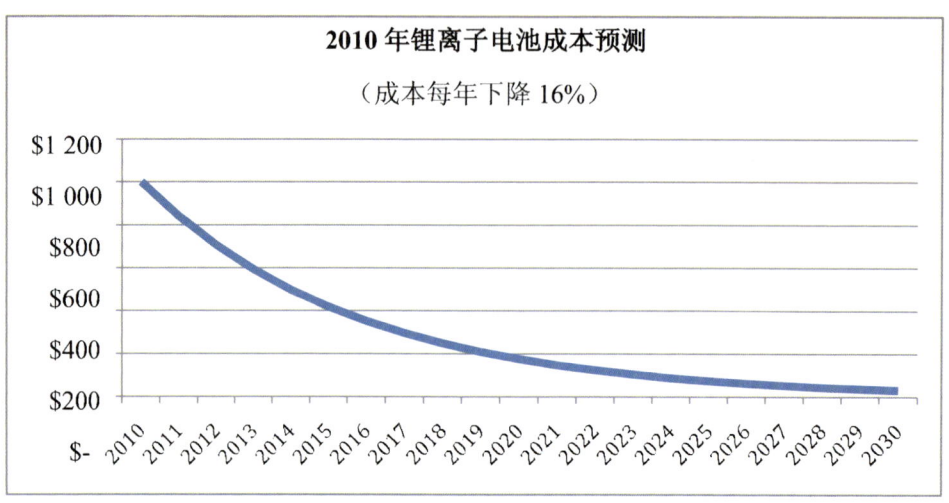

图 4.10　电动汽车锂离子电池成本预测，单位：美元/千瓦时（托尼·西巴）

电池：电子行业、汽车行业和能源行业。苹果、三星和谷歌对电池行业的兴趣与特斯拉、太阳城和通用电气一样高涨。

　　最近，特斯拉宣布斥资 50 亿美元在美国建造一家下一代电池工厂（称为"Giga Factory"），单独仅这一项投资就能使世界锂离子电池的产能翻番。该工厂将在 2017 年前后投产，并在 2020 年前达到年产足以满足 500 000 辆汽车的电池的目标。特斯拉预计 2014 年其销量能达到约 35 000 辆，也就是说工厂 6 年后的汽车销量将是现在的 14 倍。[232] 日本电子业巨头松下公司正在商谈对特斯拉"Giga Factory"的 10 亿美元投资。[233] 太阳城已将特斯拉电池用作其太阳能电池板设备的部件。[234] 这些电池能使太阳能消费者存储太阳能，并在电价便宜时从电网购电而在电价贵时使用。事实上，该工厂自身所需电力 100% 来自在工厂附近利用太阳能和风能所产生的电力。可能的情况是，该工厂生产能够存储太阳能和风能的电池，而这些电能又用来生产更多电池。

　　汽车行业、能源行业和电子行业之间的界限愈加模糊。也许不久，这些界限就不存在了。

　　16% 的电池成本下降率尚未考虑出现重大技术突破的可能性。特斯拉管理层指出"在 5 到 10 年内电池技术将逐步改变，最终能够实现 800 千米到 1 600 千米的里程，并在数秒内充满电。"[235]

　　世界上的学术机构，包括我的母校——斯坦福大学和麻省理工学院——都将能源研发列为优先发展项目。其研发已经取得成果。MIT 教授唐纳德·萨杜威的研究聚焦于使用廉价且广泛使用的材料来开发用于电网储电的液晶金属电池。[236] Ambri 公司（第一家成功地从 MIT 实验室脱颖而出的公司）从比尔·盖茨及其他机构快速融得 1500 万美元的风险投资。Ambri 在 2013 年便被《麻省理工技术学报》评为"50 家颠覆性公司"之一。[237] 斯坦福大学教授崔屹的团队正尝试使用纳米技术及例如硅和硫等廉价材料而非碳纳米管、石墨烯及其他高级材料来生产电池。初期目的是大幅降低成本并提高能量储存的密度。[238] 例如，能够将生产成本降低到 45 美元/千瓦时的液流电池。

在过去一段时间（2010～2013 年），我对电动汽车锂离子电池的成本预测（图 4.10）符合预期。假设锂离子电池的成本在下一个 12 年仍以每年 16％的比率下降，汽车行业将会快速变革（表 4.1）。

表 4.1　电动汽车锂离子电池成本预测，单位：美元/千瓦时（托尼·西巴）

年　度	2014	2015	2016	2017	2018	2019	2020	2021	2022	2023	2024	2025
成本（\$/千瓦时）	\$500	\$444	\$377	\$321	\$272	\$232	\$197	\$167	\$142	\$121	\$103	\$87
年　度	2014	2015	2016	2017	2018	2019	2020	2021	2022	2023	2024	
成本（\$/千瓦时）	\$500	\$420	\$353	\$296	\$249	\$209	\$176	\$148	\$124	\$104	\$87	

基本上，表 4.1 表明在 2023 年电动汽车电池将达到 100 美元/千瓦时；到 2025 年成本将下降到 73 美元/千瓦时；大约到 2030 年将进一步下降到 31 美元/千瓦时。

这看起来是一个极具野心的价格降低预测。然而，特斯拉已经走在了前头。尽管特斯拉没有透露其成本，但我们可以从公开价格推测出其电池的大约成本。Model S60 的标价是 71 070 美元（不包括补贴）；Model S85 标价是 81 070 美元。[239] 这两种型号汽车的重要差异有四点：S85 的电池较大（85 千瓦时～60 千瓦时）、S85 的电机较大（280 千瓦～235 千瓦），且 S85 包括超级充电器和升级为 48.26 厘米（19 英寸）的米其林轮胎。

超级充电器的零售价格为 2 000 美元，而升级的米其林轮胎零售价为 1 000 美元，合计为 3 000 美元。假设这两项的边际利润为 50％（这已经相当大了），那么特斯拉公司的成本为 1 500 美元。进一步假设，特斯拉在电池或电机升级上不追求利润，增加 25 千瓦时电池储量的成本为 8 500 美元。这意味着电池最大成本应为 340 美元/千瓦时，该成本可能是特斯拉电池成本的上限。德意志银行在 2013 年公布的报告中称，特斯拉电池的估计成本约为 350 美元/千瓦时。[240]

电池成本对向全电动汽车的汽车行业的转变意味着什么呢？多名颇具影响力的分析师在电动汽车报告中指出，在汽油成本为 3.50 美元或更贵的美国市场，当电池成本达到 300 美元到 350 美元/千瓦时的水平时，电动汽车将具有竞争力。在汽油零售价为 8 美元/加仑或更贵的欧洲市场，在电动汽车电池价格降到 400 美元/千瓦时时，电动汽车将变得具有竞争力。

特斯拉已经处在了"颠覆甜蜜点"。据《美国新闻与世界报道》，2013 年美国经济适用中型 SUV 排名第一的是 2014 款别克昂克雷，[241]零售价为 38 698 美元到 47 742 美元。将在 2015 年推出的特斯拉 Model X SUV 预期零售价为 35 000 美元到 40 000 美元，这个价格已经是美国中型 SUV 的主流价格了。[242]最低配置的特斯拉 Model X 将配备 60 千瓦时的电池并具有 426 千米的里程。

然而，特斯拉 CEO 埃隆·马斯克称，特斯拉 Model X SUV "将具有保时捷911 Carrera 的性能"。这意味着特斯拉将值 100 000 美元的高性能品质的 SUV 只卖 40 000 美元 "经济适用" SUV 的价格。别克昂克雷将失去一切机会，在这个价格范畴内的其他 SUV 甚至保时捷也一样。

如果特斯拉能够做到年产数百万辆车的话，向电动汽车的大规模进军将以特斯拉 Model X 开始。然而，尽管特斯拉已经拥有超凡的技术实力、卓越的设计能力和成功的市场表现，但其仍一如既往地重视制造高品质汽车。特斯拉对质量的追求限制了其快速扩充规模达年产百万辆车的目标。

多数大型电动汽车制造商尚未达到特斯拉已经实现的 350 美元/千瓦时电池成本水平，市场价似乎还维持在 500 美元/千瓦时左右的水平。表 4.1 表明市场行情有可能在 2016 或 2017 年达到 350 美元/千瓦时的水平。这意味着向电动汽车的大规模进军将在 2016 或 2017 年开始，也意味着特斯拉的电池成本领先市场竞争者两年。

向电动汽车的大规模进军

我的预测表明锂离子电池的价格将在 2020 年达到 200 美元/千瓦时（表 4.1）。我的预测与当前共识相差无几。福特汽车公司储能及高压系统的执行技术总监安纳德 桑卡兰判断，电动汽车电池的价格将在 2020 年达到 200 美元/千瓦时到 250 美元/千瓦时。[243]麦肯锡咨询公司早在 2012 年 7 月就指出在 2020 年锂离子电池的价格将达到 200 美元/千瓦时。[244]法维翰咨询公司指出到 2020 年电池成本将下降到 180 美元/千瓦时。

在锂离子电池价格达到 200 美元/千瓦时时，里程为 320 千米以上的电动汽车的电池成本约为 10 000 美元。推动电池成本下降使得电池成本仅为汽车生产成本的一小部分。Roadster 最初的电池成本约占汽车成本的一半，而特斯拉一直致力于推动电池价格下降。当前，特斯拉的电池成本约占汽车成本的 1/4。[245]

更保守的估计，不久的将来，电池就会占到电动汽车成本的 1/3。占到 1/3 成本，也就是锂离子电池达到 200 美元/千瓦时时，您将能够以约 30 000 美元的价格购买 320 千米里程的特斯拉 Model S。事实上，当前计划在 2017 年推出的下一代汽车—特斯拉 Model E 的成本有望达到 35 000 美元。

此外，2013 年美国新车的平均成本为 31 252 美元。[246]此"平均"汽车（丰田、福特、通用汽车、本田、日产）的成本大约与特斯拉电动汽车（具有保时捷 911 Carrera 的性能）的成本相同。汽油车将没有任何机会。还记着我提到电动汽车的加油和维修成本将减少 90% 吗？

甚至平均售价为 22 418 美元的现代和起亚等低端品牌汽车也没有任何机会。你愿意花费 22 000 美元购买一辆起亚汽车还是愿意花费 30 000 美元购买一辆保时捷性能的电动汽车呢？

所以说，特斯拉处于领先地位。CEO 埃隆·马斯克说，他的公司已经在 Model S 电池上取得了 30% 至 40% 成本下降（每千瓦时）的成绩。假设 Model S 电池成本为 350 美元/千瓦时，下一代特斯拉电池将达到 210 美元至 245 美元/千瓦时。特斯拉将在 2015 年实现这一成本目标，比普遍认为的到 2020 年达到这一目标提前了好几年。

最后的汽油车

当电池下降到 100 美元/千瓦时的水平时，里程为 320 千米的电动汽车的电池成本可降至 5 000 美元。按这个水平，所有类别的电动汽车的购买价格将低于"等效"的汽油车。我用了引号来强调"等效"，是因为今天的汽车业使用过时的性价比来分类汽车。例如，像特斯拉 Model X 的电动汽车将归属于与 100 000 美元保时捷 911 Carrera 相同的性能分类，但成本却与 40 000 美元的别克昂克雷 SUV 相同。电动汽车将颠覆这种落后的性价比。

传统汽车业在分类与电动汽车"等效"的汽油车方式上是错误的，因为电动汽车是一个全新的类型。日产聆风的首席产品设计师井上雅人说，"电动汽车是汽车的再创新，而不仅仅是简单的替代"。保时捷无法与特斯拉 Model X 竞争，因为两者性能相同，但前者的成本是后者的两倍。

别克昂克雷的成本与 Model X 相同，但性能相差甚远。

电动汽车改变了运输业的竞争基础（图 4.11）。在电动汽车是颠覆性的所有原因中，这可能是最有力的一个。

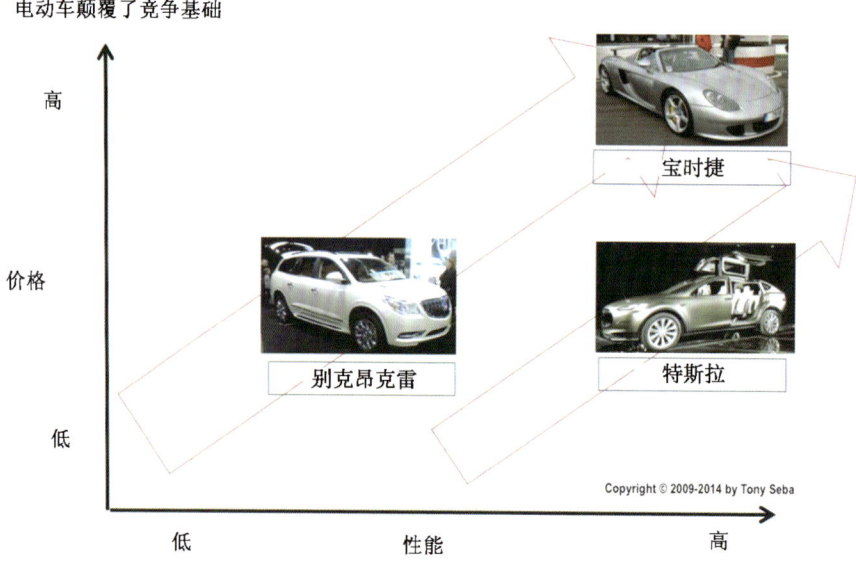

电动车颠覆了竞争基础

图 4.11 电动汽车颠覆了汽车行业的竞争基础（来源：托尼·西巴）

一旦与电动汽车处于相同价格范围，无论高端汽油车还是低端汽油车都没有机会来对抗电动汽车了。当电动汽车所用的电池达到 100 美元/千瓦时时，内燃机行业就完蛋了。此时，无论石油成本如何，拥有一辆汽油车或柴油车在经济上不再有意义。

我的预测指出该行业将在 2024 或 2025 年达到 100 美元/千瓦时的价格水平（图 4.12）。从 2025 年开始，在任何市场上，购买新汽油车都不再有经济意义。此时，多数的高端或主流市场都将过渡到电动汽车行业。甚至能假设，我的预测会有 5 年的偏差或需要额外 5 年时间来构建生产基础设施并过渡到新的电动汽车世界秩序，到 2030 年，汽油车将成为 21 世纪的马车。

现在仍有数百万辆老旧的汽油车和卡车行驶在路上，甚至 10 到 20 年的旧车还在行驶。在像古巴这样的利基市场，我们甚至能看到 50 年的旧车。但在 2030 年之后，基本上不会再生产内燃机汽车了。届时，石油也将被淘汰。

到 2030 年，石油可能会比现在便宜很多（第八章）。尽管如此，汽油车行业将在 2025 年开始破灭，内燃机汽车售后市场也将随之崩溃。仅有少量的加油站、

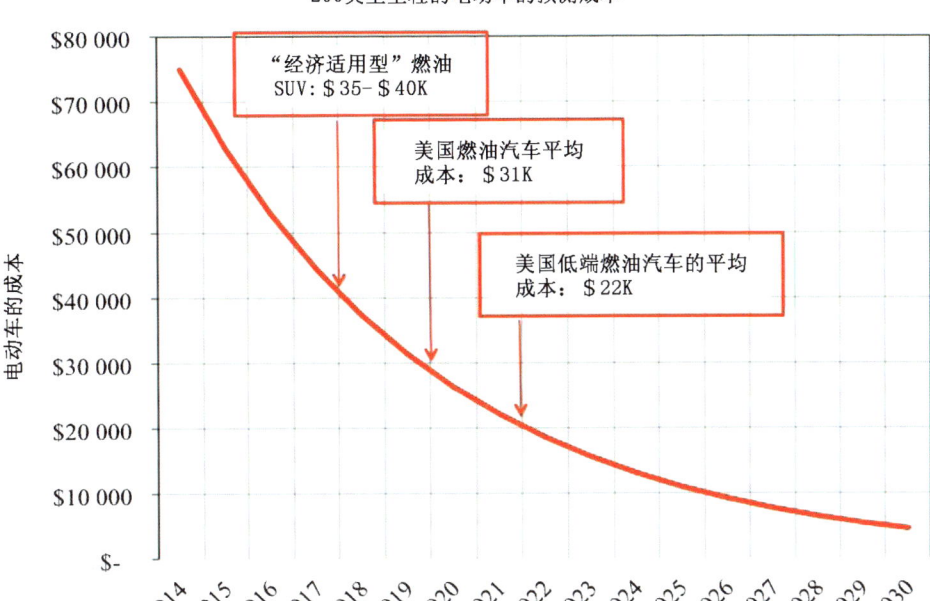

200英里里程的电动车的预测成本

假设：4英里/千瓦时、50千瓦时电池，16%的电池成本年度下降；电动车成本=3X电池成本

图 4.12　200 英里里程的电动汽车的预测成本（来源：托尼·西巴）

维修店和部件商店来满足内燃机车主的需求。

　　现在，关于通用汽车前 CEO 丹·埃克森的问题似乎有了答案，就是特斯拉如何颠覆汽油车行业的"现有商业模式"？电动汽车将在 2030 年（或 2025 年）颠覆汽油车并将其淘汰。

　　通用汽车曾认为它会将电动汽车扼杀在 1990 年代，但最早在 2025 年，电动汽车便会最终替代通用汽车及其内燃机同行。通用汽车新任 CEO 玛丽·芭拉以及她在底特律、慕尼黑和丰田的同行们仍有机会加入到电动汽车的世界性潮流中。如果仍固守汽油车行业的长产品周期，它们将错过当今的电动汽车。选择等待就等于选择被颠覆。

　　内燃机汽车行业中的幸存者将会被另一波颠覆性浪潮横扫：自动驾驶（无人驾驶）汽车。

第五章 自动驾驶汽车的颠覆

◆"'电话'这东西严格来说有太多的缺点，根本不能作为通信的工具。"

——西联国际汇款公司总裁威廉·奥顿，1876 年

◆"预测未来最好的方法就是创造未来。"

——艾伦·凯

◆"我们不能用产生问题时的同一水平思维来解决问题。"

——阿尔伯特·爱因斯坦

◆"你得摆脱恐惧、犹豫和怀疑，解放你的心灵。"

——墨菲斯，黑客帝国

第五章 自动驾驶汽车的颠覆

2005 年，我决定卖掉自己的保时捷博克斯特，尝试一种被称为 Zipcar 的新式汽车共享服务模式。每小时支付约 6 美元（每天 72 美元），我便可在任何时间使用周围 4 个街区内大约 20 辆的小汽车（图 5.1）。我只需在 Zipcar 公司的网站预定一辆（几年后就有了智能手机应用程序），然后取车开走，而无需车钥匙。我需要做的就是刷会员卡（ZipCard），车门就会自动解锁。租赁价格包含了保险、汽油和一定的免费里程数（一次最多 193 千米）。

当时所谓的共享经济还处于起步阶段。但不到十年时间，我们对资产所有权的看法已发生剧变。类似 Zipcar 的汽车共享公司，已经使成千上万没有车的人只需支付购车成本的一部分资金，就几乎可享有车主所拥有的所有便利。

Zipcar 公司宣称，2012 年其会员人数已超过 76 万人，营业收入达 2.7 亿美元。[247]该公司称，公司的一辆车可替代路面上 15 辆车。[248]在 15∶1 的共享-拥有比下，Zipcar 公司的 1 万辆汽车可抵消 15 万辆汽车的潜在销售。换句话说，Zipcar 公司汽车共享模式可能会导致汽车制造商 15 万辆汽车卖不出去。我无法确定现在有多少汽车巨头因 Zipcar 公司与传统汽车之间这个共享－拥有比而失眠，但是不久他们将会难以入睡。

图 5.1　位于旧金山市政中心广场的 **Zipcar** 公司共享汽车停放点（照片来源：托尼·西巴）

新型共享经济中的汽车

Zipcar 公司仅仅是对汽车产业、公共和私营运输业以及物流行业的一系列冲击波的开始。

共享经济已延伸到了私人住宅，而住宅一般是美国人最昂贵的金融资产。传统意义上讲，我们的住宅也是我们的城堡。现在，伴随着 Airbnb.com 网站等网络服务的出现，很多房主通过网站，正在向全世界完全陌生的人出租自己的房子，以赚取额外收入。

据估算，有 30 万人通过设在旧金山的 Airbnb.com 网站，向 900 万陌生人出租过他们的住宅。[249] 从 2008 年开始，Airbnb 网站在全球 192 个国家的 3.4 万个城市有 50 万个（出租房）登记名单。[250] 在不到 5 年的时间里，Airbnb 网站从创建者脑海中的一个构思摇身一变成为全球最大的旅馆老板。

　　甚至还有更多的人通过类似 CouchSurfing.com 的服务网站出租他们的房屋。1999 年从旧金山开始，CouchSurfing.com 网站使 600 万人免费在全世界 10 万个城市租到了房子。[251]

　　类似 Zipcar 和 Airbnb.com 的共享服务，它们之间存在着差异。Zipcar 公司与特许经营的旅馆类似，不过对象是汽车。酒店公司拥有的是客房，并在其闲置的时间出租，而 Zipcar 公司拥有的则是自己的汽车。

　　汽车紧随住宅之后，是大多数美国人的第二大资产，然而美国人每天使用汽车的时间仅有约 2 个小时，这个数字所表示的涵义是一个昂贵资产的使用率低于 10%。我们每月花费数百美元，用于支付汽车贷款、保险、停车、维修、汽油和保养等费用——这一切都是为了一个在 90% 的时间闲置的资产。

　　有没有办法在"汽车停用的时间"里赚到钱？既然我们每天用车的时间仅有几个小时，因此有充足的空置时间把车外租。毕竟，如果房主都乐意共享他们最值钱的资产，那么车主为什么不能共享他们第二值钱的资产呢？那么有没有一个汽车领域的 Airbnb 网站或汽车 CouchSurfing 网站呢？

　　优步（Uber）是通过连接豪华轿车司机与潜在需求客户做起的。公司引入了一个类似亿贝（eBay）的拍卖－定价模式，实现轿车需求与轿车供应之间的匹配。产生的结果是，高峰期的一次搭乘要比标准出租车的价格高出很多。我乘坐过一辆优步的汽车去参加在旧金山北海滩举行的一场新年派对，车费是 50 美元，如果乘计程车只要 15 或 20 美元。司机告诉我，午夜后搭乘估计要超过 100 美元。

　　来福车（Lyfb）和优步是个人交通市场的开拓者。它们通过把有闲置资产的卖家与买家对接使市场更加高效，否则买家就不能使用这些闲置的资产。这些公司已经改变了旧金山的出租车市场，而且正以极快的速度在全球范围内扩张。

　　优步公司自 2009 年初起步，4 年时间不到，优步每周就能收到 100 万条汽车搭乘请求信息，并促成了其中 80% 的交易。该公司 2013 年的年收入估计达 2.13 亿美元。[252]优步近期一次性募集了 3.41 亿美元的风险资本，使其市值一下子超过了 35 亿美元。[253]其中，最大的投资者是谷歌，它向这个成立仅有 4 年的公司注资了 2.5 亿美元。

　　然而，今天的出租车数量还只占上路车辆的一小部分。美国权威汽车杂志 Wards Auto 数据显示，全球汽车数量超过 10 亿辆。[254]根据国际交通论坛，这个数字预计将增加至 25 亿辆。[255]

　　在这 10 亿辆汽车中，大多数 90% 的时间停放在停车位或停车场。如果能够成功调动这些闲置资产，即便是其中一小部分，也存在着巨大的市场机遇。

另一个对等的服务叫 GetAround.com 网站，其目的是更好地利用全世界的汽车。GetAround.com 网站希望你把车租给邻居或附近的住户，而不是每天数小时或连续数天闲置。消费者能够按小时或按天租用汽车，这个服务更接近 Zipcar 公司的模式。

然而，与 Zipcar 公司不同，GetAround 网站不必购买和保有一个车队。该公司只要将买卖双方对接起来，并把一定比例的交易额收入囊中。

从概念上讲，这种商业模式会带来问题，就是当你需要用车的时候，邻居的车或许不在。她可能早晨开车去上班，傍晚才开回来。当你需要车去超市购物的时候，你邻居的车在 25 英里外的上班地点闲置着。类似 GetAround.com 网站的商业模式在像旧金山和纽约这样的买家和卖家聚集密度较高地区行之有效。40 千米外的郊区，GetAround.com 的这种模式还会管用吗？

自动驾驶汽车：终极颠覆机器

自动驾驶汽车将会冲击汽车行业、交通业（公共和私营）和物流业，它还将波及到石油业。自动驾驶汽车将从根本上重新勾画城市的版图，这是自马匹和马车从城市消失以来前所未有的改变。

一辆自动驾驶汽车将把你接上，再载你到目地的，然后把你放下，再接上下一位顾客。当你需要车前往下一目的地时，你在智能手机应用上再下单（或直接交给 Siri）。另一部车将把你接上并载你到新的目的地。

至于这部自动驾驶汽车的主人是谁，属于类似 Zipcar 的汽车共享公司，还是像工作期间把车租出去的个人，这都无关紧要。你只要知道有部车随时听候和载你到你想去的任何地方，而你甚至不必生活在高密度人口的地区。

自动驾驶汽车——这种"按需流动"的商业模式将会做大运输市场。想一想数百万不能驾车的残疾人、儿童和老年人，现在将有车把他们送往学校、公园、医院或诊所、自家或朋友的家中。

那些赶时间的父母每天早晨不再需要驾车把孩子送到学校或者把父母送到医院，盲人可以去小城另一头的餐馆。即便没有持驾照的司机或私人汽车，这些事都可以做到。

汽油车：终极浪费机器

在高峰期，旧金山湾区的 I－880 号高速公路是美国最拥堵的地方。当我不得不前往 I - 880 号高速公路附近办事时，我会把会见时间安排在上午稍晚的时间或者下午早些时候，这样我就能快速通行，避开高峰期。但生活就是这样，即使你只是想从 A 点去 B 点，线路却极少是直线的。

最近，作为 SFUN 公司的一名顾问，我受邀参加其太阳能加速器的一场活动，活动是下午 5 点在奥克兰的杰克·伦敦广场举行。若我从旧金山的家中出发，我会乘坐旧金山湾区捷运系统（BART）的地铁或轮渡去阿拉斯加的奥克兰。但是我下午的早些时候在圣何塞有一个会议结束晚了。当我最终进入 I - 880 号高速公路时已经下午 4 点，接近高峰期。当时，我还有 61 千米就可到奥克兰，离活动举办时间还有 1 个小时，通常来说这个时间应该很充裕。但是，I - 880 号高速路已变成一个停车场。上路 20 分钟，只前行了 8 千米。

在那个时候，我多么希望自己有一辆自动驾驶汽车（图 5.2）。

图 5.2　谷歌改装的雷克萨斯自动驾驶汽车（来源：维基百科）[256]

世界一直在转，而我的车却停滞不前。我需要时间继续写这本书，还要去斯坦福准备即将开始的颠覆课程。我需要审核一个风电场评估项目的设计方案。我还是一家电动公共汽车公司即将签订的投资协议的项目顾问，需要跟伦敦的业务伙伴进行电话沟通。而当时英国时间已经过了午夜，但是或许我可以给我的业务伙伴发一封电子邮件，而他或许还没睡刚好收到。我也有一阵子没有给我的朋友萨拉打电话了，还有玛吉。哦，是的，我也需要时间放松一下。

但是我却堵在了路上。显然，我无法赶上奥克兰的聚会。于是我调转方向，返回圣何塞。

汽油车是终极浪费机器，而且至少在 5 个不同的方面给我们造成浪费：

1. 浪费生命
2. 浪费时间
3. 浪费空间
4. 浪费能源
5. 浪费金钱

自动驾驶汽车是一款改变游戏规则的产品，它将以上各个方面的浪费减少至最低程度。

浪费生命

因交通事故致死是无法形容的人类悲剧。2010 年，仅在美国就有 600 万次车祸造成 32 788 人死亡。据评估，其中 93％因人为操作失误致死。2009 年，全球 230 万成年司机与乘客在医院的急救室撒手人寰。[257]

美国在越战期间（1956～1975 年）的死亡人数是 58 220 人，[258]而同期，美国因车祸致死的人数高达 757 538 人（13 倍于前者）。[259]

据世界卫生组织统计，2010 年，全球有 124 万人死于交通相关事故。[260]死者当中近一半是行人、骑自行车的人和骑摩托车的人。[261]另外，每年有 20 万～50 万人在交通事故中遭受非致命伤害。

在世界范围内，年龄在 15～29 岁之间的人口死亡的首要原因是交通事故，这也是年龄在 5～14 岁之间的儿童死亡的第二大原因。5～14 岁之间的儿童，死于交通事故的人数要比死于疟疾、肺炎或麻疹的人数多。[262]

很显然，人类并不是好司机。我们很容易走神，我们总想在开车的时候吃点或喝点什么、打电话和发信息、伸手去调收音机和从杂物箱去取东西、化妆、与乘客攀谈、教训后座的孩童、发呆——有时同时做几件事。我们还受制于身体方面的局限，我们的视线、反应时间甚至睡眠模式决定着我们的驾驶水平。

根据哈佛大学教授塞德希尔·穆来纳森的研究，基于疾控中心数据而建立的数学模型表明，美国所有致命车祸中有 15％～33％与司机打瞌睡有关。[263]

从很多方面来看，自动驾驶汽车可成为优秀的司机。它们有 360 度的视角，计算机不会走神。晚上依然能够看见，不受制于睡眠模式的影响。在用电话交谈和发信息时，注意力不会分散。它们不喝东西、不超速、也不发呆。

虽然自动驾驶技术尚未达到完美无缺的程度，但是自动驾驶汽车已经比大多数人类驾车的技术要高。日产聆风首席产品设计师井上雅人说，自动驾驶汽车发现危险的能力是人类的 6 500 倍。谷歌自动驾驶汽车已经做到了行驶 50 万英里未发生过一起事故。反而，它却被一辆人类驾驶的汽车追尾。

自动驾驶汽车正以迅猛的速度改进，因为其技术组成部分——视野、传感、处理和机器学习能力正朝着更快、更廉价和更好的方向高歌猛进。主导自动驾驶汽车的人工智能软件也在不断完善。自动驾驶汽车存取数据的容量也在快速增加，其运行的计算机平台也在以迅猛的速度完善。

当一个人犯了错，他也许会与其他人分享自己的教训，也许不会。即使分享了，别人是否会引以为戒还另说。除非你切切实实经历了，否则教训不会真正"刻骨铭心"。人们有时反反复复犯同样的错误。这就是为什么会发生那么多交通事故的原因之一。

相比之下，谷歌汽车每秒收集的数据超过 1GB。[264]这个容量的数据是怎样的一个概念呢？iPhone 5 的数据存储容量是 16GB 到 32GB。谷歌汽车只需 32 秒或更少的时间，即可填充满苹果最新系列智能手机的数据存储容量。与其他计算平台类似，数据生成正迅速加速。用不了多久，自动驾驶汽车每秒就能填满一部智能手机的数据存储容量。谷歌汽车会从这些数据中"受益"。

自动驾驶汽车还可从其他自动驾驶汽车收集的数据中受益。一辆自动驾驶汽车如果犯错，比如在新西兰，它会从中吸取教训。但是新西兰所发生的不会只停留在新西兰。这个教训会被编码和传输给在山景城（美国加州）或慕尼黑的一个"深度学习"数据库。在那里，它会被分类、与其他汽车类似错误进行比对，再次编码并迅速发送给遍布全球各个角落的数百万辆自动驾驶汽车。在新西兰发生事故后的几天内（甚至数小时内），全球每个自动驾驶汽车都将学会如何避免犯同样的错误；每辆汽车都将学会如何做一个更好的司机。

任何一个地方发生一起事故都将会与分布在各地的每一辆自动驾驶汽车共享经验，使它们成为更好的驾驶员。在信息经济学中，这被称为网络效应。随着网络获取更多的信息，其价值将急剧增长。自动驾驶汽车的学习能力正在飞速增强。这将使其比人类最好的司机更智能、更卓越、更快速、更安全。

自动驾驶汽车将成为比你我更卓越、更智能、更快速的司机。它们将高居全球专业汽车司机的榜首，这似乎很夸张，但是它们将会使丹妮卡·帕特里克、吉米·约翰逊、小戴尔·恩哈特等美国运动汽车竞赛协会的顶级赛车手们望尘莫及。它们不只会打败赛车协会的这些高手，而且会在节省燃油和保护生命的前提下成就辉煌。

在不久的将来，自动驾驶汽车每年会挽救超过 100 万条生命。单就此而言，这可能具有划时代的意义。

浪费空间

如果有一位来自外太空的考古学家来研究地球，她肯定会得出这样一个结论：汽车是地球上占主导地位的生命形式，所以城市空间更多的是留给了汽车而非人类。

在北美城市中，道路和停车场分别占（城市）总面积的 30％和 60％，高速公路也是巨大的空间浪费。[265] 汽车所占道路空间是其他交通形式的 10～100 倍。例如，每名汽车乘客所占的道路空间是 200 平方米，干道公路是 30 平方米，公共交通工具每名乘客是 2 平方米，步行是 3 平方米。[266]

据加州大学伯克利分校教授史蒂芬·施拉德沃研究，当你以每小时 60 英里（100 千米/小时）的速度在路面即便畅通行驶时，会很容易觉得高速公路不够用，但是车辆却仅仅只使用了道路面积的 5％。[267] 也就是说，最好的情况下，也有 95％的高速公路面积未得到使用。这些空间被浪费了，因为按照高速公路行驶速度，安全起见，汽车需要保持与前车 40～50 米的车距。此外，它们还需要 2 倍车身宽度的车道。

研究表明，相比于人类，智能汽车能够大幅减少实现相同基本功能所需的空间。比如，并线和变道需要的空间，自动驾驶汽车要少 25％。[268]

装配有自适应巡航控制系统（ACC）的汽车能够将高速公路的容量提升约 40％。根据哥伦比亚大学的研究，同时使用自适应巡航控制系统（ACC）和车辆间交互通信，可将高速公路的容量惊人地提升 273％。[269]

换句话说，自动驾驶汽车可把高速公路容量提升 3.7 倍，进而终结高速公路上的堵塞。随着自动驾驶汽车的到来，我们将不得不考虑如何处理高速公路上未使用的空间。

浪费时间

根据德州交通研究所的《城市流动性报告》，2012 年交通堵塞花费了美国人
1 210 亿美元；这个数字预计在 2020 年将增长至 1 990 亿美元。[270] 交通堵塞每年
浪费美国人 48 亿小时和 19 亿加仑燃油，延误的时间和燃油成本价值达 1 010 亿
美元。[271]

尽管我主要关注的是小汽车，但是任何人看到并排停放的联邦快递（Fe-
dEx）或联合包裹服务公司（UPS）的卡车时，都清楚卡车也浪费时间、空间和
能源。2004 年，在电子商务增长导致卡车物流激增之前，物流卡车造成约 100
万小时的车辆延误。[272] 有研究发现，卡车每天并排停放的时间达 7 个小时，将道
路空间变成了自己的停车场，使高峰时刻拥堵的城市交通雪上加霜。[273]

在路上浪费时间还会给人一种压迫感。麻省理工学院教授卡洛·拉蒂研制了
一个道路挫折感指数，以量化交通对于人的心理健康的影响。他总结称，城市驾
车给人的压迫感与跳伞一样高。[274]

通过减少堵塞，自动驾驶汽车将大幅减少通勤时间。而且，由于自动驾驶汽
车无需我们驾驶，所以今天我们浪费在汽车上的时间将转变为高效率的时间。有
些人也许选择上网（或者到 2030 年互联网的取代者）或在车里睡觉，但无论如
何，因不需要驾驶而节省的时间都会使我们的生命时间得到延长。自动驾驶汽车
还将为我们节省停车和寻找停车位的时间。它们将把我们放下，继续快乐之旅，
自己找停车位或去接下一个订单。

浪费能源

据麻省理工学院媒体实验室研究，在拥堵的城区，汽车全部油耗的 40% 都
浪费在寻找停车位上了。[275] 拥堵耗费美国人 19 亿加仑的燃油，延误的时间和燃油
成本达 1010 亿美元，这相当于每个乘通勤车的上班族每年 713 美元的交通费
用。[276] 自动驾驶汽车第一个节能特点非常普通：自动泊车。

在确定需要停放时，自动驾驶车辆（AV）泊车会更加精确，它们会挤进较
小的停车位。对普通驾驶员来说，一些太小而无法停放的停车位对于自动驾驶车
辆而言是没有问题的。为了寻找停车位，自动驾驶车辆会与方圆数个街区内采用
传感系统的停车场联系（或者甚至与其他车辆联系）。然后，直接开到停车的地
方，而无须开着车到处寻找车位。

另一个节能特点是减小空气阻力（风阻）。因为能够更好地感知其他汽车的存在，自动驾驶汽车之间能够彼此更加靠近地行驶，这可以降低风阻。根据落基山研究所称，风阻的减小可节省约 20％～30％ 的燃油消耗。[277]

浪费金钱

据美国汽车协会（AAA）称，美国小型货车的车主每年行驶 1.6 万千米，每辆车的平均年度支出是 8 161 美元。[278]考虑到 2011 年美国中等水平的工资为 26 684 美元，8 161 美元是一笔相对较大的金额。[279]汽车成本支出指的是税后的开支；美国人平均超过三分之一的收入都被它们吸走了，每英里的行车成本高达 81.6 美分。

根据世界卫生组织研究，因交通事故伤害造成的全球资金流失每年达 5 180 亿美元，占各国国民生产总值的 1％～3％。[280]

交通堵塞造成的时间延误和燃油成本达 1 010 亿美元。这相当于每个乘通勤车上班族每年 713 美元的交通费用。[281]停车费平均每年耗费每个美国上班族 1 000 美元，而车祸所产生的费用平均每年达 1 500 美元。[282]

自动驾驶汽车可在任何地方接上和放下乘客，这样我们就不必花时间寻找停车位并支付停车费。由于它们是比人类更好的司机，事故率和额外费用将减至最低。

最后，自动驾驶汽车将通过打破汽车所有权的概念达到省钱的效果。当自动驾驶汽车可在任何地方接上和放下乘客时，大多数人就不会选择购车。而那些有车的人会在 90％ 不用车的时间段，选择把它们租出去。

快速迈向全自动驾驶汽车

日产公司誓言到 2020 年将在市场上推出一款经济型自动驾驶汽车。日产执行副总裁安迪·帕尔默指出，"到 2020 年，我们将有一款与加州路面上行驶汽车性能相同的汽车。这意味着你可以坐在驾驶位，交叉双臂，双腿一蜷，汽车基本上会把你带到你想去的任何地方。"[283]宝马和梅赛德斯也誓言到 2020 年将推出各自的自动驾驶汽车。

安迪·帕尔默还表示，自动驾驶技术将在第一款自动驾驶汽车后的两个汽车寿命期内，标配到整个日产车系。[284]他还重申，日产公司将致力于"零伤亡事故和零排放"。

市场要多快才能接纳自动驾驶汽车呢？接受和采纳程度将因市场领域、人口群体和地域而有所不同。思科公司进行的一项研究发现，受访司机中57％信任无人驾驶汽车。[285]这份报告发现，95％的巴西人和86％的印度人愿意乘坐无人驾驶汽车（92％的巴西人甚至愿意让他们的孩子乘坐无人驾驶汽车！）。只有37％的德国人和28％的日本人信任无人驾驶汽车。美国人的比率居中，接受率为60％。

对于一项尚未上市的技术而言，这个数字是惊人的。司机们欣赏自动驾驶汽车的这一事实表明许多人都有这方面的需求，即想找到从烦躁等待的交通堵塞中解放出来的办法。置身于圣保罗市没有尽头的交通堵塞中，你就会明白巴西人欣然接纳自动驾驶汽车的意愿。近期，我去了一趟土耳其伊斯坦布尔，那里的交通太过拥堵，以致司机在出租车上用 iPhone 收看现场直播的足球比赛。

2020 年也许可能成为全自动驾驶汽车的元年，但是向自动驾驶汽车的过渡已然开始。要理解这一个转变将如何上演，可参考国家高速公路安全管理局（NHTSA）制定的一个框架。国家高速公路安全管理局是美国负责制定、确立和执行联邦机动车安全标准的政府机构。该机构制定了一个含有五个等级的框架，以向机动车制造商明确相关规范。[286]

0 级：无自动化。自始自终，司机完全控制着汽车以及全部的主要控制系统（刹车、方向、油门和动力）。

1 级：单项功能自动化。一项控制功能实现了自动化。如果多个功能自动化，那么它们相互独立运行。司机进行整体控制，只负责安全行车，但是司机可有限让予一项对已实现自动化的主要控制功能的控制权。

2 级：两项功能自动化。至少有两项主要控制功能实现了自动化并结合运行。通过整合不同的自动化功能，自动化汽车实施控制，由此可使司机脱离对汽车的操作。司机可将手从方向盘移开，同时脚可从踏板移走。

3 级：有限自动化驾驶。司机将所有关键功能控制完全让予汽车；司机可安全脱离驾驶而从事其他活动。偶尔需要司机控制，但是有足够舒适的过渡时间。

4 级：完全自动化驾驶。车辆设计就是自动驾驶，执行所有涉及安全的关键驾驶功能，在整个行程中，无论车上有无司机，汽车都自行监视路面情况。

一些高端车辆已经装配了可从司机手中接管驾驶职责的软、硬件。比如，2012 款奥迪 A6 已经安装一些传感器、摄像头和软件，可以协助司机执行多个任务（图 5.3）：

汽车停放自动化

行人探测夜视功能

变道辅助

起停自适应巡航控制

前摄像头：
奥迪主动式车道保持辅助系统
自适应巡航控制系统
速限显示器
奥迪预防式整体安全系统/前部版
/加强版

车侧向超声波传感器：
泊车辅助系统

后摄像头：
带倒车摄像头的停车系统
带倒车摄像头的泊车辅助系统

车尾部超声波传感器：
停车系统
泊车辅助系统

车正前方超声波传感器：
自适应巡航控制系统
停车系统
泊车辅助系统

红外摄像头：
带行人识别功能的
夜视辅助系统

车尾雷达传感器：
奥迪侧向辅助系统
奥迪预防式整体安全
系统/后部版/加强版

撞击感应器：
正面保护适应性
侧面保护
后碰撞保护

前雷达传感器：
自适应巡航控制系统
奥迪预防式整体安全系统/
前部版/加强版

Sara 传感器：
车身电子稳定系统
奥迪预防式整体安全
系统基本版

图 5.3　2012 款奥迪 A6 驾驶辅助系统（来源：美国奥迪）[287]

梅赛德斯-奔驰"交叉路辅助"技术，可帮助司机避免诸如在交叉路口追尾以及交叉路碰撞的发生。汽车的立体照相机和近、中、远程雷达系统生成可视数据。汽车对这些数据进行处理，以确定交叉路（从自行车到卡车）是否会带来碰撞风险。如果碰撞迫在眉睫，汽车不仅会向司机发出警报，而且会采用刹车制动直至完全停止。[288]

宝马 X5"交通堵塞辅助系统"实现汽车在密集交通中的自动驾驶，时速可达 40 千米/小时。换句话说，宝马能够成为一款在交通堵塞中自动驾驶的汽车。[289]

将这些任务叠加，就是一款半自动驾驶汽车。对于国家高速公路安全管理局（NHTSA）制定的自动驾驶等级，从等级 1（单项功能自动化）至等级 4（完全自动化）是一个连续的统一体。许多款汽车已装配交通堵塞辅助系统，借此司机可把控制权交给汽车（等级 3）。完全自动化的校园巴士（等级 3）已投入运行，车里面根本没有司机（但是汽车只能按预定的路线行驶）。

表 5.1　　根据 NHTSA 框架总结的自动驾驶汽车的现状（来源：史蒂芬·施拉德沃、[290] NHTSA 和作者本人）

NHTSA 等级	自动化功能举例	司机的作用	提供这些功能的制造商
0	无	司机完全控制	全部
1	自适应巡航控制或紧急动力制动辅助	司机控制但是一项功能已实现自动化	奥迪、宝马、梅赛德斯、日产等
2	自适应巡航控制、车道保持辅助、交通堵塞辅助	司机可以上网、阅读和发短信，但是必须准备在必要时接手控制。	奥迪、宝马、梅赛德斯、日产
3	交通堵塞辅助、城市无人驾驶巴士、校园无人驾驶巴士	司机可以睡觉	谷歌、Induct、日产
4	汽车完全自动化	无	

完全自动驾驶汽车（等级 4）所需的大部分技术都有了。只要数年时间，随着传感器、计算软件、自动化软件技术的快速发展，这些高端特征将变得足够低廉，供低价车辆采用。

指数式技术成本改善

2012 年，谷歌透露其自动驾驶汽车的车载装备价值 15 万美元。[291] 就此价格而言，谷歌汽车对大众来说太过昂贵，除了驾驶法拉利的人群。许多专家质疑在我们有生之年是否能够买得起一辆自动驾驶汽车。

现在，谷歌已经推翻了 15 万美元这个数字，只是表示 LIDAR 价值 7 万美元。LIDAR 是安装在车顶的可旋转、圆锥形、外观如帽子的部件。LIDAR（激光雷达）这个词是 laser（激光）和 radar（雷达）的合成词。LIDAR 是自动驾驶汽车用来观察前方和周围路况的技术设备。[292]

LIDAR 的价值近乎占整辆谷歌汽车成本的一半。汽车价格要下降，首先要使 LIDAR 技术成本降下来。机载 LIDAR 技术，以脉冲重复频率（PRF）衡量，每两年都会有接近 100％ 的改进。[293] 每年的改进率达 41％，类似于摩尔定律。如果这个趋势延续下去，2020 年 LIDAR 技术成本将从 2012 年的 7 万美元降至更易管控的 4 481 美元（图 5.4）。

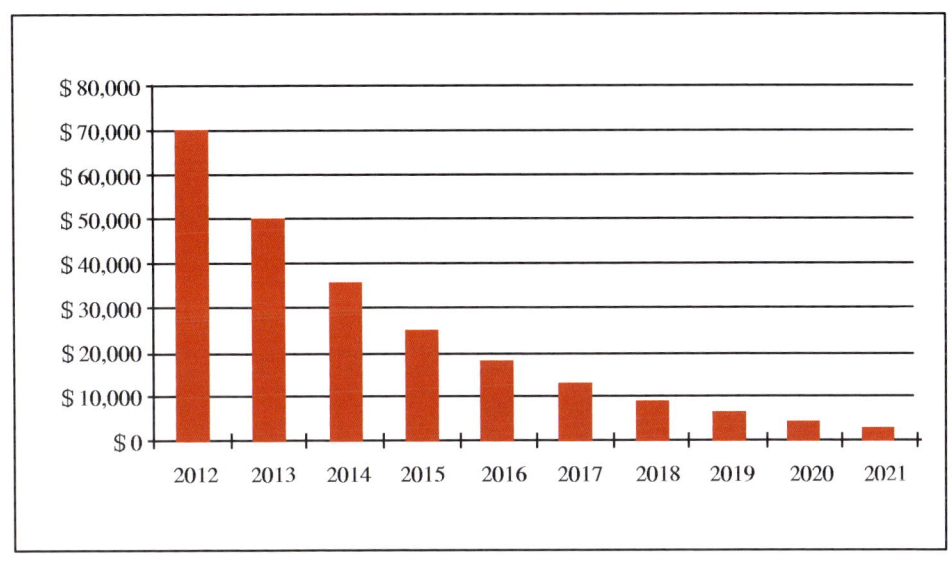

图 5.4 指数级下降的 LIDAR 传感器成本

谷歌是一个着眼未来的信息技术公司。我推测谷歌汽车的设备很大程度上包含了计算机、通信系统、传感器、光学器件以及其他先进技术，这些技术大都更新很快。假设摩尔定律适用于所有这些设备，这些技术元件 2012 年耗费谷歌公司 15 万美元，2020 年会下降到 9 691 美元，2023 年会进一步下降到 3 425 美元（表 5.2）。

从成本的角度看，奥迪、宝马和梅赛德斯一奔驰宣布到 2020 年推出各自的自动驾驶汽车是完全可行的。

表 5.2　　　　　　　　　　**LIDAR 传感器预计成本**

年份	2012	2013	2014	2015	2016	2017	2018	2019	2020
成本	$70 000	$49 645	$35 209	$24 971	$17 710	$12 560	$8 908	$6 318	$4 481

技术的变革可能会比预想来得要快。2013 年下半年，谷歌公司宣布其下一代自动驾驶汽车将使用更小的 LIDAR 传感器，而技术性能至少较之前提升 1 倍。这款 LIDAR 传感器成本只有 1 万美元，即此前版本价格的七分之一。[294]

这表明技术成本曲线的加速变化比预想得要快。在斯坦福大学的"市场颠覆课"上，我也在强调这一点：加速度正在增加！我曾遇到一位硅谷初创公司的首席执行官，他声称已研制出精品车用 LIDAR 传感器设备，售价为 1 000 美元。

LIDAR 仅仅只是诸多车辆可视化技术中的一项。汽车还可采用高分辨率的视频扫描技术，掌握所处的环境。半导体公司正在竞相发展可从照相机读取数据的计算和传感器软硬件，这项技术将使汽车更加自动化。

例如，日本富士通公司已宣布推出全球首款"带临近目标探测功能的 360° 全景视觉系统"（图 5.5）。[295] 据富士通公司称，该系统的 MB86R24 芯片装配有 6 部高分辨率输入频道（摄像机）和 3 部显示输出频道；这个芯片集成了"临近目标探测功能"，会在自行车等目标接近汽车时告知司机。

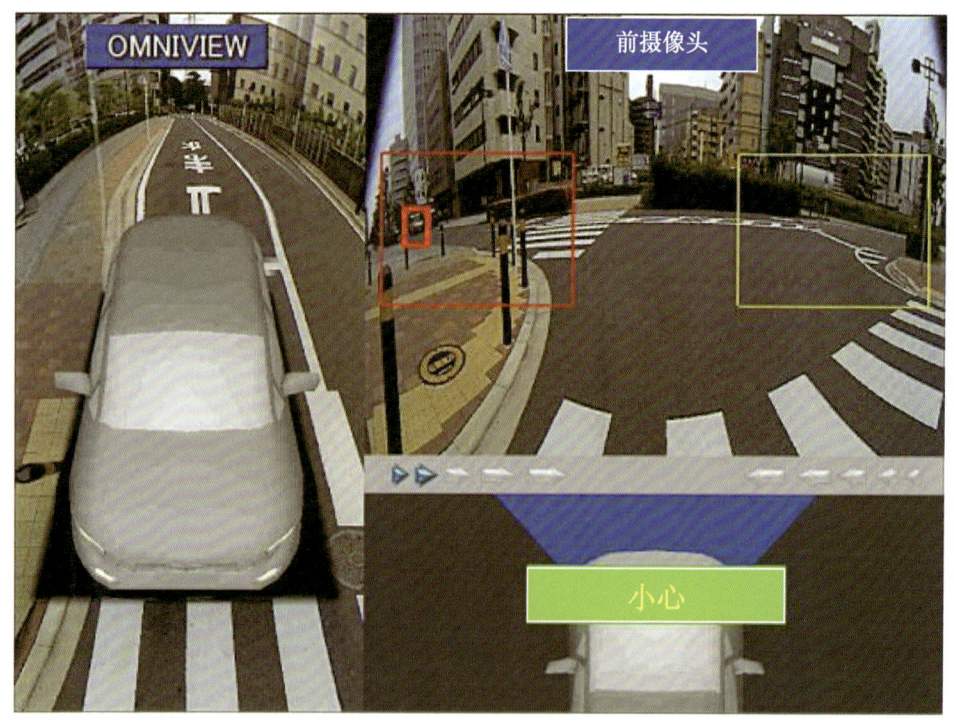

图 5.5　富士通 MB86R24 型"临近目标探测系统"（来源：富士通公司）[296]

富士通公司的 360° 全景系统可使司机在任一角度拍摄的 3D 图像中检查周围的环境。据该公司发言人称，富士通该系统的成本仅需 5 000 日元，约合 50 美元。

用来实现汽车自动化的技术成本正在大幅下降。到 2020 年，自动驾驶汽车技术的成本将不会超过汽车销售商推介给汽车购买者的防锈处理和延长保修的费用。同时，从完全由司机控制到完全自动驾驶汽车的过渡已经开始。

谷歌、苹果和汽车行业的局外人

类似宝马和福特这样的公司正在研发汽车"应用程序接口"，以便第三方软件开发者能为他们的汽车开发各种应用程序，这样司机能够从应用商店把这些应用程序下载到他们的汽车。福特公司的一位经理小威廉·福特表示，汽车正在变为移动通信平台。[297]宝马公司已举行"黑客马拉松"。这家德国汽车制造商有一个风险资本集团，指导针对软件公司的投资。

所有这些听起来好像硅谷正准备争夺另一个技术市场——类似于苹果公司和谷歌对移动手机市场所做的那样。颠覆不会考虑业内人士的感受，而且实际上，它们通常突如其来。特斯拉公司的首席执行官埃隆·马斯克并非出身于汽车行业。林登·赖夫和彼得·赖夫在创建太阳城公司之前也不是做能源的。在 2000 年，无论是苹果公司还是谷歌都未涉足移动手机业务。第一部 iPhone 手机发布于 2000 年 6 月。[298]而数月之后，首款商业版安卓系统面世。[299]

给汽车行业带来冲击的有没有可能来自于交通行业之外呢？

汽车操作系统和"赢者通吃"的市场

软件平台具有强大的网络效应和高昂的转换成本。对于使用微软 Windows 软件的用户来说，转用其他软件是很困难的，因为他们的投资不仅是购买了 Windows 软件，而且投进了大量时间和精力努力掌握软件技能和相关的 Windows 技术。尽管主打产品多次出错（比如 Windows Vista 和 Windows Me），但是微软不变初心，数十年来精心打造 Windows 操作系统，这也正是网络效应使然。要离开具有强大网络效应的生态系统很难，而退出的门槛又非常高。网络效应也是苹果公司的 iOS 系统和谷歌的安卓系统共同占据 90％智能手机操作系统市场的原因所在。[300]

另一方面，今天的汽车行业没有网络效应（转换成本不高）。只需几分钟的时间你就可将克莱斯勒 SUV 换成福特 F150。

苹果和谷歌想进军汽车行业不足为奇。史蒂夫·乔布斯曾梦想着制造出一辆 iCar。据苹果董事局董事米基·德雷克斯勒称，乔布斯曾质问过："瞧瞧汽车行业，这简直是一个美国悲剧。都是些什么人在设计汽车？"[301]

谷歌首先是一个软件公司。这个英特网巨头从收购摩托罗拉移动公司中领会到做硬件业务犹如"在刀尖上跳舞"。正因如此，谷歌不太可能进入汽车制造业。比较可能的是，谷歌将其自动驾驶汽车软件打包成一个自动驾驶汽车操作系统，然后以软件许可证的方式出售给汽车制造商。

谷歌可能会发展其汽车行业的安卓业务。它可能像手机制造商出售安卓操作系统许可一样，向全球汽车制造商出售自己的自动驾驶汽车软件平台许可。这将对后起之秀起到鼓舞的作用，并促进汽车软件研发部分的商品化。由于操作系统平台的强大网络效应，谷歌开发汽车软件将改变汽车行业竞争的基础。

一款成功的汽车软件平台可能集中了应用程序供应商的整个生态系统，而且将很快从 10 万个、发展到 100 万个乃至 1 亿个，最后完全冲垮运输业。

诸如通用、克莱斯勒和福特等汽车界巨头很可能成为汽车行业的诺基亚和黑莓。

汽车即服务：对商业模式的终极颠覆

我曾提及自动驾驶汽车具有颠覆性，因为从个人层面讲，它将节省时间、能源和金钱；从社会层面讲，它会节省时间、能源、金钱并挽救生命。

最终，自动驾驶汽车将是颠覆性的，因为它们将深刻改变汽车所有权的真正涵义。汽车将从个人渴求的对象成为一门生钱的生意。

大多数人并非想拥有汽车。我们想要的是其机动性，即有需要时有车可用。也就是说，无论我们何时想（或必须）从 A 点去 B 点，我们都能做得到。对于大多人来说，拥有一辆汽车是目前保证召之即来机动性的最佳途径。然而，当到了能够在任何地方、任何时间接送乘客的那一天，自动驾驶汽车将比汽车所有权更受青睐。况且，搭乘自动驾驶汽车来来往往要比拥有一辆汽车实惠很多。

再者，带来冲击的不仅仅是技术，而是技术造就的这种商业模式，即被称为"汽车即服务"的商业模式。

想象一下，你可以在任何时候从任何地方召唤一辆汽车，并让这辆汽车在数分钟内出现在你家门口。诸如 Zipcar、优步和来福车这些公司今天就以不同的形式提供此类服务。想象一下来接你的是一辆自动驾驶汽车而非有人驾驶汽车的场景。

试做一下这个思考练习：假定每辆汽车都具备自动驾驶技能，同时它们的车主按照汽车即服务的合同将他/她的车提供给一家公司。这会是多么具有颠覆性的情境？

我先前提到汽车共享先驱 Zipcar 推测，每辆共享的汽车可替代路面 15 辆汽车。[302] 假定所有人都转向汽车即服务的模式，Zipcar 公司的共享车与私家车的 15∶1 的比率将在全球适用，年度汽车销售量将缩水 15 倍。2012 年，全球汽车行业销售总量是 8 200 万辆。[303] 如果由于汽车共享导致汽车销售量缩水 15 倍，每年将只能卖出 550 万辆汽车，即当前汽车行业产量的 6.7%。

大众、丰田和通用这三大汽车公司每年售出 900 多万辆汽车。在此情境下，这几家公司中，只要其中一家就能满足全球自动驾驶汽车的供应，而且零部件充足（前提是这三大汽车公司都未受到电动汽车的冲击）。那么其他两家汽车公司都将不得不关门大吉、打道回府了。冲击波将在整个汽车行业价值链产生震荡，也会波及到石油业而使其发生萎缩。

再者，由于汽车数量下降超过 93%，汽油需求也会大幅下降。自动驾驶汽车将比私人汽车更受青睐，因此汽油消耗量并不会下降 93%。然而，自动驾驶汽车燃油效率更高，利用空间更好，不会在交通上浪费时间或在寻找停车位上浪费时间。

假设每辆自动驾驶汽车油耗是先前汽车的三分之一，石油消费就会下降 75%～80%！从数学角度看，只需要沙特和俄罗斯两个国家就能生产足够的石油，满足全球的需求。

全球石油和内燃机车市场将萎缩到只有一家公司卖车、两个国家卖油！

这一情境假设的只是自动驾驶汽车使用内燃机，而很有可能电动汽车的颠覆早已利刃"出鞘"。自动驾驶汽车的颠覆也将与电动汽车的颠覆叠加。试想互联网颠覆与手机的颠覆是如何叠加和相互补充的。它们最终合并造就了"移动互联网"。

然而，据日产硅谷研究中心的三田村武称，电动汽车是自动驾驶汽车的天然平台。在电动汽车冲击石油汽车行业的同时，自动驾驶汽车同样不甘寂寞，也会对石油汽车行业的任何苟延残喘给予最后的致命一击。

两个行业将被冲垮。汽车行业将大幅缩水，石油业作为汽车市场的供应商也将消失或大幅缩水（考虑到自动驾驶汽车使用内燃机的前景），最终作为汽车能源来源完全消失（考虑到自动驾驶电动汽车的前景）。无论哪种方式，石油工业的前景不容乐观。

在受到自动驾驶汽车的冲击之后，即便相对谨慎地估计共享车辆与私人车辆的比率仅为 5∶1，汽车行业仍将严重萎缩，最多每年生产 2 000 万～3 000 万辆。

换句话说，即使假定电动汽车不颠覆石油汽车，自动驾驶汽车的颠覆将造成石油需求急剧下降——下降幅度或达 80%。

商业模式创新

大多数人在看待市场颠覆时，只从技术角度出发。然而，很多时候，颠覆源并非来自一项新的技术，而是因新技术可能带来的创新性商业模式。

想想 Skype 是如何冲垮长途电话市场的。许多公司都在使用互联网协议电话（VOIP）技术。但是，只有 Skype 通过创新的商业模式推动了这一领域的变革。

汽车公司沿袭相同的商业模式已有百年。这种模式可以描述为：我们制造汽车，你购买汽车；在汽车损坏时，我们修理汽车；每隔几年，再重复。在汽车行业，最激进的商业模式创新可能是 1917 年通用汽车金融服务公司（GMAC）引入的汽车融资项目。仅这一项创新就帮助汽车市场将汽车保有量从 8% 提升至 80%（见第二章）。

就商业模式而言，汽车行业在过去一个世纪内取得的进步微乎其微，但是因新技术而可能带来的新型商业模式正开始改变这一状况。在汽车变得更像是一部带有轮子的移动电脑后，游戏规则就会发生剧变。汽车将成为另一个受摩尔定律支配的品类。技术改进的步伐届时呈指数式发展。汽车公司不再是召回 100 万辆汽车进行缺陷维修，而是通过 WiFi 将新软件下载至汽车进行更新。

不难想象，我们现在所知的汽车行业在未来十至二十年后将可能不复存在。电动汽车会冲垮内燃机车吗？一个软件平台会吃掉底特律吗？在我看来，似乎多股冲击波正在袭来：电动汽车、软件驱动车辆和终极自动驾驶汽车。与此同时，汽车共享将彻底改变我们使用汽车的习惯。所有这些若与创新的商业模式结合在一起，汽车行业就真得彻底完了。这不是会不会的问题，而是以何种方式、在什么时间发生的问题。

颠覆汽车保险业

媒体关于自动驾驶汽车的讨论很多围绕着这一问题：保险业是否会"允许"自动驾驶汽车上路？这个讨论并不切题。保险公司应该对自动驾驶汽车心存恐惧，因为它会冲垮已经存在了百年之久的汽车保险业。

在第三章里，我介绍了一个名为 Climate Corp 的公司如何利用美国政府的天气和土壤数据为其农业保险产品收集情报。一个由两名毫无保险行业经验的前谷歌员工在硅谷创办的小型技术公司如何做到这些的？是数据，大量的数据，大数据！

Climate Corp 公司的一位风险资本投资者丹尼·莱莫说，为了给保险产品定价，Climate Corp 公司的平台提取了 250 万个地方的气象测量数据和主要气象模式的预报，将这些数据与 1500 亿个土壤观测结果共同处理，生成 100 万亿个气象模拟数据点，这要求有能力在任何特定时间处理 50 太字节的实时数据。[304]

自动驾驶汽车本质上是一部数据生成机器。谷歌汽车每秒收集超过 1GB 的数据！[305] 随着传感器价格的下降，自动驾驶汽车生成的数据量将以数量级增长。随着上路自动驾驶汽车数量的攀升，这些汽车的数据量将大幅增加。

有些公司通过收集这些数据并对其进行智能分析，从而给保险产品定价，其精细程度令传统保险公司望尘莫及。这类公司（我们称之为 gAuto 吧）能够从美国政府的 9.1 万个公开的数据集（data.gov）下载天气、停车位和能源等数据。gAuto 还可从州、县和市政部门的数千个数据集获取数据，由此可以更精准地提供并定价保险产品。

今天，Zipcar 公司出租一辆汽车给我是有利可图的，其租价涵盖保险、燃油和停车的费用。Zipcar 公司没有类似 gAuto 公司可接入海量数据的渠道。而 gAuto 公司因其拥有海量数据、人工智能和计算能力，就能向自动驾驶汽车提供一种付费服务，其费用包含了自办保险、自助充电和自助停车等。

那些未对此"未雨绸缪"的汽车保险公司将陷入困境。警钟已经敲响！

第六章　核电的终结

◼ "在军用和民用反应堆之间从来没有技术分界线。"

——洛斯阿拉莫斯国家实验室 **LA8969MS，UC－16** 号报告

◼ "如果地球发生爆炸，那么最后听到的声音将是一位专家说这不可能发生。"

——波得·乌斯蒂诺夫

◼ "任何聪明的傻瓜都可以让事情更大、更复杂、更极端。要注反方向发展则需要一丝天分以及许多勇气。"

——阿尔伯特·爱因斯坦

第六章　核电的终结

1986 年 4 月 26 日，切尔诺贝利核电站 4 号反应堆发生爆炸，引发了二十世纪最大的工业灾难。爆炸所产生的放射性物质是广岛原子弹爆炸的四百倍之多，在欧洲和亚洲上空弥漫。[306] 由于辐射水平非常高，爆炸甚至触发了位于切尔诺贝利核电站 1 100 公里（660 英里）开外瑞典福什马克核电站的警报。前苏联领导人和全世界是通过在瑞典进行放射云测量的科学家了解到此次灾难的。

同年 5 月 7 日和 5 月 26 日，法国中央电离辐射防护局（SCPRI）通过广播通告了他们对落在法国的放射性沉降物的测定值。SCPRI 公布说，法国东部为 500 Bq/m^2，法国西北部的布列塔尼地区仅为 25 Bq/m^2，辐射不严重。[308] 但根据《世界报》的报道，这些数值并不完全正确。

2005 年，SCPRI 的继任机构——辐射防护与核安全研究所（IRSN）将 1986 年 5 月份的沉降物收集到一起进行了测量，并取得了完全不同的结果：部分地区（阿尔萨斯、尼斯周围地区、科西嘉岛南部）仅铯 137 的沉降物就超过了 20 000 Bq/m^2，其中部分区域超过了 40 000 Bq/m^2。[309]

法国政府在 1986 年所发布的辐射数据是不实的。切尔诺贝利爆炸云在法国的沉降物真实测定值要比法国政府公告市民的数值高出一千倍左右。

后来因法国甲状腺疾病患者协会（AFMT）在 2001 年起诉了 SCPRI 的继任机构，真实的辐射测定值才公之于众。该组织控告法国政府蓄意伪造数据，同时没有采取欧洲邻国所采取的最低卫生保障措施（例如禁用某些食品）。

法国政府为了保护核电产业而故意伤害了数百万公民。

在 2011 年 2 月福岛第一核电站发生灾难性事故之后，日本政府同样在宣传中将破坏的程度最小化，从而误导了市民。尽管相关的视频和图片已在网络上疯传，全世界都知道这是一场不折不扣的灾难，尽管世界各地的科学家通过测试证明，福岛核事故的辐射污染与切尔诺贝利的相当，日本政府依然为了保护它的核电产业而将自己的公民当成人质。

法国政府对核辐射歪曲宣传的故事是否会在十几年后的日本重新上演？日本国民是否还要再等二三十年才能真正了解这起核灾难的真相？

参与式媒体、公民科学与核电的淘汰

互联网、手机和个人电脑所带来的颠覆性变革使得市民能够轻松地编制、收集和发布信息。这些技术催生了一种包容性的参与式文化。

人们能够通过推特、脸书和亚马逊来参与互动并提供数据、想法和意见，而不是被动地接收信息。当今受到技术支持的参与性文化与核电产业封闭隐秘、等级分明的文化相互对立。

2011 年 3 月 11 日，福岛第一核电站堆芯熔毁，此后一周，一家叫做 Safecast 的非营利性机构公布了其首个网站并建立了一个传感器网络，进行辐射测量数据的收集与共享。Safecast 的志愿者很快开始对福岛的辐射情况进行数据测定。随后他们在日本全境进行了测量，接着还在全球范围内进行了测量。Safecast 通过一种叫做 Arduino 的开源微控制器平台，以及来自"国际警报协会"的辐射盖革计数器（用于探测电离辐射的粒子探测器），建造了一款小型移动式盖革计数器，成本低于 1 000 美元。[310] 由于这款设备的外观酷似日本便当盒，因此 Safecast 将其命名为"bGeigie"（"便当盖革计数器"的简写）。这家机构为了给自己的运作和设备筹集资金，通过众筹网站 Kickstarter 筹集了 35 000 美元。

Safecast 现在有能力收集到更多的辐射数据，同时它的数据精度要比日本政府高。日本政府仅仅是为每座城市配备 个盖革计数器，而 Safecast 是每隔 50 到 100 米（150 到 300 英尺）、每隔 5 秒钟进行一次核辐射测量。Safecast 每天都会将数据作为无需授权的开放性信息上传到网站。任何人都可以使用这些数据，没有版权或财务限制。互联网巨头雅虎日本还在其天气页面设置了链接，来显示 Safecast 传感器网络所提供的辐射数据。

Safecast 已经上传了超过 1 000 万个数据点，而且这一数字还在呈指数级增长。他们还开发出了一款新版 bGeigie 套件，以 450 美元的价格出售给全球各地

Safecaster 应用程序的志愿者（图 6.1）。[312]

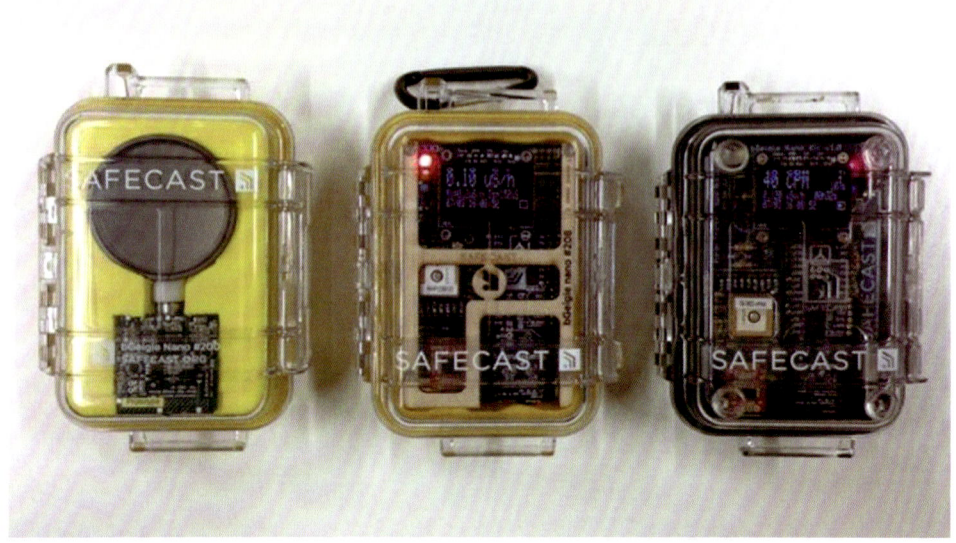

图 6.1 价格 450 美元的 bGeigie 盖格计数器套件（尺寸约为一个手机的大小）。（来源：International Medcom 公司）[311]

在经济学中，"规制俘虏"是指原本为维护公众利益而设立的国家监管机构反而为其原本需要监管的行业采取了促进其商业或特殊利益的行为。[313]换句话说，政府机构通过牺牲公众利益来保护这些行业。由于这些被保护的公司意识到公民和纳税人会承担相关费用，所以规制俘虏会纵容这些公司污染环境、在健康和安全方面节约成本、并在财务和技术方面冒险。

当开放数据把规制俘虏和保密信息公之于众时，它就会被看作是一项政治因素。在被问及 Safecast 是否是一个反核组织时，Safecast 的联合创始人肖恩·邦纳表示："Safecast 既不反核也不亲核；我们只是拿数据说话。数据与政治无关。"

核电产业以及对它进行保护的政府机构在近期内不会变得公开透明，但数据正在大白天下，并让核电产业更为清晰。

而且数据是明确的：核电成本高昂，非常危险，会带来致命性的污染。花旗银行曾撰写了一篇关于核电产业的报告，并取名"新核电：没有经济性"。由于核电非常昂贵，如果不通过规制俘虏来让纳税人提供巨额补贴，并让政府提供保护，这整个产业根本不可能存活下去。

规制俘虏、核电退役及其巨额成本

2013 年 2 月，英国议会成员玛格丽特·霍奇宣布塞拉菲尔德核电站的退役费用已经达到 675 亿英镑（1 100 亿美元）。[314]政府每年都要花费纳税人 16 亿英镑（26 亿美元）的钱，她说，"核电成本不可能停止上升。"

核电产业在谈及核电成本时，都不会将核电站退役（清理）的成本包含在内。退役是纳税人永无止境地为核电产业进行投资的过程。

英国下议院所设立的政府公共账目委员会在一份报告中指出，处理塞拉菲尔德的有害放射性废物需要花多长时间，处理过程需要花费纳税人多少钱，这两点都不清楚。塞拉菲尔德还没有清除任何核废料。核废料仍然留在现场。据负责该项退役计划的机构——核电退役署的消息，塞拉菲尔德原本应该从 2015 年开始进行有害废物的回收。

核电退役由谁来埋单？全球各地的核电厂会给出两个答案：用户和纳税人。这不只是英国的惯例。这是整个核电产业的惯例。

2013 年 6 月，位于加州的圣奥诺弗雷核电站决定永久关闭，而此后不久，它的所有者和经营者——南加州爱迪生电力公司——开始把维修失败和退役的成本（将近 50 亿美元）转嫁到纳税人头上。"传统的方法当然就是把所有的这些成本以电费的形式传递给用户，然后传递给纳税人，"爱迪生国际公司的董事长兼首席执行官特德·克莱弗表示。[315]

在赚取几十年的利润之后，核电站运营商只需收拾东西走人，把善后处理的费用留给纳税人承担。

那么，如果英国的能源监管机构注重的是他们应该服务的对象——市民，而不是核电产业，会发生什么情况？英国人民为塞拉菲尔德核电站的清理所支付的 1 100 亿美元可以用来购买多少太阳能电力？

为了回答这个问题，我们需要假设监管机构允许建立一个存在一定竞争的市场，同时假设英国太阳能设备的安装价格达到澳大利亚或德国的水平。据 Solar-Choice 的数据显示，在 2013 年 7 月，澳大利亚的 5 千瓦住宅太阳能系统的总安装成本为每瓦 1.62 美元（1.76 澳元）。[316]基于这项成本，你可以用 1 100 亿美元安装合计 6 790 万千瓦的太阳能光伏设备（该成本为无补贴的成本）。

2012 年，英国的平均电力需求为 3 580 万千瓦，[317]高峰需求为 5 750 万千瓦。考虑这些数据，退役一座核电站（塞拉菲尔德）的纳税人成本相当于安装一座发电量达英国平均电力需求的 190％或高峰需求的 117％的无补贴的太阳能发电设施的总成本。

在了解这些之后，你是不是认为英国监管机构应当停止任何核电开发，并转投太阳能（和风能）呢？

核电规制俘虏、发电及其巨额成本

2010 年，英国保守党和自由民主党结盟承诺，新建的核电站将不再收取任何纳税人补贴。[318]但三年后，英国政府收回了自己的承诺，并拟议了一份协议。该协议规定，在提供 2 500 亿英镑（4 070 亿美元）潜在纳税人成本的基础上，将为核电提供长达四十年的保证批发电价。[319]新建的核电容量为 1 600 万千瓦，英国的纳税人需要为此承担每瓦高达 15.6 英镑（25.4 美元）的费用。

核电已经成为成本最高的发电技术。在德国和澳大利亚，无补贴的太阳能或风能的高峰电价低于每瓦 2 美元。英国为什么要选用发电成本超出十倍的核电呢？英国的日照并不充足。但德国的气候与英国相似，它也在利用太阳能发电，成本要低于英国政府为核电所支付的成本。太阳能电力其实在过去五年里将德国的批发电价降低了 40%。[320]太阳能电力越来越便宜，而核电却越来越贵。英国政府为什么要通过抬高批发电价，损害消费者利益来补贴核电产业呢？

现在情况还在恶化。

4070 亿美元的核电补贴并不包括核电站的清理和退役成本。试想一下，塞拉菲尔德核电站共有四座核反应堆，每座反应堆的容量为 60 兆瓦，共计 240 兆瓦。[321]如上所述，塞拉菲尔德核电站已经投入 675 亿英镑（1 100 亿美元）用于清理，目前还看不到清理工作结束的迹象。[322]英国政府所规划的 1 600 万千瓦核电扩容计划是塞拉菲尔德装机容量的 66 倍。在未来四十年，燃料的再加工、反应堆的清理和退役又要花费多少个千亿美元？

此外，4 070 亿美元的核电补贴还不包括为堆芯熔毁投保的纳税人成本。英国是一个小国家。切尔诺贝利或福岛规模的灾难会对整个国家产生灾难性的影响，导致数万亿美元的损失，甚至夺取无数人的生命。

那么，为什么电力公司还是会考虑建设核电站呢？两大原因：政府保护和补贴，或者说是：只有收获，没有付出。

核电补贴过多：乔治亚电力的沃格特勒反应堆

总部位于亚特兰大的南方电力公司在 1976 年提出建设两座沃格特勒核反应

堆，称建造成本为 6.6 亿美元。而当这两座反应堆在 19 世纪 80 年代末投入运营时，成本已经飙升至 88.7 亿美元——是最初估算值的十三倍。[323]

从那时起，美国就再也没有出现新的核反应堆项目。为什么会出现新项目枯竭呢？核电业谴责了三里岛的堆芯熔毁事故，而他们指责的是公众对核电的"非理性恐惧"。但是，证据却显示出完全不同的情况。

项目无法交付已经成为核电产业的特点，成本超支、工期延误，以及缺乏安全感，使得核电产业无法与其他的能源生产方式竞争。

与 20 世纪 70 年代初期相比，目前核反应堆的建设成本已经上涨了十倍，并且仍在不断上升。核电产业可能是世界上唯一一个呈现负学习曲线的大产业。相比之下，太阳能光伏发电的成本与 1970 年相比下降了 154 倍。与 1970 年相比，太阳能发电相对核电的成本优势已经提升了 1 540 倍。

航天工业的怀特（T. P. Wright）在 1936 年提出了学习曲线的概念。学习曲线是指，你所生产的商品或提供的服务越多，你就会变得越擅长生产，你就能实现更快的速度、更低的价格。[324]工程师对许多行业的学习曲线进行了测定。在可预见的未来随着产品产量提高，学习曲线能帮助工程师对产品的成本曲线进行量化。比如，如果造船行业的学习曲线是 20％，第一艘船的成本为 100 美元，那么随着产量翻倍，下一批船舶的成本将达到 80 美元（＄100 ＊ [1－0.2]）。而随着产量再次翻倍，下一批船舶的成本将达到 64 美元（＄80 ＊ [1－0.2]），依此类推。

工程书籍和手册中通常可以看到不同行业的学习曲线。美国科学家联合会还提供了一个在线计算器，您可以在上面输入学习曲线，计算得出未来的成本。[325]

斯坦福大学的乔纳森·库梅绘制了自 1970 年以来美国核电站建设的实际成本，得出的结论不言而喻（图 6.2）。[326]随着核电产业不断积累核反应堆的建设经验，核电站的建设成本变得越来越高。

建设核电站所需的时间也逐渐增加。核电曾经承诺将提供便宜到微不足道的能源，但实际上它所生产的能源价格已经高到毫无竞争力。佛蒙特法学院的马克·库珀教授对美国和法国的核电产业进行深入分析后发现，核电站的建设周期大大延长（图 6.3）。[328]

据库珀教授的研究显示，美国核电站建设周期从 20 世纪 70 年代的五年左右上升至 20 世纪 80 年代的十到十五年。有一些反应堆甚至花了二十多年才建成。

如图 6.2 和图 6.3 显示，建设核反应堆的成本和周期双双上涨。气候专家乔·罗姆（麻省理工学院核物理博士）曾深刻地拿"负学习曲线"这个词来描述核电产业，而核电产业正是唯一一个呈现出这种曲线的大产业。核电站建设的经

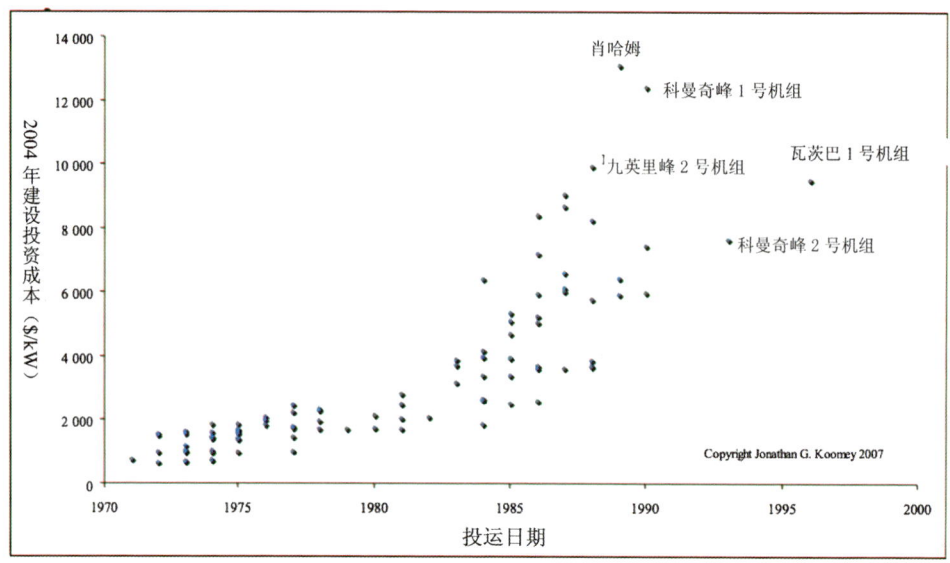

图 6.2　美国 1970 年至 2000 年间建成的核反应堆的实际建设成本。(版权所有：乔纳森·
　　　　G·库米，2007 年)[327]

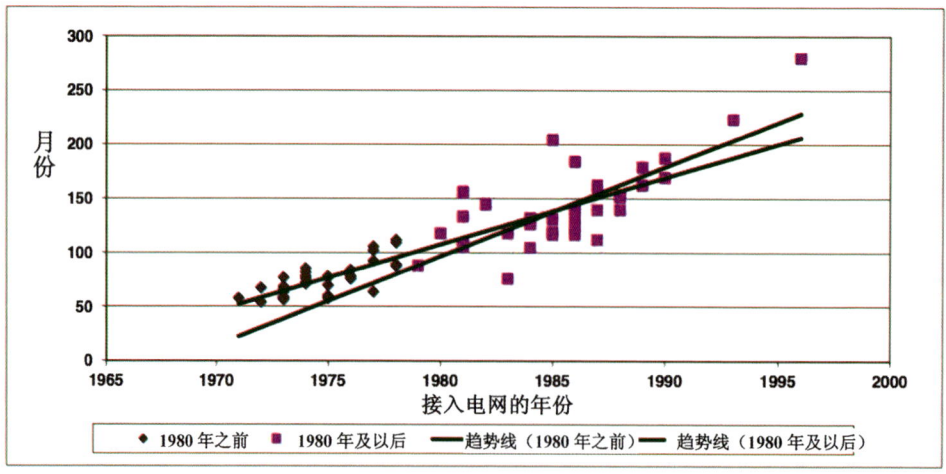

图 6.3　美国压水反应堆的建设周期（以月份计）和接入电网的年份（来源：《核电安全与
　　　　核电经济学》，马克·库珀，2012 年)[329]

验越多，产品的价格越高，建造的时间也越长。另外这条负学习曲线的变化幅度
还不小。纵观数据可以看到，从 20 世纪 70 年代以来，该行业的成本增加了约

10 倍，交付时间延长了约 4 倍。

外行人都能明白，一个成本不断增加、交付日期不明确的产业是无法长久生存的。就更别说产品在客户面前爆炸，让客户付出惨痛的代价的产业了。

由于核电在成本上缺乏竞争力，在 20 世纪 80 年代沃格特勒和它的同期项目投运之后，美国就再也没有新的核电站破土动工。由于美国政府在 2005 年为能源行业打开了纳税人的财宝库，核电产业才得以生存下来。

据该行业的游说团体——核能研究所称，美国国会在 2005 年批准为核电产业提供 185 亿美元的新贷款担保。[330] 2005 年《能源法案》授权美国能源部为高达 80％的核电项目成本提供担保，还为成本超支提供了 20 亿美元的额外保险，并为反应堆服役的前八年另外提供了 10 亿美元的生产税抵免。[331] 在 2005 年《能源法案》之后，核电业强势预测产业复苏。由于希望能够效仿法国实现核电产业的高市场渗透率，核电产业还借用了一个法语单词（复兴）来描述它的重生，并立即展开了行动。

2006 年，南方电力公司的子公司佐治亚电力公司宣布将在沃格特勒建设两座新的 110 万千瓦的反应堆：沃格特勒 3 号和 4 号机组。美国核能管理委员会批准了该项目，随后该项目于 2009 年 4 月破土动工。佐治亚电力公司预计这两座反应堆的建设成本为 140 亿美元，并分别于 2016 年和 2017 年投运。

2009 年，佐治亚州参议院批准了第 31 号参议院法案。该法案允许佐治亚电力公司向纳税人筹集高达 20 亿美元的资金，用来资助新的沃格特勒核电站。[332] 核电站的建设资金由纳税人提供。

2010 年 2 月 6 日，奥巴马政府为建设反应堆提供了 83.3 亿美元的联邦贷款担保。[333] 随着核岛的混凝土浇注，沃格特勒 3 号机组的建设于 2013 年 3 月 12 日正式开始。

从佐治亚电力公司及其沃格特勒 3 号和 4 号机组的故事中，我们可以了解到核电产业如何利用纳税人的钱来资助核电站。佐治亚电力公司通过利用它与监管机构和决策者之间的亲密关系，获得了以下资助：

联邦贷款担保：83 亿美元。

通过纳税人融资：20 亿美元。

生产税抵免：10 亿美元。

假设沃格特勒 3 号和 4 号机组能够控制在预算范围内，同时真正实现产能，该核电站 140 亿美元的建设成本中，有 113 亿美元直接来自于纳税人。

但是，不要指望这些项目能够按时或按预算完成。请记住，当初的沃格特勒1 号和 2 号机组曾超出预算十三倍。沃格特勒 3 号和 4 号机组才刚刚破土动工，已经延迟了两年，同时已经超预算 20 亿美元。目前预期该项目的成本将达到165 亿美元，并于 2018 年和 2019 年投产。[334]

会不会有人对核电项目的逾期和超预算情况感到惊讶？这个行业承诺的太多，兑现的太少，已经形成了一种病态。建于美国的每一个核电站都会发生逾期和超预算，或者干脆取消项目。据美国国会预算办公室的数据，建于 1966 年到1986 年间的 75 座核电站建设成本达到了其建设者初始预算的三倍。[335]

此外，计划在 1953 年到 2008 年间建造的 253 座核电站中，有 121 座（48％）在完工之前被取消。[336]落基山研究所能源专家卢安武表示，在建成的 132座核电站中，有 21 座因可靠性和成本问题被永久关闭，另外还有 27％的核电站至少发生过一次长达一年或更久的彻底故障。[337]"许多核电站现在之所以能够盈利，是因为它们曾以低于其实际成本的价格出售给了现在的运营商。"[338]

华盛顿公共电力供应系统服务公司（WPPSS）（即现在的西北能源公司）曾在 20 世纪 70 年代初计划建设 5 座核电站。由于延期和成本超支，该公司取消了其中 2 座核电站，并停建了另外 2 座，拖欠金额高达 22.5 亿美元，这也成为了史上最大的市政债券违约案例。[339]最初计划的五座核电站中只有一座哥伦比亚发电站在运营。[340]

1985 年 2 月 11 日的《福布斯》杂志刊登了一篇名为《劳而无功的核电产业》的封面故事，其中写道："美国核电计划的失败可以列为商业史上最大的管理灾难，史无前例的灾难……现在只有心存偏见的人才认为这些钱用得其所。这是美国消费者的失败，是美国产业竞争力的失败。"

佐治亚电力公司是否会因成本超支而羞愧或担心？丝毫不会。2005 年《能源法案》拨出了纳税人的 20 亿美元用来抵扣成本超支。对于沃格特勒而言，纳税人的补贴宝库在不断增加：

联邦贷款担保：83 亿美元。

通过纳税人融资：20 亿美元。

生产税抵免：10 亿美元。

成本超支保护：20 亿美元。

所有这一切让我想起了曾引发 2008 年大崩盘并拉动世界经济下行的华尔街"米老鼠"贷款。

事实证明，核电是一个价格不断上涨、产品生产周期不断延长的产业。核电已经没有竞争力，呈现负学习曲线状态。如果能源的开发完全依靠市场力量，那么核电产业早已不复存在了。

核电可以生存下去的唯一途径便是依靠纳税人的补贴。可悲的是，一些政府仍在提供补贴。奥巴马政府在 2012 年预算中要求将核电贷款担保项目的金额提高三倍，从 185 亿美元提高至 545 亿美元。[341]

为不可保项目投保：纳税人担当核电产业的投保人

虽然政府对核电的保护和补贴代价高昂、令人咋舌，但最昂贵的补贴可能还在后头：核电保险。在美国，核电保险被称作《普莱斯—安德森核工业补偿法》。无论核电产业此前发生过多大的问题，只要为核电产业投了保，一旦发生问题不仅会导致一个公司或一个行业破产，而且会导致整个国家破产。

国际航空运输协会的数据显示，2009 年西方制造的喷气式飞机每 140 万次飞行中有一次事故。[342] 基于这些数据，遭遇飞机失事的可能性只有 0.00007%。另一方面，据斯坦福大学马克·雅各布森教授称，在所有已经建成的核反应堆中，有 1.5% 的反应堆发生了堆芯熔毁。[343] 核反应堆发生堆芯熔毁的可能性比你下一次乘飞机时发生飞机坠毁的可能性要大将近 100 万倍。

现在想象一下，如果你得知你和家人即将乘坐的航班存在 1.5% 的失事可能性。你还会登机吗？

福岛核灾难再一次提醒我们，核电并不安全。

福岛核灾难是自切尔诺贝利核灾难以来规模最大的悲剧。日本政府一直都不愿意提供这场悲剧在人类、环境和财务成本方面的信息。日本首相安倍晋三反而匆匆通过了一系列立法，阻止公众获取任何关于福岛灾难或经官员认定属于"国家机密"的信息。上智大学的政治学教授中野浩一表示："这很可能是安倍的真正意图：掩盖国家在福岛核事故和发展核电必要性方面的错误行为。"[344]

日本政府几十年来一直倡导核电是安全、清洁和廉价的，但是日本国民在这场灾难中不仅付出了生命与健康的代价，也付出了金钱的代价。日本纳税人这才痛苦地意识到，当一个国家为核电产业的任何及所有重大灾难进行投保时会发生什么情况。

但是由纳税人来为核电产业投保并不是日本特色。这是核电监管行业的特色。如果你的国家也有核电站，那么你也一样参与了核电保险业务。你知道自己要承担什么责任吗？

在美国，国会已经确定纳税人需要为核灾难承担责任。这是一项国家法律，即《普莱斯－安德森核工业补偿法》。

美国国会在 1957 年通过了《普莱斯－安德森法》，旨在保护新生的民用核能产业。在 1957 年，私营保险业缺乏足够的数据来为核电站设定准确的保险费。但是，核电产业自 1957 年以来不断成熟壮大。据世界核能协会的数据，目前分布于 31 个国家的 430 多个反应堆装机总量达 3.7 亿千瓦。[345]核电产业已经在包括法国、日本、俄罗斯和美国在内的众多国家实现了高市场渗透率。法国的 59 座反应堆生产了约 75％的全国用电。[346]在福岛灾难之前，日本的 50 座反应堆生产了约 30％的全国用电。[347]美国约 100 座反应堆生产了约 19％的全国用电。[348]

如今核电已经走过六十年的建设、运行、维护和发电历史。按说私营保险公司已拥有足够的数据来量化核电站的安全性。它们拥有足够的数据来为核电站提供保险产品，是吧？

的确，它们拥有足够的数据，但它们不会给核电进行承保。目前还没有任何一家保险公司挺身而出来承担核灾难的全部费用。私营保险公司会为建筑进行承保，比如新的自由塔（建于世贸中心恐怖袭击之后），会为飓风和飞机失事的风险进行承保，但没有一家私营保险公司愿意为核电承保。

假设某一天市场上出现了核电保险，就像汽车保险或太阳能电厂保险一样。保险公司应该向核电站收取多少保险费呢？

为回答这个问题，德国政府（德国的核电产业也是由纳税人来提供保障）委托进行了一项研究。2011 年 4 月发布的研究报告得出结论，如果由私营保险公司来对核电站进行承保，保险费将在每千瓦时 0.139 欧元（每千瓦时 19.9 美分）到每千瓦时 2.36 欧元（每千瓦时 3.39 美元）范围内。[349]

为了让这些数据更加直观，我们可以作一下对比：帕洛阿尔托市在一份为期 25 年的购电协议中约定以每千瓦时 6.9 美分的价格购买太阳能电力。[350]也就是说，帕洛阿尔托为单位太阳能电支付的价格（每千瓦时 6.9 美分）只有核电站为单位核电所需支付的最低预估保费（每千瓦时 19.9 美分）的三分之一左右。

我们可以换一个角度来看：为帕洛阿尔托市供电的太阳能独立发电商（IPP）需要支付资金成本、安装费用、管理费用、保险费用、运行和维护费用、税金、许可费用和其他费用。别忘了发电厂以每千瓦时 6.9 美分的价格把电力出售给帕洛阿尔托市时还需要赚取小额利润。把所有这些成本加到一起，再加上发电厂的利润，也只占了核电站为单位核电（一度电）所需支付的保险费的三分之一左右。而且这里采用的还是保险费的最低预估数据（每千瓦时 19.9 美分）。如果按最高预估数据（每千瓦时 3.39 美元）来计算，太阳能发电的总成本要比核电的保险费低 50 倍。

核电站属于不可保项目。当电力公司和监管机构谈及"核电成本"时，并未计入纳税人的保险补贴。在计算"核电成本"时，诸如福岛与切尔诺贝利核事故的灾难成本并没有考虑在内。

难怪核电产业想要让纳税人来承担保险费用。核电不再像以前那样具备经济可行性了。如果让核电产业自己承担保险费用（假设可以在市场上买到核电保险），核电产业很可能会立即破产而且不可逆转。

该报告还指出，核灾难的预期损害价值为 57560 亿欧元（82700 亿美元）。而世界银行的数据显示，2012 年德国的国内生产总值（GDP）为 34 000 亿美元。[351]也就是说，德国发生核灾难的成本将是德国经济规模的约 2.4 倍。换句话说，一次核灾难就足以导致欧洲最大的经济体和全球第五大经济体破产。

核电不仅非常昂贵，还有可能拖垮整个国家。而且国家的经济规模越小，崩溃速度就会越快。俄罗斯的 GDP 目前在 2 万亿美元左右，但早在 80 年代末，它的 GDP 就已经接近 5 000 亿美元了。[352]米哈伊尔·戈尔巴乔夫表示，1986 年的切尔诺贝利核灾难"可能是五年后苏联解体的真正原因。"[353]

此外，我们不可能将核灾难的影响区域限制在事发地点附近。"我们一开始相信爆炸主要影响的将是乌克兰，但后来发现位于乌克兰西北部的白俄罗斯却受灾更严重，随后波兰和瑞典也受到了影响。"戈尔巴乔夫说。

核电的死亡漩涡

面对如此令人生畏的数据，德国在福岛核事故后决定立即关闭 8 座核反应堆，并且到 2022 年停止整个核电产业。同时，他们加速推进了当时世界上最为强势的清洁能源项目——一个基于太阳能和风力发电、能源效率和电动汽车的项目。

大多数欧洲国家也纷纷加快了逐步淘汰核电的进程，该淘汰计划在 1986 年的切尔诺贝利核灾难发生之后就开始了。由于意大利总理试图推动一项新的核电计划，意大利在 2011 年 6 月举行了一次全民公决，95％ 的选民都明确表示反对。[354]经全球数据公司预计，欧洲的 186 座核电站中有 150 座（80％）将在 2030 年前关闭。[355]日本的五十座核电站已经全部关停。800 万名日本公民集体签名反对政府重启核电站的计划。[356]虽然民众反对核电的呼声很高，日本政府还是有可能会重启几个反应堆。但是，很显然日本的核电计划已经奄奄一息。

在美国，虽然奥巴马政府为新的核电厂提供了三倍补贴，甚至还把核能称作为"清洁能源"（与该行业自我定位为清洁能源的滑头举动如出一辙），核电站依然在以几十年未见的速度关停。2011年4月，NRG能源公司首席执行官宣布，由于"经济原因"，该公司将停止建设两座位于德克萨斯南部的在建反应堆。[357]2013年又有另外四座核电站关停：由于无法在批发市场上进行竞争，佛蒙特扬基核电站和威斯康星基沃尼核电站被迫关停；佛罗里达水晶河核电站由于结构破损而关闭；另外加州的圣奥诺弗雷核电站由于结构破损、维修失败和安全考量等多重原因而关停。[358]

美国现有核电站的建成较久，效率变低，运营和维护的成本越来越高，因此竞争力越来越差。一家投资银行瑞士信贷银行在一份报告中指出，核电站的停运天数一直在显著上升（图6.4）。停运天数的增加提高了维修和升级的成本。比如，圣奥诺弗雷核电站在2011年关停，对发生故障的蒸汽发生器进行更换。在花费6.7亿美元进行维修之后，蒸汽发生器被认定为无法修复。因此，圣奥诺弗雷核电站未再重启，并计划进入退役流程。

图6.4　美国核电产业的历史停运天数。（来源：瑞士信贷银行）[362]

据瑞士信贷银行报告，在2007～2011年，运维成本每年上涨4.8%，燃料成本每年上涨9.1%；同时，在可预见的未来里，总成本预计将继续每年上涨5%。[359]

佛蒙特法学院的马克·库珀做了一项分析，他列出了38家纯粹由于经济原因而存在"关停风险"的核电站，其中 10 家面临着"非常严峻的挑战。"[360]美国有 47 座核电站每天都需要在公开批发市场上进行竞争，而上述这些核电站几乎都在里面。[361]

根据这些分析，美国现有核电站中有将近一半可能很快会纯粹由于经济原因而关停。

即便核电站所在国家的监管环境支持核电发展，这些核电站依然会由于其他原因而走向死亡：由于太阳能电力的市场占比提高，峰值电价正在下降。峰值电价要比平均价格高出很多倍，核电站可以从中赚取高额利润，但峰值电价发生在气候炎热、阳光灿烂的日子，而这段时间正好也是太阳能发电的高峰期。核电是否能够在非高峰市场上赚钱呢？"核电站要想在非高峰时段实现盈利比较困难，"瑞士信贷银行表示。[363]

全球最大的核电站运营商、法国核电巨头——法国电力公司（EDF）决定退出美国市场。[364]法国电力公司花了六年时间，投资 27 亿美元用来实现核电"复兴"，但人们已经对此不再抱有期望。法国电力公司首席财务官托马斯·皮格马表示，这是"他们最后一次在美国冒险"。

2013 年 12 月 16 日，美国唯一一家参与核电产业的铀浓缩公司 USEC（原名 UEC）宣布即将申请破产。[365]美国能源部曾在前两年为 USEC 的"美国离心机"项目提供了 2.57 亿美元的资助，该项目用来给核电站提供燃料的离心铀浓缩技术。该项目曾预期在 2005 年完成，耗资 17 亿美元，但实际预计将会花费 65 亿美元，完工时间在 2016 年以后。在发布破产公告前一个月，该公司还曾表示，"在目前的市场价格下，如果政府不提供额外支持，我们（美国离心机厂）的商业计划就不具备经济可行性。"[366]在逾期至少十二年，耗费将近四倍于原始估算成本之后才发现这个核电项目无经济可行性，岂不让人感到惊讶？

随着太阳能和风能在全国的市场占比提高，核电身陷困境。假设包括沃格特勒在内的新建核电站最终能够建成投产，它们依然无法在公开市场进行竞争。预期这些"新建核电站"的发电成本将在每千瓦时 25 美分到每千瓦时 30 美分之间，根本毫无竞争力，[367]因为 2013 年 9 月提供给美国住宅用户的平均零售电价仅为每千瓦时 12.5 美分。[368]因此，当新的核电站建成时，"新核电"的预期成本为目前电力零售价格的两倍。再加上输电、配电成本和电厂的日常开支，核电的价格可以达到目前零售价格的三倍。而与此相反，太阳能电力的成本正在大幅度下降。First Solar 的 50 MW Macho Springs 项目将以每千瓦时 5.79 美分的价格将太阳能电力出售给埃尔帕索电力公司。[369]这个价格要比"新核电"低五倍左右。

当总部位于芝加哥的爱克斯龙电力公司（Exelon）宣布将废弃其位于得克萨

斯州维多利亚县的核反应堆项目时，该公司表示这项决定完全与经济因素相关，并表示，"……经济和市场情况使得新建商业核电站在今天和可以预见的未来不再具备经济性"。[370] 爱克斯龙曾有 93％ 的核电投资公司，该公司首席执行官约翰·罗伊对所谓的核电"复兴"完全不买账，"别再自欺欺人说核电很经济了，建设核电站需要高达 3 000 亿美元的联邦贷款担保和其他补贴。"[371]

法国电力公司在退出美国市场之后，便直奔伦敦，因为英国政府曾向核电产业承诺，在 35 年的时间内，保证核电的价格是目前批发电价的两倍。[372] 欧盟委员会针对法国电力公司在欣克利角建设核电站需要纳税人提供的补贴额进行了计算：金额为 170 亿英镑（278 亿美元）。这项金额中还不包括欣克利角反应堆的退役、清理和投保成本。法国电力公司表示，如果没有这项"改革"（纳税人补贴），它们也不会在欣克利角进行投资。欧盟能源事务专员冈瑟·厄廷格表示，法国电力公司在英国的核电项目带有"苏维埃"风格。

核电产能的日益萎缩意味着核电正在进入死亡漩涡。大肆吹嘘的核电重生从来没有真正发生。相反我们看到的却是核电的再次死亡。

让核电僵尸彻底作古

核电犹如僵尸一般——虽然半死不活，但也没有彻底死亡。僵尸的真正危险在于，他们想从活着的人身上吸取生命力。核电一直依赖于纳税人的补贴。核电游说团体成功将核能定位为化石燃料的"清洁"替代品，并获得了比以往更多的补贴。你可以在大多数时间欺骗大多数人，但是福岛的致命现实以及核电产业缺乏竞争力的残酷市场现实在开放的社会、开放的能源市场上根本无处躲藏。

然而，在美国和欧洲构建大型市场的过程中，核电产业吸引了大量的工程师、学者和供应商。但随着行业的萎缩，这些工程师和学者就会离开，去其他地方寻找更好的工作；新的大学毕业生也不会在一个夕阳产业中寻找就业机会。供应商要么是停止营业，要么是转移到其他行业。专注于核电产业的供应商越少，意味着成本更高、延期更久，并失去曾经拥有的任何规模经济优势。研发成本需要由更少的反应堆来分摊，这样就进一步提高了单位成本。

最终的结果就是这个成本非常高昂的产业不得不进一步提高成本，也将更大程度地依赖越来越多的纳税人补贴和政府保护，一个曾经具备吸引力的产业再也无法吸引顶尖的科学和工程人才。这就意味着技术突破会变少，质量问题会增加，对于核电产业这也就预示着安全问题会增加，并由此引发事故。

核电产业已经进入了市场死亡的恶性循环。

太阳能和风能的市场份额不断增长，质量不断提高，成本不断下降。随着太阳能和风能的成本降低，同时每天（每夜）都在零售和批发电力市场上打败核电，会有更多的核电站单纯因为经济原因而不得不关停。

我在本章前面曾经提到，太阳能电力相对核电的成本优势已经提高至 1 540倍，预计到 2020 年太阳能的成本还将下降三分之二。即便核电的成本不再继续上涨（这种情况的可能性不大），太阳能电相对核电的成本优势还将继续提高至4 620 倍。考虑到本章所述的所有原因，更有可能发生的情况是，新建核电的成本将继续上涨，因此到 2020 年，太阳能相对核电的成本优势将提高至6 000倍甚至更多。

如同任何已经作古的产业一样，核电产业的死亡漩涡很快就会停止（虽然不会轻而易举）。美国"只需要继续运营少量核电站，就如运营基荷发电厂一样"。NRG 能源公司首席执行官大卫·克雷恩表示。美国核电站的数量减少了 95%。

NRG 不再把资金投入到核电的无底洞，而是转投太阳能。该公司正在为大型项目开发太阳能发电站，比如在加利福尼亚州的莫哈韦沙漠开发了 377 兆瓦的伊万帕塔式太阳能聚光发电站。该公司还在投资全国各地的分布式太阳能光伏发电项目。[373]

基荷太阳能发电设施已经出现。甚至连大卫·克雷恩口中的"少量核电站"我们可能都不需要了。SolarReserve 的首席执行官凯文·史密斯曾对我在斯坦福大学的学生们说，基荷太阳能设施已经比新的核电站更便宜。SolarReserve 的新电厂建于内华达州新月沙丘，位于拉斯维加斯和里诺之间，具备十小时的能量储存容量，所以每当客户有需求时，它可以按需供应太阳能电力。SolarReserve 与内华达能源公司签署了一份 25 年期合同，将需求高峰期的电价定在每千瓦 13.5美分。SolarReserve 的 110 兆瓦电厂是美国首座此类型的电厂，凯文·史密斯预期将在未来几年内削减一半的成本。从 2014 年开始，内华达电力公司将利用太阳能点亮拉斯维加斯大道。"What happens in Vegas"这句广告词也将由太阳能电点亮！（译注："What happens in Vegas，stays in Vegas."：在拉斯维加斯发生的事，都留在拉斯维加斯。——拉斯维加斯市的旅游广告宣传语。）

核电退出舞台，也就意味着"'民用核能'产业是一项可行产业"的大众骗局宣告结束。我们的世世代代还将继续为清理塞拉菲尔德、切尔诺贝利、福岛等地的遗留问题埋单。但是，毫无疑问的是，核电已经过时。由于核电价格高昂、危险、污染巨大，核电产业正在瓦解。在核电僵尸对人们造成更多不可逆的伤害之前，让它彻底消失吧。

第七章　石油的终结

◆"面对变革之风，有人砌围墙，有人转风车。"

——欧洲谚语

◆"换作我的话，我会把钱投在太阳能方面。那是多好的能源啊！我希望我们不要等到用光了石油和煤炭再开发太阳能。"

——托马斯·阿尔瓦·爱迪生，**1931** 年

◆"石器时代的终结并非由于石头短缺，石油时代也将远在石油枯竭之前走向终结。"

——前沙特阿拉伯石油部长谢赫·艾哈迈德·扎基·亚马尼

◆"没有什么比引入新秩序更困难，更难于实现，更难以预测成败。"

——让·雅克·卢梭

第七章 石油的终结

2011 年 5 月 11 日，沙特阿拉伯宣布将在未来 20 年斥资 1090 亿美元开发一个 4 100 万千瓦（峰值产能相当于 41 个核电站）的太阳能发电项目。[374]沙特阿拉伯每日用于发电和海水淡化的石油量高达 52.3 万桶。沙特阿拉伯电力与热电联产监管局局长 Abdullah Al-Shehri 表示，随着人口、经济和能源需求的增长，到 2030 年，沙特阿拉伯每年将消耗 8.5 亿桶石油，总量相当于其原油产量的 30%。[375]

从经济学的角度来看，沙特阿拉伯这个庞大的太阳能电力项目是明智的。就发电和淡化海水而言，使用太阳能技术所需的成本比使用石油少得多（只占使用石油所需成本的 10%～20%）。石油现在在公开市场的价格可达到每桶 100 美元以上，沙特转用太阳能发电，那么与燃油发电每桶 100 美元的成本相比，太阳能发电的成本只相当于每桶 20 美元。

石器时代结束并非由于人类耗尽石器，而是由于石器被一种更高级的技术所颠覆——青铜器。同样地，石油时代的结束也并非因为人类耗尽石油，而是石油将被更高级的技术所颠覆——太阳能、电动汽车和自动驾驶汽车以及它们带来的新商业模式。

　　沙特阿拉伯作为世界上最大的石油生产国，已经看到了石油的黯淡前景并开始逐步走出石油时代。

太阳能相较于石油的指数级成本改善

　　沙特阿拉伯也得加快步伐了。尽管 4 100 万千瓦的太阳能项目非常具有预见性，但沙特阿拉伯可能没有另外 20 年的石油收入为太阳能计划提供资金了。太阳能的成本相较于石油是呈指数级下降的，其成本优势将在未来的短短几年内显现出来。

　　假设石油价格和太阳能有着一样的成本曲线。1970 年时，美国石油的价格为每桶 3.18 美元，[376] 汽油的零售价为每升 0.095 美元。[377] 如果石油价格下降的速度和太阳能一样的话，那么石油每桶的售价应该约为每升 0.0053 美元，每升汽油的价格则应为 0.0006 美元。买约 15 升汽油只要花大约 1 美分！这样的话，加满一个约 57 升容量的油箱只要花 3.5 美分。但实际上，现在石油的价格维持在每桶 110 美元上下，加满一个油箱得花费超过 50 美元。

　　事实上，太阳能光伏的价格相对于 1970 年下降了 154 倍（成本从每瓦 100 美元降到每瓦 65 美分），而石油的价格却增长到 1970 年的 35 倍（由每桶 3.18 美元涨到每桶 110 美元）（图 7.1）。把这些数字放到一起，你会发现，自 1970 年以来，太阳能的成本优势相较于石油提了 5 355 倍。

　　如果一项技术的成本优势比你的行业高出了五千多倍，而你却仍然相信你的行业可以与这项技术竞争的话，很显然，你在拒绝接受即将到来的行业颠覆。

　　如果一个公司所属的行业即将走入末路，那么该公司有三个选择：

　　1. 退出，也就是抓紧时间高价卖出。

　　2. 投资颠覆性行业。

　　3. 破产。

　　沙特阿拉伯选择了 1 和 2。他们在高价售卖石油的同时投资太阳能等新能源基础设施，即颠覆性技术。

　　石油的前景不堪。到 2020 年太阳能光伏的成本预计将再降低三分之二。假设石油的价格仍保持在每桶 110 美元，太阳能的成本优势相对于石油将上升 12 000 倍。

　　石油是一种涉及地缘政治因素的商品，因此任何价格预测都难以谈得上准确。无论你怎么看待石油的前景，与太阳能相比，石油行业的发展都是困难重重的。不管你认为石油价格到 2020 年将跌至 55 美元/桶或是攀升到 220 美元/桶，

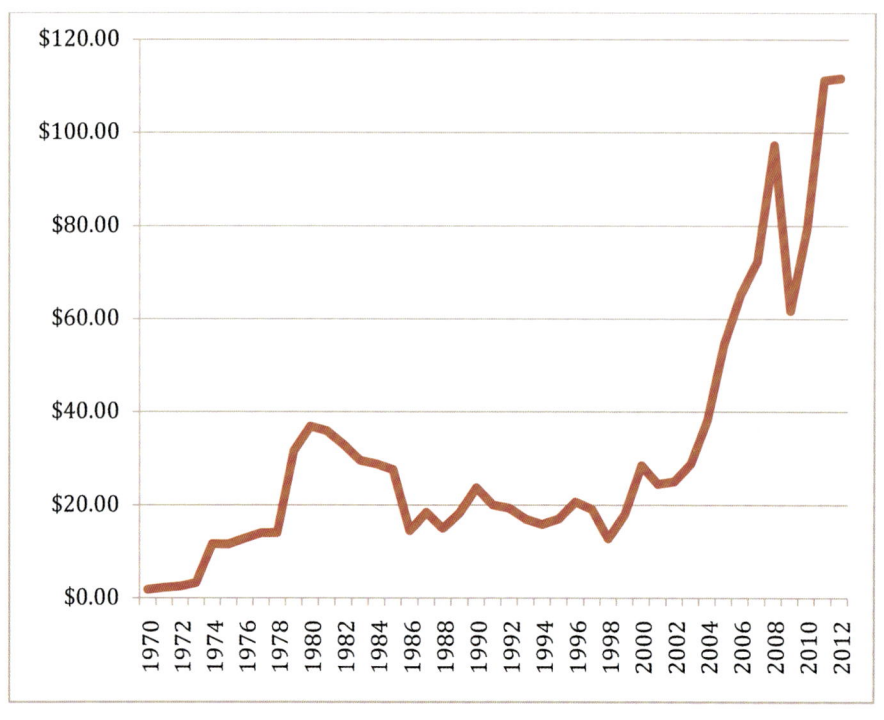

图 7.1　原油价格，美元/桶（数据来源：英国石油公司《世界能源统计》）[378]

光伏的成本优势都将提升 6 000 或 24 000 倍。无论如何，石油行业都将被颠覆。

如果你认为太阳能无法与石油相竞争，那你再好好想想。石油行业将被三次互补的颠覆性冲击波摧毁：

1. 电动汽车将颠覆内燃机汽车行业，在交通上淘汰汽油和柴油（参见第四章）。

2. 自动驾驶汽车将使交通变得超高效，从而减少排放，并将全球的车辆减少一个数量级（参见第五章）。

3. 太阳能光伏将在发电（柴油）、供热和照明（煤油）方面取代石油。目前，使用柴油和煤油的成本相当昂贵。太阳能的成本相对较低。

加拿大油砂公司的终结

全球对环境破坏力最大的几个石油项目的成本都非常高。加拿大油砂公司很快将成为搁浅资产，但这并不是因为对环境破坏过大而是因为它在经济上不可行。

为了保证海底钻探或油砂项目所需的资本投资，石油的市场价格必须长期保持高位。例如，加拿大油砂每生产一桶石油需要花费 65 至 100 美元。[379] 石油的实际价格取决于项目的类型以及使用的技术。咨询公司 Wood Mackensie 的资料显示，对于新的蒸汽驱采油项目而言，盈亏平衡点（投资者获得盈利的最低市场价格）为 65 至 70 美元；而对于露天开采项目而言，盈亏平衡点接近 90 至 100 美元。加拿大自然资源部部长奥利弗表示，亚伯达的油砂在接下来十年里需要大约 6500 亿美元的资本投资。[380]

每个投资者都希望自己的资本投资有尽可能高的回报。如果他们不相信石油价格会长期高于盈亏平衡点的话，那么他们所做的投资就不理性。如果投资者预测石油价格（在可预见的未来）大概为每桶 50 美元，那么加拿大油砂公司就会因为缺乏投资者而得不到任何发展。如果投资者预测石油价格将在每桶 80 美元上下浮动，那么可以开发新型的蒸汽驱采油项目，因为此类项目生产每桶石油的成本约为 65 至 70 美元，而成本更高的露天开采项目就无法开发。

近海石油开采也是一样的道理。图 7.2 显示了陆上和近海每桶石油开采成本的巨大差异。

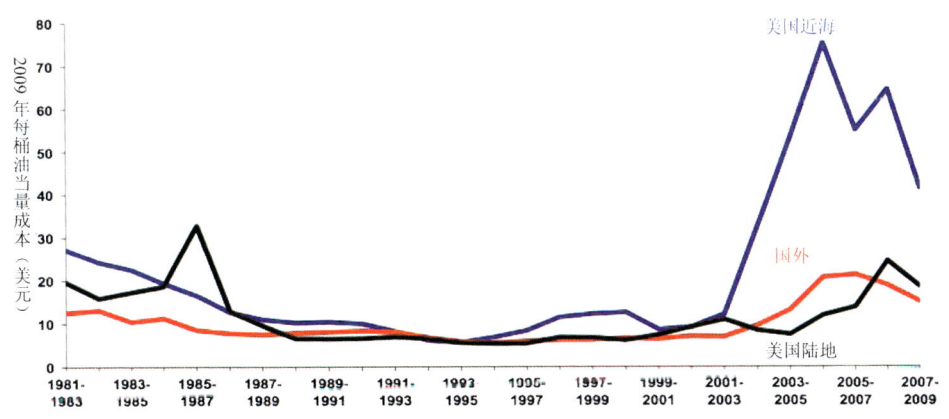

图 7.2　FRS 公司 1981～1983 年至 2007～2009 年的石油开采成本（来源：EIA）[381]

由图 7.2 可见，每 BOE（桶油当量）石油的成本最高时约为 80 美元左右，但在 2007～2009 年间跌至 50 美元以下，这次波动刚好就发生在 2010 年 4 月英国石油公司墨西哥湾漏油事件之前。当时的石油公司们是在改善技术成本，还是在不顾工人安全及环境影响而削减成本呢？

布伦特（Brent）基准可能是全球最广为人知的原油市场价格基准。布伦特原油自 2011 年来就一直维持在 100 美元以上。[382] 西得克萨斯中质原油价格基准（WTI）在同期则稍微低于 100 美元。如果投资者认为石油价格将保持在 100 美元或以上，那么加拿大油砂公司的大部分项目就可以开发。

然而，石油价格波动性很大。每桶石油 100 美元已经变得非常常见，但如图 7.3 所示，石油价格在九十年代却非常低。1999 年 2 月，石油大约为每桶 10 美元。

欧洲布伦特原油现货价格 FOB

美元/桶

— 欧洲布伦特原油现货价格 FOB

图 7.3　1987～2012 年欧洲布伦特原油现货价格（来源：EIA）[383]

如果由于电动汽车和自动驾驶汽车颠覆现有汽车行业，以及太阳能颠覆柴油，石油需求到 2030 年下降，那么石油价格必然也会下降。

一些化石燃料行业的人士认为较高的市场价格是促进投资的重要因素。但是，如图 7.2 所示，尽管石油价格 2000 年前一直偏低，但石油还是被大量开发。这是为什么呢？如图 7.1 所示，开采陆上石油的成本实际上并不高，很多时候都在 20 美元左右。事实上，很多石油公司都以 20 美元的成本生产石油并以 100 美元的价格售卖，价格是成本的五倍。所以，如果你有机会干这行，那还是份不错的工作。

如果石油价格回落到九十年代的水平，也就是每桶 20～30 美元，那么就会发生以下情形：

1. 只有低成本的生产商才能存活下来。只有盈亏平衡点低于 15 至 20 美元的高产出油田才会被开发。

2. 大部分对环境破坏性极大的项目（成本也会很高）将被中止。成本为每桶 65 美元的加拿大油砂公司，盈亏平衡点为 60～70 美元的陆上石油开发项目以及财务、环境成本未知的北冰洋深海开发项目都将被搁置。理智的投资者永远都不会投资这些项目了，永远。

加拿大前总理史蒂芬·哈珀曾说过，加拿大油砂项目的浩大工程堪比建设埃及金字塔。他说得对，但不是在规模上有可比性。加拿大油砂的投资很快将成为庞大的搁浅资产。就如金字塔一般，它将成为一个巨大的墓碑，提醒着子孙后代狂妄自大的投资会给原本富强的社会带来多么大的破坏。

世界上第一个太阳能之国

2012 年 10 月 29 日，南太平洋岛国托克劳成为了世界上第一个 100％使用太阳能的国家。托克劳是一个只有 1 411 人口的小国，由三个珊瑚岛组成的国土面积为 12 km²。托克劳之所以转用太阳能是因为出现了靠柴油发电的经济体普遍面临的一个问题。

托克劳以往每年在柴油上的花费约为 100 万新西兰元（折合 83 万美元）。[384] 可能这个数字听起来并不多，但你再参考一下这个岛国的 GDP 就不会这么认为了，它的总 GDP 只有 150 万美元。[385] 也就是说，这个岛国 55％的 GDP 都花在柴油的使用上了。

该岛国转用太阳能后，情况就完全不一样了。关于电力人们谈论得最多的是平准化度电成本（LCOE），很少有人认为生活质量是导致该国依赖化石燃料的原因。柴油是一种非常昂贵的燃料，托克劳一到夜晚就关掉柴油发电机以节约成本。那些需要全天冷藏的药物会因此变质，夜晚需要治疗的病人也得不到治疗。[386] 托克劳每个月都会通过船运进口一批柴油。有的时候整个岛的柴油都用完了，就只能在黑暗中等待下一批柴油的到来了。因此，柴油充其量只算是一种间歇性的能源来源。

现在托克劳摆脱柴油后，居民的收入近乎翻倍，生活质量也提高了，还能享用全天 24 小时的电力供给。

PowerSmart Solar 是一家位于新西兰陶兰加的公司，负责在托克劳建设太阳能项目。该公司的联合创始人迪恩·帕克姆恰克是该项目的负责人，我曾和他在奥克兰大学商学院一起喝过咖啡。他告诉我这个项目共耗时 22 周，第一个珊瑚岛花了 10 周时间，第二个和第三个珊瑚岛都用了大约 6 周。由此可以看出建设太阳能项目的学习曲线。要是托克劳有四个珊瑚岛的话，那么第四个环礁所需的安装时间一定更短。这三个珊瑚岛上的太阳能装置由 1.5 兆瓦太阳能光伏电池板以及为夜晚、雨天储存能源的电池组组成。

该项目总共花费 750 万新西兰元（折合 620 万美元），并得到了新西兰援助计划的资金支持。

南太平洋的一个岛国从全柴油过渡到全太阳能只花了五个月。尽管这是个很小的能源市场，但是它带给我们的启示却非常明确：颠覆在发生时是相当迅猛的。

柴油的终结就是能源贫困的终结

1991 年，印度只有 500 万部电话，但到了 2012 年 5 月已经增长到 9.6 亿部，而且仍在以每个月新增 800 万部[387]的速度增长！

1991 年，为让所有人享受到电信服务，印度通过立法打破了电信业旧有的垄断、集中、低效的运营体制。在之后不到 20 年的时间里，印度的电话使用率从 0.05% 上升到 80%，增长了 19 100%。印度现在已经成为全球第二大电信市场。

2012 年 8 月，印度电网崩溃，超过 10 亿人无法用电。除了 6 亿人生活受到停电影响外，另外 5 亿或 6 亿人甚至根本没发现停电，因此他们根本不用电网供电。[388]这些人口的能源需求主要依靠柴油、煤油或木柴，而这一部分能源的成本高达每千瓦时 2 美元，是太阳能无补助成本的 10 倍多。如果不能保证所有人获得可靠、便宜的电，那么贫困将是一个无底洞。

印度政府自身也加剧了燃料问题。国际能源署的资料显示，2011 年，印度的化石燃料补贴额高达 397 亿美元。[389]换句话说，印度政府支出了数百亿美元却使本国人民的贫困问题变得更加严重。

印度并不是唯一一个这么做的国家。电子半导体制造商 Soitec 的首席执行官安德烈·雅克曾说，"能源行业中保守得最好的一个肮脏秘密就是，每年世界各国的政府都拨出 3 000 亿到 4 000 亿美元的柴油补贴。"[390]

政府官员常常声称他们是为了帮助穷人才进行能源补贴。但有证据表明，补贴帮助的是富人而不是穷人。根据国际货币基金组织的数据，在低收入和中等收入国家，最富有的 20% 家庭享有的燃料产品补贴是最贫穷的 20% 家庭的六倍。[391]

联合国的资料显示，印度有 10 亿人有手机，但却只有 3.66 亿人有厕所。[392]该国的领导人应该承认政府基础设施建设工作做得不到位，即使这些工作都不难。厕所和手机用户数量的对比说明，建设基于数字技术的分布式基础设施比建设由排水管道、集中处理设备和命令控制型管理模式组成的基于资源的基础设施简单。

那么，给5亿无法使用电网供电的印度人民提供太阳能电力的成本有多大呢？

假设为每个人分配约100瓦的太阳能电力，一个三口之家将获得300瓦，也就是大约一个太阳能电池板的容量；一个五口之家则会获得500瓦。印度平均每天有五个小时的日照，这意味着每个五口之家每天可以获得大约2.5千瓦时的电，这足以满足使用两台手机、一台电脑、一台电视机、几个LED灯泡、一个台扇和一个咖啡壶所需的全部电量。[393]

每天2.5千瓦时实际上比现在大多数印度人每天使用的电网电量还多。2005年，45%的印度人根本没有机会使用电网供电，33%的人每月能通过电网使用不足50千瓦时的电（每天1.6千瓦时），11%的人每月能通过电网使用50～100千瓦时的电（每天1.6～3.3千瓦时），11%的人每月能通过电网使用超过100千瓦时的电（每天3.3千瓦时）。[394]

现在太阳能光伏发电的成本约为每瓦0.65美元，但这只是电池板的成本，再加上逆变器、电缆、安装等费用，成本约为每瓦2美元，相当于德国住宅太阳能包括安装在内的成本。如果加上一个储存夜间用电的小电池，那么住宅太阳能系统的成本大概是每瓦3美元。

要给1亿人口提供太阳能电力的话，印度需要投资约300亿美元，这个数字要少于印度政府现在用于补贴柴油等化石燃料的总额。换句话说，如果印度政府把补贴化石燃料的钱用于建设家庭分布式太阳能发电系统，该国能够在短短五年内让5亿人用上电。柴油和煤油等行业将被全盘颠覆，因此，没有必要建设新的燃煤电厂、水电站和输电线路。

为印度底层的5亿人提供太阳能电力，不仅费用低于化石燃料补贴，还将结束室内空气污染造成的意外死亡。世界卫生组织的数据显示，印度每年都有30到40万人因燃烧生物燃料和使用炉灶而死于室内空气污染和一氧化碳中毒。[395]

无论对于托克劳的1 411人还是对于印度的5亿人口而言，能源贫困问题都可以被迅速解决。太阳能已经比柴油、煤油便宜了，比起木柴也有价值多了。当政府觉悟并停止补贴化石燃料时，石油这种能源将会在极短的时间内以低廉的成本被取代、颠覆。

印度甚至不需要补贴太阳能就能实现这种能源颠覆和变革，只需停止补贴和保护石油、煤炭、水能和核能。此外，印度还需要改变现有的命令控制型监管体制。

1991 年时，为了给所有人提供电信服务，印度决定改变其过时的固定电话模式。二十年后，近十亿印度人都享用到了最先进的手机。同样，如果印度政府决定停止补贴和停止保护其过时的能源结构，并允许企业家们共同建立一个可靠、共享、安全清洁的能源未来，印度的能源革命即将到来。

太阳能与电动汽车的结合

英国石油公司在 2010 年发生漏油事件后，我就一直在思考电动汽车和太阳能的技术融合。有一个关于太阳能的说法是，它占用了太多的土地。我想我已经在我的另一本书《Solar Trillions》（万亿太阳能）中辟谣，但很显然化石燃料行业实在太会误导公众了。我这次会以一种不同的方式来和大家一起计算一些数字，希望大家能传播这些事实，打破化石燃料的虚假宣传。

我们的问题是，为美国的所有电动汽车供电一年需要多少的太阳能？其占地面积又有多少呢？回答这个问题之后，我还会告诉大家为所有内燃机汽车供应燃料需要钻探多少土地。

为所有电动汽车供电需要多大的太阳能发电面积？

假设美国的每辆汽车和卡车都是电动的，假设所有的能耗都由太阳能提供，那么，为美国的所有汽车行驶一英里提供太阳能电力共需要多少占地面积呢？

据美国交通部的资料，美国人每年大约行驶三万亿英里（约合 480 万公里）。[396] 那么，电动汽车行驶三万亿英里需要多少太阳能呢？

要回答这个问题，我们需要知道一辆电动汽车使用一度电（千瓦时）平均可行驶多少里程。能源部整理了美国市场上所有电动汽车的里程数据，[397] 测量了一辆车行驶 100 英里所需的电量（千瓦时）。能源部的这份清单所列车型包括诸如丰田 RAV4 EV 之类的运动型多功能车、特斯拉 Model S 之类的大型车以及福特福克斯电动汽车之类的紧凑型轿车。我简单地计算了能源部这份清单上所有汽车的平均里程数。

日产聆风是世界上最畅销的电动汽车，每度电可以行驶 5.5 千米。特斯拉的电动汽车的电池每度电可行驶超过 4 英里（6.4 千米）（参见第五章）。随着技术的改善，这些数字还会进一步提升。事实上，现在已经可以通过调整驾驶设置把日产聆风的效率提升到每度电 8 千米了。[398] 因计算的需要，我以日产聆风公布的每千瓦时电 5.5 千米来进行计算。[399]

要计算让美国所有的电动汽车行驶需要多少电？我们首先用总行驶里程数（3 万亿）除以单位能耗里程（每千瓦时电 5.5 千米）。那么，让美国的所有电动汽车行驶一年，一共需要 8 696 亿千瓦时电。

光电转化率是以百分数表示照射到太阳能电池板上的光有多少被转换为电，其大小取决于所使用的技术。现在太阳能电池板的平均光电转化率大约是 16%。在市场的下游，薄膜光伏电池的转换率约为 12%，多晶硅光伏电池的转换率约为 16%，而单晶硅光伏电池的转换率则接近 20%。聚光太阳能发电（CSP）技术可以把这些转换率提高一倍。聚光光伏发电（CPV）的纪录已经达到 36%，而聚光式太阳能热电联产（CHP）系统则可以达到 75%～80% 的效率。[400]

下一步是计算每年照射到太阳能电池板的光能（辐射量）。辐射量是指实际落在电池板上的太阳能，用千瓦时/m²/年表示。太阳辐射量的大小取决于太阳能电站的所在位置。加利福尼亚州巴斯托市的一家太阳能发电厂的太阳辐射量可能超过 2 700 千瓦时/m²/年，而拉斯维加斯或亚利桑那州图森市的一个太阳能发电厂的太阳辐射大约为 2 560 千瓦时/m²/年。在我的家乡旧金山，平时阳光并不充足，太阳辐射量大约是 1 785 千瓦时/(m²·年)。

假设有一个建在美国西南部某处沙漠的太阳能发电厂，它的太阳能辐射为 2 400 千瓦时/(m²·年)，那么就大约需要 2 263 平方千米的土地以生产供美国所有电动汽车行驶 5 万亿千米的电量。这个面积相当于一个边长 47.6 千米的正方形。总结一下：大约 1 600 平方千米的太阳能发电面积就可以供美国所有电动汽车行驶一年。一个和德州金牧农场一样大、3 337 平方千米的太阳能电厂，就可以生产美国所有电动汽车行驶一年所需的电，而且还剩余 40%。

接下来，我们将占地 1 600 平方千米的太阳能与石油作对比。

油气占用的土地和水资源面积

据美国众议院的数据，石油和天然气公司在美国共租用了 192 144 平方千米土地用于石油钻探。另外，他们还租用了 117 985 平方千米用于近海钻探。[401] 因此，石油和天然气行业总共向美国政府租赁了约 37 万平方千米的土地——却只满足了美国交通运输三分之一的需求。37 万平方千米乘以 3 就等于石油和天然气行业满足美国所有车一年能耗所需的平方英里总数：约 64 万平方千米。

石油满足美国三分之一的汽车里程数油耗所需的土地面积是太阳能满足所有电动汽车能耗所需土地面积的 143 倍。换个角度看，太阳能和电动汽车的组合在土地使用效率方面是石油和汽油车组合的 400 倍。

如果两项新技术组合（太阳能和电动汽车）的资源利用率是现有技术（石油和内燃机汽车）的 400 倍，那我们就该重视起来了。向太阳能和电动汽车技术的转化必定是颠覆性的，尤其是涉及到土地和水这样宝贵的资源时。

当然，建设一个 2 262 平方千米的太阳能发电厂是不可行的。即使可行，它的生产效率也不高。太阳能技术的颠覆性潜力不仅在于它的低成本，同时也在于它的分布式特性。能在汽车附近提供其所需的大部分能量是最好不过的事情了，例如在住宅和商业建筑的屋顶、购物中心、大型商场、停车场、垃圾填埋场等地方。

沃尔玛的占地面积有望在 2015 年达到 564 平方千米。[402] 仅仅是沃尔玛的面积就能够为美国四分之一的电动汽车提供行驶所需的电力。为此，沃尔玛需要做的就是给它的所有屋顶安装太阳能电池板，并在它的停车场安装太阳能天棚。

泄漏、溢出和污染

毫无疑问，石油钻井泄漏和溢出所破坏的土地和水资源比披露的数字要多。2010 年英国石油公司墨西哥湾石油事故不仅损坏了它的油井，更破坏了数万平方英里的海洋。截至 2010 年 6 月，美国国家海洋和大气管理局（NOAA）已停止了油井附近共 207 110 平方千米的渔业活动。

英国石油公司石油泄漏事故影响的面积是美国所有电动汽车行驶所需太阳能发电面积的 80 倍。而我们却从来没有听说过太阳能泄漏。石油不仅是有污染的，而且也是昂贵的。石油占用大量的土地和水资源。电动汽车和太阳能技术的融合在土地使用效率方面将是石油的 400 倍，并且也不会出现石油经常有的泄漏污染。

总结：石油的终结

石油已过时。石油时代将到 2030 年结束。电动汽车、自动驾驶汽车和太阳能最终将颠覆石油行业。投资在石油行业的数万亿美元，大部分将很快成为搁浅资产。

石油行业被颠覆以及石油过时的背后有许多原因。数据是强有力的证明：

在成本优势方面，自 1970 年以来，太阳能相较于石油已提升了 5 355 倍。
在土地使用效率方面，太阳能和电动汽车技术的融合是石油和内燃机组合的

400 倍。

太阳能是一种分布式能源，可以实现电动汽车现场供电，无须高价低效的管道、铁路、货运设施、炼油厂、储存设施和加油站。

在发电方面，太阳能的成本已经低于柴油。

在供热和照明方面，太阳能成本已经低于煤油。

在海水淡化方面，太阳能成本已经低于石油。

太阳能支持全年全天 24 小时蓄电池储能，在小规模范围内成本低于柴油。

太阳能支持全年全天 24 小时日晒盐储存，在大规模范围内成本低于石油。

电力储存技术的发展非常迅速，到 2020 年，带有电网储存系统的太阳能光伏在任何规模范围下成本都将低于石油。

石油行业的颠覆即将到来。电动汽车将在 2030 年甚至更早颠覆石油工业。由于中国、印度等能源密集型新兴经济体的带动，未来几年石油需求仍将上涨，这会掩盖石油快速走向过时的事实。太阳能作为一种发电能源以及一种汽车供能能源，将颠覆石油。最后，自动驾驶汽车将减少全球的汽车数量并使汽车变得更加高效。无论石油行业现在还剩下什么，都会在 2030 年被摧毁。

◑ "我们改变世界的速度总是快过改变自己，因此我们总是把过去的习惯带到现代。"

——温斯顿·丘吉尔

◑ "你可以一时骗过所有人，也可以永远骗过一些人，但不可能永远骗过所有人。"

——亚伯拉罕·林肯

◑ "在谎言遍地的时代，讲真话就是革命的行动。"

——乔治·奥威尔

第八章　天然气——断头桥

2010 年 9 月 10 日清晨，加州圣布鲁诺市 Crestmoor 小区的天然气管道发生爆炸，声音巨大且威力十足，如同地震一样，附近的居民从睡梦中惊醒。据现场目击者描述，爆炸所产生的"火墙有 1 000 英尺高"。美国地质调查局后来把此次爆炸的强度定为相当于 1.1 级地震。[403] 这起爆炸造成 8 人死亡，将附近所有住宅夷为平地，并在地面上形成了一个长 51 米、宽 7.9 米的巨坑（图 8.1）。

圣布鲁诺天然气大爆炸揭示了一个我们曾忽视的危险事实：气体管道会泄漏。当这种气体是甲烷（天然气）的时候，就会发生灾难性的后果。

在 1906 年，也就是圣布鲁诺发生天然气大爆炸的大约 100 年前，发生过一次地震，那次地震以及由此引起的大火破坏了当时美国西海岸最重要的文化、金融和贸易中心——旧金山。在那次地震中，大约有 25 000 栋建筑物被毁，3 000 人死亡，300 000（总人口大约 400 000）人无家可归。[405] 高达 7.9 级的地震极具毁灭性，但是据估算，旧金山 90% 的破坏是因为地震造成煤气主管道断裂而引发的火灾。

天然气是清洁能源吗？

20 世纪上半叶，有一种新材料曾风靡一时。在 1939 年的"纽约世界博览会"上，该材料被宣传成一种"神奇的矿物"，并且因"造福人类"而广受赞誉。

图 8.1　圣布鲁诺天然气大爆炸所造成的破坏。（照片来源：**Brocken Inaglory**）[404]

该材料在很多产品中都得到了应用，从纽扣、电话，到电气设备面板。[406]心脏外科医生将其用作缝线，而且该材料被认为非常安全，可以用来净化食物，并可添加到牙膏里使用。这个神奇矿物就是石棉。

天然气是一种新的"神奇"化石燃料。油气行业的发展已经全然把天然气提升为清洁能源。这个行业不断地提醒着人们，天然气发电厂产生的温室气体只有燃煤发电厂的一半（图 8.2）。但有一点却没有说明，那就是当向大气排放未燃烧尽的气体时，甲烷（天然气的主要成分）也是一种温室气体，而且它的温室效应是二氧化碳的 72 倍（按 20 年计算）。[407]

天然气的泄漏涉及其整个供应链。从开采、储存到数十万英里的管道运输都可能发生泄漏。根据美国环境保护局的数据，甲烷每年的泄漏量高达 850 亿立方米，占全球甲烷产量的 3.2%。[408]这些甲烷泄漏量的温室气体效应相当于全美一半的燃煤发电厂。[409]

引发 2010 年圣布鲁诺大爆炸的那段破裂天然气管道是在 1956 年铺设的，是一种管壁厚度不均匀的钢管。[410]联邦调查员表示在管道上发现了很多有问题的焊接点。管道里不断增多的天然气增加了管道内的压力，管道变得越来越脆弱，最终发生了爆炸。

石油和燃气公司竞相铺设新的管道。仅在 2008 年一年的时间里，铺设的新管道就超过 6 400 千米。但天然气的输送主要还是靠以前的老管道。美国境内的天然管道长达 49 万千米，但是一半以上都是在 20 世纪五六十年代铺设的。[411]美国交通部的数据显示，超过 12% 的天然气管道是在 20 世纪四十年代或之前铺设

图 8.2　华盛顿的广告语："感谢天然气，你减少了二氧化碳的排放！"（图片来源：托尼·西巴）

的。[412]而圣布鲁诺的天然气管道恰好是在当时的建设高峰期修建的。美国联邦第一部管道安全法案《天然气管道法案》直到 1968 年才出台。

　　根据美国能源部的消息，在接下来的 20 年里，美国的天然气产量预期将会增加 50%。[413]在首部联邦管道安全法案颁布前铺设的数万英里的老旧、生锈的天然气管道，运送量越来越大，承受的压力也越来越大，那么我们预测一下将有多少甲烷泄漏？

　　令人惊讶的是，因为没有规定要求管道所有者提供此类数据，很少看到有关管道泄漏数据的报道。在此方面，美国第一次破天荒的报道了波士顿的管道，总长 1 263 千米，共发现有 3 356 处泄漏，[414]也就是说每英里就有 4.3 个泄漏点。照此比例推算，美国境内总长 49 万千米的天然气管道上可能有 130 万个天然气泄漏点。

近期，波士顿天然气管道的原班调查小组在杜克大学教授罗伯特·杰克逊的带领下，对华盛顿的天然气管道系统进行了调查，发现有 5 893 处泄漏点。[415] 而且在一些人孔处，甲烷浓度高达 50 万 ppm，是爆炸下限浓度的 10 倍。"我们在这两个城市测得的泄漏密度是差不多的，但首都华盛顿的平均甲烷浓度却更高。"研究小组成员、波士顿大学地球与环境系的教授内森·G·菲利普斯表示。一些地方的泄漏量相当于两到七个家庭的天然气用量，其中有十几处泄漏存在爆炸危险。

甲烷是一种温室气体，其危害程度（20 年）是二氧化碳的 72 倍。[416] 在效率比较高的发电厂，燃烧甲烷发电所排放的二氧化碳是燃烧煤排放量的 50%。即使这样，只要有 1% 的甲烷泄漏率就可以抵消这个优势。哪怕我们把目光放远，相信甲烷在 100 年里的温室效应仅为煤炭的 25 倍，那么只要甲烷的泄漏率达到 3%，其温室效应就不会低于煤炭。

2013 年的万圣节，也就是圣布鲁诺天然气大爆炸三年多之后，太平洋燃气电力公司（PG&E）在《旧金山纪事报》中自豪地宣布，他们已经在其长达 6 750 英里的天然气管道上安装了 90 个新的自动阀门，并更换了 69 英里的管道。[417] 太平洋燃气电力公司——美国最大的公用事业公司（按市值计）在美国花了 20 亿美元才在爆炸发生三年后更换了其稍多于 1% 的天然气管道，那么，又要花多少时间和成本才能升级其余 99% 的管道呢？

按照太平洋燃气电力公司的说法，被升级改造的 111 千米天然气管道，每英里成本不到 2 900 万美元。照此成本推算，纳税人需要支付 1 937 亿美元对太平洋燃气电力公司没有维修的 6681 英里管道进行升级改造。截至 2012 年底，太平洋燃气电力公司有 440 万名天然气用户。[418] 如果进行上述的升级改造，那么谁将支付这些费用呢？当然还是用户。费用是多少呢？每个用户需要支付 44 000 美元才能彻底修复整个天然气管道系统。这与"廉价天然气"的说法严重不符。

然而，那些试图让人们相信天然气是清洁能源的广告和游说活动却成功了。加利福尼亚州圣何塞市、西班牙塞维利亚等许多城市都曾自豪地强调其"清洁燃气巴士"是用天然气驱动的（图 8.3）。

我们现在知道了，天然气并不清洁。当我们说到未来的能源应该是清洁、分布式的能源时，我希望人们清楚一点：天然气不是清洁能源的未来。

图8.3 一辆行驶在圣何塞马路上的"清洁燃气"巴士，燃料是天然气（图片来源：托尼·西巴）

天然气便宜吗？

1999 年 3 月，一桶石油的价格为 11 美元。[419] 在 20 世纪末，能源专家表示，人类正在进入一个廉价且供应充足的石油时代。《经济学人》杂志曾经预测，每桶石油的价格要降到 5 美元；阿尔及利亚能源部长也曾经宣称，石油价格可能会跌到 2～3 美元一桶。[420]

一桶石油的容量约为 159 升。据美国能源信息署报道，美国炼油厂能从每桶石油中提炼出 72 升的汽油。[421] 1999 年，汽油的生产成本曾达到每升 2.64～6.6 美分。在汽油未和消费者见面之前将汽油的价格翻倍以获利，但即使这样，你看到的汽油零售价格合每升 5.3～13.2 美分。

底特律曾经生产出历史上耗油量最大的汽车。通用汽车公司旗下的悍马汽车，是一个时代的标志，是当时的顶级耗油大王，也是身份的象征。当时，从事汽车和能源行业的每一个人对能源价格走低的趋势都很自信，甚至那些能够通过金钱获取最详尽信息和分析结果的人对此也深信不疑。

当然，历史还是发生了变化。随着新世纪的来临，石油市场价格迅速上涨，而且上涨趋势一直持续，到 2008 年 7 月，石油价格达到最高点 147 美元/桶（图 8.4）。[422] 在进入新世纪的前 8 年里，石油的价格涨了 14 倍。这个价格是《经济学人》杂志所预测价格的近 30 倍，更是阿尔及利亚能源部长所预测的 50 至 70 多倍。显然，石油天然气市场是非常不稳定的，因为他们从根本上还是资源型商品，其价格是瞬息万变的。

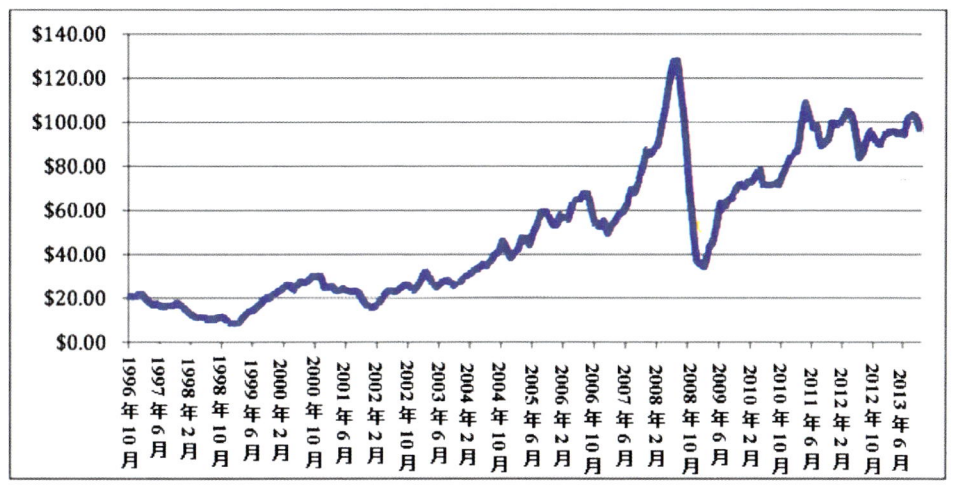

图 8.4　1996～2013 年美国原油首次购买价格。（来源：美国能源信息署）[423]

水力压裂工艺改变了天然气市场。美国的天然气批发价格已经降到了 20 年来的最低点。曾经在 1999 年预测千禧年石油价格会更便宜且供应量充足的那一批业内专家，现在又预测说，到下一个千禧年时，天然气价格会更便宜且供应量充足。

美国能源信息署的数据显示，天然气井口价已经从 1970 年的 0.18 美元/千平方英尺涨到 2012 年的 2.66 美元/千平方英尺（图 8.5）。尽管出现了所谓的水力压裂法技术革新，天然气的价格自 1970 年以来已然上涨了 14.8 倍。而同期太阳能光伏的成本则下降了 154 倍。与 1970 年以来的天然气相比，太阳能的成本优势提高了 2 275 倍。

对水力压裂技术的不断投入，使得天然气成本从 2008 年的高点 7.97 美元降到 2012 年的 2.66 美元。气电早已经开始了代替日渐过时的煤电的步伐，而且已经在电力市场占据一席之地。天然气行业像 1999 年所面临的情形一样，各种预测蜂拥而来，而且又有希望成为下个千禧年的廉价能源。如果天然气价格在未来

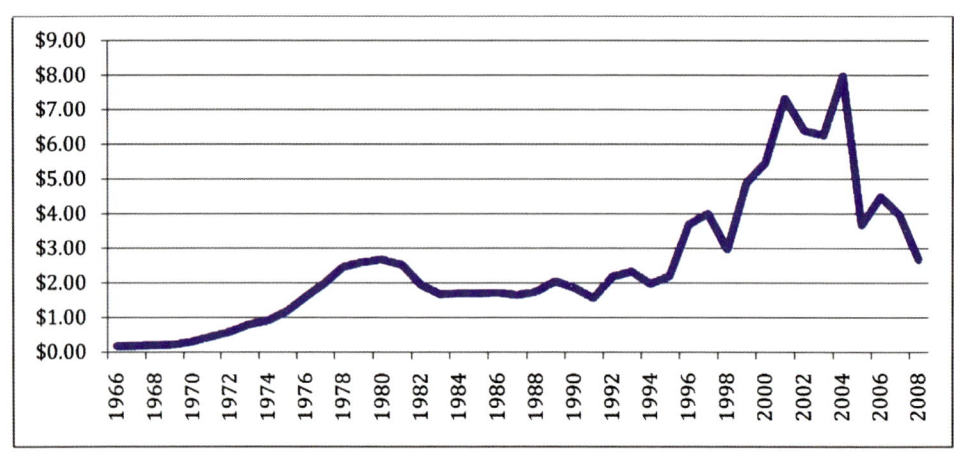

图 8.5 美国天然气井口价格，单位为美元/千平方英尺（数据来源：美国能源信息署）[424]

几年或十年保持如此低的成本水平，会发生什么？

市场并不擅长预测化石燃料的价格，最多能预测几分钟后的未来。天然气的价格尤其不稳定（图 8.6）。从 1970 年到 2020 年，太阳能的成本优势将提高 400 倍。假设现在的天然气价格保持到 2020 年不变，那么自 1970 年起，太阳能的成本优势和天然气相比，前者将是后者的 5911 倍。假设天然气价格重新回到其 2000～2012 年间的平均价格（4.90 美元），那么从 1970 年到 2020 年，太阳能相对于天然气的成本优势将提高 10 884 倍。

以上数据都是美国天然气的井口价格。然而，并不是每一个国家都会有机会使用页岩气，因为只有那些地质条件符合要求的地区才能使用水力压裂技术。也就是说，一些国家可以生产更多的石油和天然气，而其他国家依旧不得不进口采用水力压裂技术生产的石油和天然气，承受昂贵且极具波动性的全球价格。

需要考虑的另一点是，天然气一般只是批发时才便宜，其分销成本哪怕在同一个国家也是很高的。在美国，天然气出口的成本要高于开采成本，而出口成本会抵消所有的国内低成本优势。

图 8.6 呈现的是美国居民用户使用天然气的价格。请注意表中的几个细节。第一，价格一直在波动。波动性一直在加剧，价格区间在给定年份里变得越来越大。在两年的周期里，价格能翻倍，然后又跌去一半。第二，请注意 2008 年 7 月，天然气价格达到最高点 706 美元/千立方米（同期石油的价格也达到了最高点）后价格是如何回落的。不过，尽管"水力压裂技术革新"在过去几年里制造了价格低点，但天然气的价格仍然是 20 世纪 90 年代的两倍。所以，消费者并未

从所谓的技术革新中受益。

美国民用天然气价格

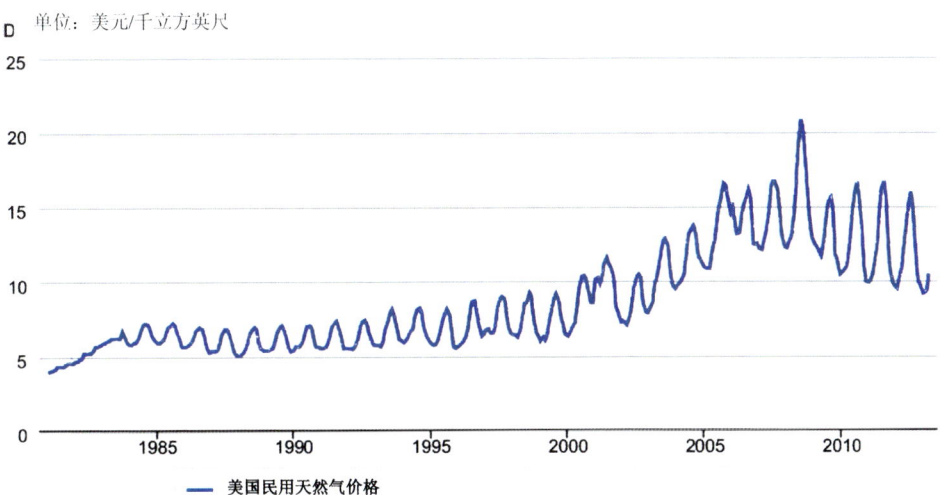

图 8.6　美国民用天然气价格（信息来源：美国能源信息署）[425]

对比一下天然气价格和信息技术或太阳能光伏的价格。因特网的主要受益者是消费者，而非生产商。那么，在价格方面，信息经济和技术定价一定比资源经济更能使价格长期持续地下降。

太阳能与天然气价格

与其他的液体（石油）和固体（煤）化石燃料不同，天然气海运比较困难，这也是为什么天然气市场都是区域性的。2012 年，美国国内天然气价格降到最低水平，国际能源署的数据显示，欧洲天然气的进口价格是美国的 5 倍，而在日本则是 8 倍。[426]

为了从海上出口天然气，需要对天然气进行压缩处理或液化处理。而承运的船只必须是特制的，运到后还要进行解压或再气化处理（图 8.7）。进出口天然气要求两个港口都要使用压缩天然气（CNG）或者液化天然气（LNG）设施，而这些设施的花费是巨大的。

仅澳大利亚一个国家的石油、天然气公司就投入了 2 000 亿澳元（1790 亿美元），用于建设液化天然气厂。[427]雪佛龙公司曾透露，其 Gorgon 液化天然气厂将

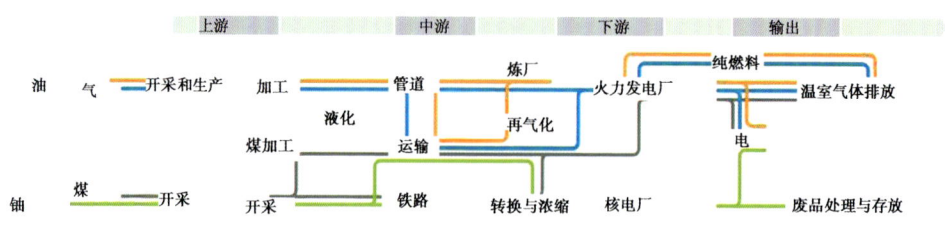

图 8.7　传统能源（化石燃料和核能）价值链（来源：国际能源）[434]

花费 520 亿澳元（466 亿美元）。[428]

我们将上述成本与可满足全澳大利亚电力需求的太阳能光伏电厂的建设成本做一下对比。对于澳大利亚天然气发电和太阳能发电之间的成本比较，本人引用以下澳大利亚能源业的实际情况予以说明：

澳大利亚的年发电量：根据澳大利亚资源和能源经济局的统计，2009 年的发电量为 2 416 亿千瓦时。[429]

日照辐射量：2 100 千瓦时/m²/年。[430]

太阳能电池板的效率：15.9%。[431]

光伏发电设备的安装费用：每瓦 1.62 美元。[432]

光伏发电设备每瓦的安装费用可能会让美国人大吃一惊。澳大利亚的这个价格要远低于美国。SolarChoice 的数据显示，2013 年 7 月，澳大利亚 5 千瓦的住宅太阳能系统，安装费用平均为每瓦 1.76 澳元（1.62 美元），而澳大利亚珀斯市的安装费用则低至每瓦 1.38 澳元（1.27 美元）。[433]

如果采用上述平均安装费用，那么只需投资 1 860 亿美元的太阳能发电设施，就可以满足整个澳大利亚的电力需求。如果按照珀斯市的安装费用计算，那成本就更低了（每瓦 1.27 美元），1 460 亿美元就足够了。

公用事业规模的太阳能项目造价要远低于住宅太阳能项目，所以成本低不是毫无根据的。而且，太阳能的成本还在快速下降。所以，最终的数字很有可能要低于 1 860 亿美元。

根据我的计算，如果全部用太阳能光伏电厂给澳大利亚供电，那么所需费用接近（1 860 亿美元）或者低于（1 460 亿美元）石油天然气行业目前向几个液化天然气厂（1 790 亿美元）注入的投资。

请记住，这 1 790 亿美元的投资仅仅用于天然气液化，这只是传统能源价值链中的一步（图 8.7），其中并不包括开采成本、管道铺设到港口的成本、海运成本、再气化成本以及在天然气接收端铺设更多管道的费用。

传统能源价值链的每一步动辄就需要数百亿或者上千亿美元的投资。而且，这还只是把天然气从地下送到发电厂的费用。建造发电厂、燃烧天然气发电、通过输气管道和配气管道输送天然气以及将天然气送到千家万户，还需要额外的成本。

天然气从地下获取，最终转换为电能驱动家用电脑，所经历的过程漫长而又曲折。擅长用复杂装置完成简单任务的美国著名漫画家鲁布·戈德堡，如果获得无限多的纳税人的钱去建造发电厂，那么他很有可能就会想到采用化石燃料供应链的那套装置。

综上所述，天然气发电比太阳能发电的成本高，而且高的出奇，尤其是还要加上水力压裂开采和管道泄漏对空气、水和土壤的环境破坏成本。

比如，北达科他州的水力压裂井每天会产生多达 27 吨的放射性废料。[435]页岩石内含大量的镭，这是一种可用于治疗癌症的放射性元素。镭-226 的半衰期为 1601 年，这意味着一半的镭会从现在开始释放 16 个世纪的辐射。那么，谁将会为这些污染埋单？当然是你我，而不是石油和天然气行业。

在欧洲，天然气是需要进口的（而且价格高昂），天然气无法与占比很高的太阳能和风能竞争。欧洲的电力公司已经削减或取消了对新天然气发电厂的投资。[436]意昂集团（EON）是德国最大的电力公司，该公司一直在他们的两个天然气发电厂上烧钱。这两个发电厂一直依靠从电网运营商那里拿到特别补偿金运营。

当采用水力压裂技术开采化石燃料时，美国的石油和天然气行业就会免于很多环保法律的约束，其中包括：

《清洁空气法》

《洁净水法》

《安全饮用水法》

《国家环境政策法》

《资源保护与回收法》

《应急规划和公众知情权法》

《综合环境反应、补偿和责任法（超级基金法）》[437]

可以说，当开采天然气造成污染时，石油和天然气行业要么凌驾于法律之上，要么就是改写法律。石油和天然气行业享有特权，几乎可以随意地污染水、土地和空气。当"规制俘虏"问题（立法者被规制中的产业所控制）达到美国那种程度时，发生像英国石油（BP）公司墨西哥湾漏油事件那样的事故也就在所难免了。

我们已经忘记了亚伯拉罕·林肯在葛底斯堡演说中的一句话："这个民有、民治、民享的政府，永远不会从地球上消失。"而现在已经变为："这个由能源行业所有、由能源行业治理、由能源行业所享的政府，有毁灭地球的权利。"

这些污染成本是真实存在的，但是却由纳税人来埋单，而不是制造污染的行业。这些行业也无需公布其每一次"水力压裂"时，注入地层（和水里）的数百种有毒化学物质的名字。现在我们知道这种技术会把放射性镭从地层中释放出来。我想知道放射性铀或钍是不是也进入到这些井眼里了。然而，即使是生活在水力压裂地区的美国公民，也没有知情权。

水资源保护和天然气的终结

采用水力压裂技术钻一口天然气井需要 750～1500 万升的水。[438] 如果下次你读到或者听到水力压裂技术时，想想这得需要用掉多少水！

到目前为止，水力压裂技术已经在美国应用了一百万次以上。2009 年，美国境内有 493 000 眼天然气井处于工作状态。[439] 据估算，为了获取更多的天然气产量，这些井中有 90% 都使用了水力压裂技术。而仅仅在宾夕法尼亚州，废弃的石油和天然气井就达 150 000 眼之多。[440]

设想一下，如果使用太阳能光伏（或风能）代替水力压裂技术，那将会节省多少水啊！如果全部采用太阳能光伏（或风能）发电来满足美国的日常电力需求，仅需要 11 000 立方米的水，也就是大约 1100 万升。

如果使用太阳能光伏和风能给全美国供电，那么所需要的水量和用水力压裂技术打一口天然气井的相同。确切地说，太阳能的用水效率是天然气的 100 万倍。单从水的使用情况来看，天然气根本不是太阳能和风能的对手。

如果我们考虑水力压裂法将压裂后的水排入河流时所带来的污染，太阳能和风能的优势就更大了（图 8.8）。排放这些污水是违法的，而在当下的社交媒体时代，一个行业想隐藏其固有的行为已经是不可能的了。用谷歌搜索"水力压裂技术非法倾倒废水"，可以搜到 50 000 多条结果。在这些结果中，包括了彭博社的"埃克森公司被指控在宾夕法尼亚州非法倾倒废弃物"[441] 和哥伦比亚广播公司的"石油公司被拍到在中央山谷非法排放水力压裂废水"。[442] 在后一条新闻报道中，提供了一段由加州克恩县的一个农场主录制的视频。视频中，一支无所顾忌的钻井队正向一条河流倾倒水力压裂后的废水。

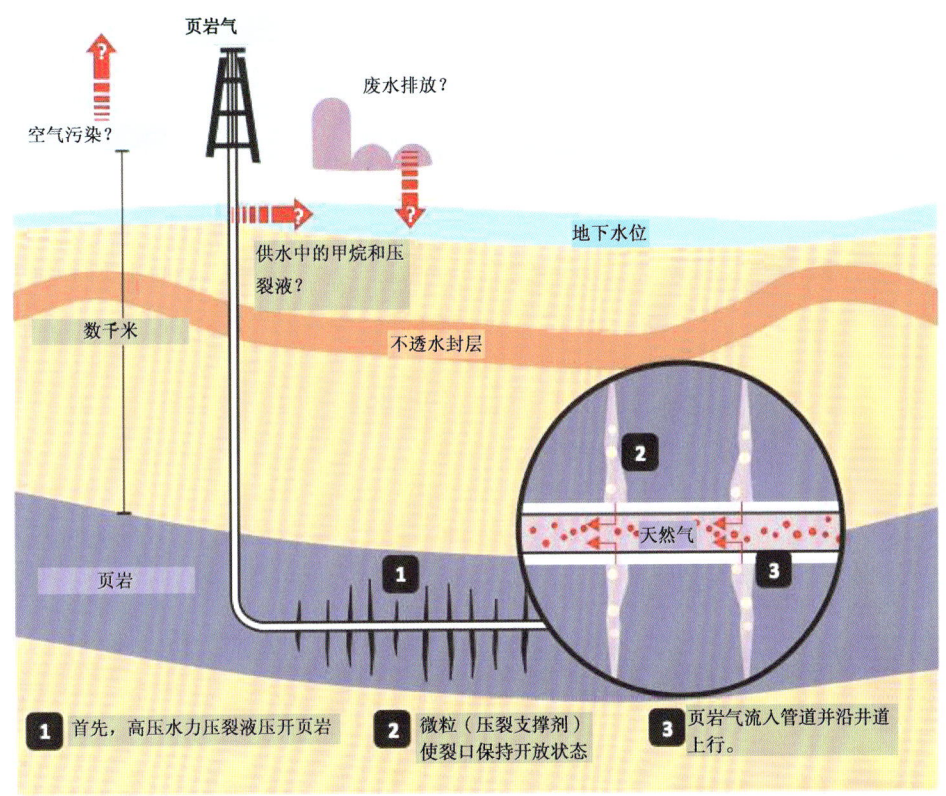

图8.8　页岩天然气生产技术和可能造成的环境危害（来源：国际能源署）[443]

指数投资，线性收益

根据国际能源署报道，石油需求将从2011年的每日8 740万桶增至2035年的每日9 970万桶。[444]大部分新的石油都会是通过水力压裂法、油砂及其他非常规技术提取的"非常规"石油。该过程的年复合增长率（CAGR）为0.5%。

有报道曾预言天然气"黄金时代"即将到来。国际能源署预测天然气的产量将会从2012年的37 210亿立方米增长至2035年的51 120亿立方米，增幅为37.4%。[445]该过程的年复合增长率（CAGR）为1.37%。2010至2035年，也就是所谓的"黄金时代",全球石油和天然气行业将在勘探和钻井等上游产业投资15万亿美元,以满足全球对石油和天然气日益增长的需求。[446] 在这期间,全球石油和天然气行业的投资额将超过美国的国内生产总值以换取"可观"的每年0.5%~1.4%的增长。

不知我是否已经表述清楚。尽管石油和天然气行业将会迎来一个"黄金时代",但却需要高达数万亿美元的巨额投入,还需要无数的沙、水,以及"没人知道是啥"的化学物质,由整个社会承担可怕、沉重的环境代价。而最终的结果也就是每年最多1.37%的增长。

有没有企业愿意投资15万亿美元的资金换取1%的收益呢?我们看一下国际能源署的报告就能明白为什么石油和天然气行业的企业会做这样一种投资了。报告显示,化石燃料行业在2011年获得了5 230亿美元的补贴。[447] 在2010~2035年间,补贴将会达到13.5万亿美元,相当于这一时期石油和天然气行业总投资额15万亿美元中的约90%。

石油企业的高管算盘打得很好:石油和天然气钻井所需要的资金投入,90%由纳税人承担;钻井使用的是公共土地和公共水资源;而钻井商无须为污染空气、水资源和土壤负责。纳税人承担费用和风险,而石油和天然气行业的企业却赚取数万亿美元的高额利润。这个模式为石油和天然气行业带来了巨大的回报。

所以,天然气这种新兴的"神奇化石燃料"是一座断头桥。它是一种破坏性巨大、资源效率低下、经济上不可行的能源,是政府的保护、免于法律制裁、再加上纳税人数十万亿美元的补贴才使天然气行业得以为继。

第九章 生物质燃料的终结

◈ "除非你是上帝，否则任何人都必须以数据说话。"

——威廉·爱德华兹·戴明

◈ "有两个事物是无限的：一是宇宙的大小，二是人类的愚蠢；而我无法确定的只是前者。"

——阿尔伯特·爱因斯坦

◈ "最可怕的事莫过于无知而行动。"

——约翰·沃尔夫冈·冯·歌德

第九章　生物质燃料的终结

2011 年 6 月 18 日，霍尼韦尔公司宣布一架由生物质燃料驱动的飞机首次完成了横跨大西洋的飞行。这是一架湾流 G450 公务机，航向路线是从美国新泽西州的莫里斯顿到法国巴黎。这架湾流 G450 公务机使用的是"混合燃料——霍尼韦尔绿色喷气燃料和石油基喷气燃料各半"。[448]霍尼韦尔公司在介绍飞机使用的燃料时说："霍尼韦尔公司已经生产了超过 265 万升的霍尼韦尔绿色喷气燃料用于商业和军事试验，其原料来自可持续的非食用生物质材料，如亚麻芥、麻风树和藻类。"

生物质燃料（特别是乙醇）被人们当作"可再生"和"可持续"能源的同义语使用已经至少 30 年了。在 2012 年的美国总统竞选辩论中，两位候选人，米特·罗姆尼和巴拉克·奥巴马，用了相似的语言表达对"可再生能源"的支持。"我对我们的可再生能源充满信心——乙醇、风能和太阳能将会成为我们能源结构的重要组成部分"，罗姆尼说，他与奥巴马对这一问题的立场相同。[449]

"可再生"的含义是什么呢？根据美国能源信息管理局的定义，"可再生能源是可以再生的且能够无限期持续的。"[450]

我们知道太阳会无限期地发光（至少 10 亿年！），[451]我们还知道风会无限期地吹下去。

农业生物质燃料"可以再生"且"可以无限期地持续"吗？飞往巴黎的湾流公务机使用的生物质燃料是"可持续"或"可再生"的吗？我们能够无限期地生产生物质燃料吗？对于这些问题，我可以明确地回答：不。原因将在本章中介绍。生物质燃料"可以再生"吗？他们能够在能源与交通的清洁化冲击波中发挥作用吗？

生物质燃料浪费水资源

水是能源，而能源也是水。抽取、净化和输送水需要能源。水可以用来采矿、冲洗和发电。在农业生物质燃料的生产中，水被用来"培育"能源。

整个热能行业都依赖大量的水。根据世界银行的统计，[452]全世界开采的淡水，大约有 15％用于能源。未来，全球将有近一半的人口生活在"水资源紧张"的地区，而热能行业对淡水的需求将会加重供水的紧张局面。根据《水足迹报告》，[453]用大豆每生产 1 加仑生物质柴油，就需要消耗超过 5 万升水。如果要用大豆生产的生物质柴油给一辆 60 加仑的生物质柴油巴士加满油的话，就要消耗 311 万升的水。一个奥运会标准的游泳池，大约可以储存 250 万升的水。[454]而用大豆生产的生物质柴油加满一辆如图 9.1 所示的"清洁可再生生物质柴油"巴士，消耗的水量可以充满一个奥运会的标准游泳池。

图 9.1　"这辆巴士用生物质柴油驱动"，但这种燃料既不清洁，也不可再生。（照片来源：托尼·西巴）

要给一辆 SUV（运动型多用途汽车）加满玉米乙醇燃料，又需要消耗多少水呢？我向康奈尔大学的大卫·皮蒙特尔教授请教了这个问题。他研究生物质燃料已有 30 多年，是水与生物质燃料研究领域的最高权威。[455]他说："生产 1 升乙醇需要 1 700 升水，假设一辆 SUV 的油箱容量是 110 升，根据我们的计算，生产一油箱的玉米乙醇需要约 19 万升的水。"

据美国地质调查局统计，2005 年，美国人均居民用水量大约为每天 375 升，比 1995 年的每天 382 升略有下降。每天的用水量各地区不等，缅因州为 193 升，内华达州 715 升。[456]

根据这些数据，每次要给一辆 SUV 加满玉米乙醇，生产这些燃料所消耗的水可以供一个美国居民使用 16 个月（按人均每日用水量计算）！

所有类型的能源在生产过程中都会用到水。但是，用水量的数量级却大不相同。IBM 公司的"碳信息披露项目"给出了各能源生产的差异（表 9.1）。发 1 000 千瓦时电（大约是一个美国家庭一个月的用电量）：

表 9.1　用不同的能源发电，每兆瓦时电的总耗水量。（资料来源：**IBM《碳信息披露项目报告》**）[457]

	发 1 兆瓦时电的总耗水量（m^3/MWh）	美国每日发电量的耗水量（1 000 000 m^3）
太阳能发电	0.0001	0.011
风电	0.0001	0.011
天然气发电	1	11
煤电	2	22
核电	2	27
燃油发电	4	44
水力发电	68	748
生物质燃料发电（第 1 代）	178	1198

太阳能光伏和风力发电只需极少的水：0.1 升或不到半杯水。

发同样的 1 000 千瓦时电，天然气发电的耗水量是太阳能发电的一万倍。

核能和燃煤发电的耗水量是天然气发电的两倍。

燃油发电的耗水量是燃煤发电的两倍（是太阳能发电的 4 万倍）。

水力发电的耗水量是太阳能发电的 68 万倍。

而发同样多的电，生物质燃料的耗水量竟然是太阳能发电的 178 万倍！

换一个角度看：用生物质燃料生产美国一天所需的所有电力，将会消耗 12 亿吨的水。而中国和印度两个国家每年消耗大约 24 亿吨的水。[458] 也就是说，中国和印度 25 亿人每年的用水总量——包括饮用、灌溉农田、电厂和工厂生产用水——大致相当于用生物质燃料生产美国 2 天所需电力的耗水量。

全世界每年大约消耗 90 亿吨的水。[459] 用生物质燃料生产美国一个星期所需的电力，将会消耗我们整个星球一年的淡水需求。如果在美国完全用生物质燃料来发电的话，只需一个星期，就能把整个地球都变成撒哈拉大沙漠。

同太阳能光伏或风力发电相比，生产美国一天所需的电力，太阳能（或风能）的耗水量约为 11 000 吨，也就是大约 1 097 万升——不足 5 个游泳池。

用水力压裂法打井所用的水要更多一些。用水力压裂法钻一口天然气井，需要消耗 1 500 万升的水。[460]

我们大部分能源耗水量巨大，如此利用像水这样宝贵的资源是没有任何意义的。在全球气候变暖、人口不断增加、饮水需求和食品生产用水需求与日俱增的时代，生物质能源不可能成为一项可行的能源战略。农业生物质燃料的生产过程是一场真正的环境灾难。

生产生物质燃料需要多少水？

水不是可以再生的吗？自然界的水循环不是可以源源不断地提供水吗？如果这些是事实的话，我们就可以无限期地用水，水的确就会是可再生的了。

水是否可以再生？要回答这个问题，还是让我先来向各位介绍多数美国人从未听说过的最重要的水源——奥加拉拉蓄水层。

美国的蓄水层

奥加拉拉是世界上最大最丰富的地下淡水"海洋"之一，它从南达科他州延伸到德克萨斯州，总面积 45 万平方千米。奥加拉拉蓄水层的面积大约比德国的国土面积大 20%。这一蓄水层使美国中西部成为世界的农业生产中心：美国全部灌溉用水的 30% 取自奥加拉拉蓄水层。[461] 它还向沿线 82% 的人口提供饮用水。

奥加拉拉蓄水层每年以 0.61～150 毫米的速度补水，但是却以工业化的速度消耗。在一些地区，水位每年下降 1.5 米。奥加拉拉蓄水层可能正以每年 12 立方千米的速度消耗，这相当于 18 条科罗拉多河每年流入大海的水量。[462]

奥加拉拉的水是可以"再生"的吗？以现在的消耗速度，是不可以的。我们可以无限量地从奥加拉拉抽水吗？不能。奥加拉拉蓄水层可能在我们的有生之年干涸。有些人估计是 25 年。而到那时，农业生物质燃料可能已经成功地把世界粮仓变成了大沙漠。

油箱中的亚特兰大

在本章的开头，我提到了霍尼韦尔公司湾流公务机跨大西洋飞行和这次飞行是如何用生物质燃料提供动力的。那么这次飞行有多么"可再生"或"可持续"呢？我们来算一算。

一架湾流 G450 公务机携带的燃油多达 16 000 升。[464]这架公务机由混合燃料驱动，其中一半是生物质燃料，大约 8 000 升。霍尼韦尔公司称他们的绿色喷气燃料使用麻风树、亚麻芥和藻类制造而成。为了解答这道算数题，我们来看看麻风树的情况。根据《水足迹报告》，以麻风树为原料，每生产 1 升生物质燃料，需要用水 11 924 升。根据这一数据，要生产出湾流 G450 公务机从新泽西到巴黎航程的一半所需的生物质燃料，则需要耗水 1.66 亿升。

以此推算，以麻风树为原料来生产 8 000 升的生物质燃料的耗水量相当于 442 956 个美国人一天的用水量。换句话说，以麻风树为原料生产跨越大西洋飞行所需的生物质燃料，需要消耗的水，足够亚特兰大整个城市的人（420 003 人）使用 1 天。[465]

一架从新泽西飞往巴黎的载客 14 到 19 人的塞斯纳小型飞机，如果油箱中的一半加的是生物质燃料的话，消耗的水相当于一个亚特兰大规模的城市居民一天的用水量。这样大的耗水量，荒唐至极！

我把这些数据呈给荷兰特温特大学的阿尔扬·胡克斯特拉教授。该教授是首先提出"水足迹"概念的水资源专家，世界水资源管理领域的最高权威。他在邮件中写道，"你的数据是正确的，这表明我们需要认真思考我们如何使用像淡水这样有限的资源。那些主张生产可持续能源的人们应该看看太阳能和风能。如果你想开发生物质燃料的话，应该先从生物质废料着手，而非农业。"

2012 年 1 月 16 日，德国汉莎航空公司自豪地宣布用生物质燃料完成了首次从欧洲到美国、横跨大西洋的飞行。[466]据波音公司的数据，一架波音 747—400 携带的油箱能够装载 216 840 升的燃油。[467]汉莎航空公司使用的生物质燃油的成分包括美国的亚麻芥油、巴西的麻风树油和芬兰的"动物脂肪"。生产 1 升麻风树油的耗水量是 11 924 升。要生产从法兰克福飞到纽约所需的麻风树油，需要耗水 43 亿升水。

在德国，人均每天的用水量是 122 升。[468]如果使用生物质燃料，一架汉莎航空公司的波音 747 客机，从法兰克福飞到纽约，单程飞行的耗水量，就相当于 3 540 万德国人一天的用水量。如果燃料的原料必须在德国种植，汉莎航空绝对不会使用。汉莎航空的员工，真地会相信生物质燃料是可持续的吗？

科学证据表明，农业生物质燃料是不可以持续、不可再生的。但是，政界人士却说是。

下一代生物质燃料

每当我把上面的这些计算结果展示给"生物质燃料的信奉者"时，他们往往都会表示怀疑。这也正常。几秒钟以后，他们通常会提出这样的问题："的确如此，但下一代生物质燃料呢？""下一代生物质燃料"通常指的是纤维素生物质燃料。

从概念上讲，"第一代"和"第二代"生物质燃料的主要区别在于前者使用的是植物的"可食用"糖或油脂部分，而后者使用的是植物的其他部分——叶、茎和其他的纤维部分——将纤维质分解而成。[469]我给"可食用"这个词打上引号，是因为某些"受欢迎的"生物质燃料诸如麻风树，不仅不能吃，实际上它们还有毒。[470]

"下一代生物质燃料"似乎借用了煤炭游说团"清洁煤"运动中所用的策略。这些口号意味着获取财政补贴、寻求政治保护、让信奉者坚持斗争，让不知情者保持希望，并且压制科学证据的影响力。

尽管政府部门推行大量纳税人补贴和消费配额的政策，为生物质燃料创造市场，很多公司却在退出这一行业，投资者也随之退出。投资者认为，生物质燃料行业在短期内没有什么投资价值。

在向两家公司投资了数亿美元推广生物质燃料后，Calysta 能源公司的首席执行官艾尔·肖最终放弃了这项投资，开始转向使用天然气作为燃料来源。"生物质未能达到预期效果"，艾尔·肖说，"碳水化合物无法替代油。这一点，我错了，我承认。"[471]

艾尔·肖的前公司克迪科思公司（Codexis）曾获得壳牌公司 4 亿美元的投资，用于纤维素——"下一代生物质"制乙醇的技术开发。但壳牌公司已经宣布不会再向生物质燃料的研究投资。"含纤维素的生物质绝不可能代替油，因为它在经济学上不可行"，艾尔·肖说。"你不能提取碳水化合物并把他们转化成碳氢化合物。"[472]英国石油公司也取消了它的生物质燃料计划。[473]

华尔街的投资者们也不指望下一代生物质燃料会取得多少进步。据彭博新能源财经[474]的统计，全世界在生物质燃料上的投资下降了99％，从2007年第四季度的76亿美元（季度峰值）下降到2013年第一季度的5 700万美元。

由于不利于生物质燃料的证据越来越多，Calysta能源公司和其他原本从事农业生物质燃料业务的公司已经放弃了这一项投资。现在，他们已经转向用天然气作原料。

如今，鲁布·戈德堡式的天然气产业价值链遇上鲁布·戈德堡式的生物质燃料产业价值链，其结果是一张由补贴、政府保护和配额编织而成的错综复杂的网。

乙醇市场是政府为农业生物质燃料游说团创设的支持机制。乙醇价格被人为抬高就反映了这种支持。那些政客们真地是希望乙醇市场重走天然气的道路吗？

为什么太阳能比生物质燃料更有效率？

生长在花园里的绿色植物依靠太阳生长。它们以不足0.3％的效率把太阳能转化成生物质（木头、水果、叶、根等）。不仅如此，要把这点比例极小的太阳能转化成生物质，植物还需要大量其他宝贵资源的帮助，包括水、土地和肥料。[475]甘蔗，生物质燃料的"成功案例"之一，仅仅把0.38％的阳光转化成了生物质。要把甘蔗转化成乙醇，必须种植、看护、收割，然后再运到提炼厂（图9.2），用电和更多的水来加工。据《科学美国人》[476]杂志报道，最终，甘蔗的太阳能－乙醇转化率只有0.13％。

与太阳能电池板平均16％的转化率相比，在把阳光转化成可用能源方面，太阳能电池板的平均效率要比甘蔗高123倍。

不仅如此，太阳能电池板不需要肥料、水、杀虫剂或其他能量就可以把阳光转化成电。

聚光光伏（CPV）技术可以把大约40％的阳光转化成电，是甘蔗乙醇生物质燃料的300多倍。其他太阳能技术，例如聚光式太阳能热电联产技术（CHP），能够把超过72％的阳光转化成可用能源。[478]聚光式太阳能热电联产技术的转化效率是甘蔗乙醇的550倍。

无论在何处，太阳能的转化效率是生物质燃料的123～550倍。在地球上随便找块地方，太阳能光伏技术把阳光转化成电能的效率都至少是生物质燃料的100倍。光伏发电无需宝贵的土地或水，更不用说化肥或者会造成持久污染的有

图 9.2　生物质燃料提炼厂（照片来源：爱荷华州能源中心）[477]

毒的杀虫剂了。

农业生物质燃料会有真正的市场吗？"生物质燃料市场 100% 是政治性的"，生物质燃料加工厂 Iogen 公司的执行副总裁杰夫·帕斯莫尔说。[479]

许多政府补贴在产品过时后仍然持续数十年。比如说，电报已经过时几十年了，如今它只存活在博物馆和西部片中。而印度政府直到 2013 年才终止了电报服务，[480]此时，印度的手机用户已达 8.67 亿。

农业生物质燃料是一项好心办错事的试验。农业生物质燃料已经过时了。生物质燃料行业唯一可再生的是那些在华盛顿、巴西利亚和布鲁塞尔代表这个行业的特殊利益游说团。类似钻石广告常说的：游说恒久远。

饥饿游戏：过时的生物质燃料和石油之间的决战

在第八章中，我提到石油会在 20 年内被淘汰。两轮冲击波（电动汽车和自动驾驶汽车）将减少对石油的需求。太阳能冲击波将会大大缩减柴油动力的市场，使其同过去相比，相形见绌。

随着对石油需求的急剧减少，油价也会急剧下降。成本高昂但生产效率低下的投资，比如海洋钻探和加拿大油砂田将会停产，因为在经济上不可行。市场上只会保留那些生产成本低的技术。

生物质燃料将会变得越来越没有竞争力；纳税人补贴将会爆炸式增长。虽然水都是"免费"的并且有生产补贴和消费配额，即使油价处在 100 美元/桶的水平，生物质燃料也无法与石油竞争。

假设在 2030 年有足够多的淡水来生产生物质燃料，那么，生物质燃料制造业能够以比目前市场价低 70％到 80％的价格来参与市场竞争吗？政府不得不拨出纳税人的钱来补贴生物质燃料的高昂生产成本与其竞争对手石油不断下降的市场价格之间持续扩大的差距。

石油公司将不会再把生物质燃料当成竞争对手了。他们数十年的证据表明生物质燃料无力同石油竞争。然而，随着石油业遭到冲击，将在未来萎缩，石油游说团将不得不为每一点他们能到手的市场份额而斗争。不可避免的是，石油游说团将不得不与农业游说团开战。

2030 年，在不断萎缩、遭受重创的石油游说团与实力依旧的农业游说团之间将发生的决战，谁将赢得这场战役呢？两大过时的能源将在政治权力的殿堂决一雌雄。

石油游说团将可能以环境为理由来抨击生物质燃料。他们可能会说，如果考虑整个生产周期（包括化肥、能源、运输、生产等）：

> 石油比生物质燃料产生更少的二氧化碳和其他温室气体。
> 石油比生物质燃料的耗水量低几个数量级。
> 石油不占用农田来生产能源。
> 石油不需要那么多的纳税人补贴。

两种过时的失去市场的液态能源将会在另一个天地——政治——中决战。这将类似于观看自动点唱机和八轨道磁带行业为一点纳税人的钱去游说政府。石油游说团将重点以影响环境为由抨击生物质燃料。我们生活的时代将会多么精彩啊！

第十章　煤炭时代的终结

◉ "决定经济发展边界的并不是创造性思想的缺乏，而是促进技术进步的强大的社会经济利益。"

——约瑟夫·熊波特

◉ "我成了死神，世界的毁灭者。"

——罗伯特·奥本海默

◉ 一些国家选择生活在能源黑暗时代，并不是因为缺少阳光普照，而是他们拒绝接受光明。

——托尼·西巴（诠释詹母斯·米切尔的话）

第十章　煤炭时代的终结

2013 年 6 月 26 日，世界银行宣布将停止为新的燃煤电厂提供贷款。[481]世界银行在其官网上发表了一篇文章表示，今后只有在"没有可行的煤炭替代方案且没有任何其他融资渠道"的"特殊情况"下，才会为煤炭项目提供贷款。[482]在随后的一个月内，欧洲投资银行（EIB）也宣布将停止为新建和改造燃煤电厂提供资金。EIB 的投资范围涉及欧盟的 28 个国家，它表示只会对满足特定排放标准的燃煤电厂投资。[483]

美国总统奥巴马呼吁美国的多边融资机构"停止向境外的新建燃煤电厂提供公共融资，采用碳捕获技术的燃煤电厂除外。"[484]

然而，世界银行和欧洲投资银行的这些举动并不会将煤炭推下统治地位（无论是电力还是政治影响力方面）。在过去的三百年中，煤炭行业一直在游说政治机构，它知道如何操纵政府和能源机构，煤炭行业"规制俘虏"的技艺已经炉火纯青了。

在上个世纪，世界银行、欧洲投资银行、美洲开发银行、进出口银行等金融机构前赴后继，争夺做燃煤电厂融资的老大。比如，单单世界银行就在过去五年内投资了价值 62.6 亿美元的煤炭项目。[485]

由于金融机构非常渴望投资煤炭项目，燃煤电厂的资本成本被人为地降低到历史低位。由于纳税人为多边金融机构提供了资金，又导致纳税人以另一种方式为世界各地的煤炭行业提供了资助——人为地将资本成本保持在低水平。不过，这种情况即将发生改变。如今，世界银行、欧洲投资银行等类似机构都不愿意投资煤炭项目，燃煤电厂的资本成本即将上升。不久，燃煤发电商们要想给他们的企业融资，就得多跑几趟民间借贷和投资市场了。

没有大手笔的政府贷款和贷款担保作支撑，华尔街的贷款标准将更加严格。煤炭发电的资本成本将会随之上涨。《财经101》告诉我们，随着资本成本上涨，煤炭行业将发生以下两件事情：

由于不具经济可行性，新建燃煤电厂的数量将会减少。之前很多项目的净现值（NPV）因为人为的低资本成本而呈现为正数，但今后这些项目将出现负的净现值，并因此关停。

煤电价格将会升高。燃煤电厂需要支付更高的银行贷款利息，这将导致电价变高。

煤炭——一项风险提案

2013年8月21日，在世界银行宣布停止对新建燃煤电厂提供贷款后不到两个月，煤炭行业就发生了一件前所未有的怪事：美国土地管理局在怀俄明州组织煤矿租赁招标，但无人投标。[486]

在这之前，每当美国土地管理局提供煤矿开采用地时，都只有一家投标商，那就是最初申请该块土地的公司。对于这次招标，云峰能源早在七年前就提出了租赁该块土地的申请，理应成为唯一投标人。"现在我们无法为这块土地编制经济标，"云峰能源公司首席执行官科林·马歇尔说。

云峰能源放弃投标是否是因为该公司无法在其柯德鲁·罗乔煤矿附近找到1.49亿吨煤炭的市场，还是因为煤炭这个曾经所向披靡的行业的资本成本不断上升？

根据晨星的消息，2013年煤炭巨头沃尔特能源取消了一项15.5亿美元的信贷再融资计划，[487]其股价随之下跌了一半左右。[488]

截至2013年底，斯托全球煤炭指数中选择的32家煤炭企业的合计总市值为1320亿美元。[489]而单单脸书的市值就达到了1360亿美元。[490]谷歌的市值为3730亿美元，是斯托全球指数中32家主要煤炭企业总市值的近三倍。

华尔街过去认为投资煤炭项目属于低风险策略，但现实发生了巨大变化，风险认知正在向现实靠拢。因此，煤炭的资本成本已经水涨船高。沃尔特能源公司无法筹集到低成本的债务资本（或者筹集不到任何债务资本），这种情况告诉我们，华尔街已经上调了煤炭项目的债务资本成本。煤炭企业的低市值意味着华尔街预测煤炭企业近期不会有任何增长。

煤炭正在成为一项风险投资，它的资本成本也在相应上涨。

煤炭企业自身也意识到了这些风险。在 2013 年第二季度，云峰能源从金融衍生品中赚的钱超过了煤炭销售的收入。[492]一些主要的煤炭公司通过押注煤炭价格赚的钱比挖煤赚的钱要多。公司拿自己做赌注可以看作是一个危险信号，即便这是一个被普遍接受的金融方法。

煤炭行业正在衰退。但它是不是已被淘汰？华尔街所指出的是一个长期下降趋势还是只是一种暂时现象？

煤炭——死亡预言

煤炭行业在先进的工业化国家已经死亡，这让一些人颇为吃惊，但这个行业其实早已奄奄一息几十年了。根据美国能源信息署的信息（图 10.1），燃煤电厂的建设热潮始于 20 世纪 50 年代中期，并在 80 年代初达到巅峰。在 20 世纪 70 年代，电力公司开始向核电设施的美好蓝图投怀送抱，而核电设施在 20 世纪 80 年代进入投运高峰期（见第八章）。

从 1990 年到 2012 年，美国大多数新增发电能力都来自于燃气电厂。如图 10.1 所示，在当前的"页岩气革命"之前，新建燃气电厂工程曾经呈井喷式发展。造成这种井喷式发展的原因有三个。

天然气市场复苏的第一个原因是 1987 年的《天然气使用法案》。该《法案》废止了 1978 年《发电厂和工业燃料使用法案》中限制电力企业使用天然气的部分，1973 年的首次石油危机直接促成了 1978 年法案的通过。当年石油危机肆虐全球市场时，美国燃油发电的比例为 16.9％，燃气发电的比例为 18.3％。[494]由于担心石油和天然气供应的紧张局势，美国国会颁布了 1978 年《发电厂和工业燃料使用法案》，规定禁止新建以石油或天然气作为主要燃料的电厂。这一法案还对石油和天然气的工业应用做出了限制，并鼓励发展核电和燃煤电厂。[495]

到 1987 年，美国燃油发电的比例仅占 4.6％（1973 年的比例为 16.9％）；而燃气发电的比例也已下降到 10.6％（1973 年的比例为 18.3％）。1987 年《天然气使用法案》允许工业用户和电力公司重新使用天然气。

天然气市场复苏的第二个原因与美国国会通过的两部法律有关，这两部法律解除了对电力市场的管制。1978 年的《公共电力公司监管政策法案》（PURPA）允许独立发电企业进入发电市场，从而打破了电力公司的纵向一体化。1992 年

美国目前的（2012年）发电能力（按初始运营年份和燃料类型分）

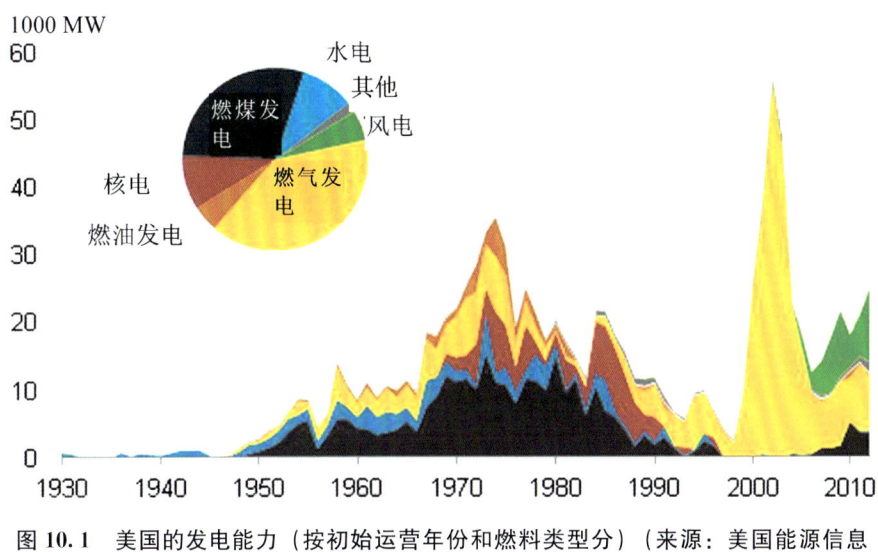

图 10.1 美国的发电能力（按初始运营年份和燃料类型分）（来源：美国能源信息署）[493]

的《能源政策法案》（EPACT）创建了竞争性电力批发市场的框架。[496]

《能源政策法案》要求联邦能源管理委员会（FERC）开放国家的输电系统，为非基于费率的发电厂（non-rate-based 电厂）进入市场扫除障碍。这些新的发电厂大多数都是燃气电厂。

天然气市场复苏的第三个原因与技术相关。自二战结束后，燃气轮机技术已经实现了稳步提高。在 1970 年到 1990 年间，联合循环发电技术的推广使得燃气电厂的转换效率翻了一番（图 10.2）。在 1992 年《能源政策法案》颁布之后，新建联合循环燃气轮机（CCGT）发电厂的热转换效率达到了 50% 以上，之后又稳步提高到 60% 左右。热转换效率是指燃烧所产生的热能实际转化成机械动力、然后转化成电能的百分比。

与联合循环燃气轮机发电厂相比，典型燃煤电厂的热效率大约为 33%。这就意味着煤炭燃烧所产生的热能有三分之二浪费掉了。

鉴于上述三大原因，1987 年的《天然气使用法案》允许工业用户和电力公司重新使用天然气，加之电力市场解除管制，以及燃气轮机技术的改进，电力市场发生了剧烈变化。这一变化使天然气（以及后来的风能和太阳能）受益。

美国大多数燃煤电厂都已经接近或超过退役年龄。一家典型燃煤电厂的使用

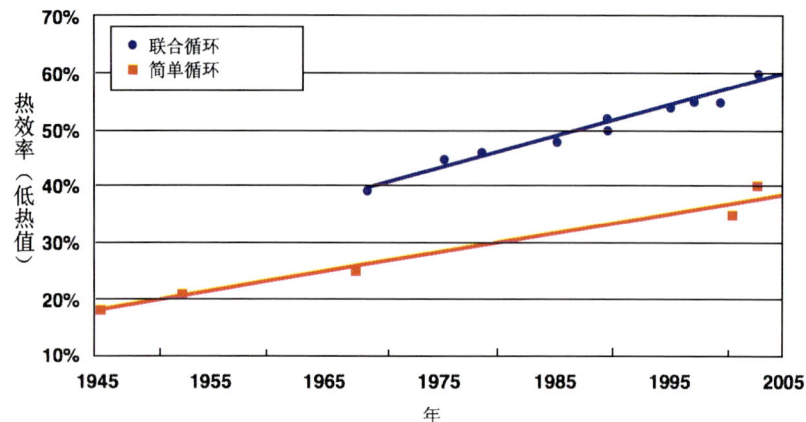

图 10.2 简单循环和联合循环燃气轮机的总体效率随着时间推移不断提高
（来源：麻省理工学院）[497]

年限为四十年。据能源信息署的统计（图 10.3），美国总发电容量中有超过 5.4
亿千瓦（51％）的发电容量已经运营三十年以上。在所有的燃煤发电容量中，超
过 74％的发电容量已经运营三十年以上。所有的这些发电容量都将在未来十到
二十年内更新换代。事实上，这些发电容量中有很多早已超过退役年龄（约四十
年），目前只能依靠频繁的检修来维系运营。

这些老化的燃煤电厂和核电站将会被什么取代？美国有显著迹象显示，煤炭
和核能正在退出舞台。在 2012 年之前的二十年内所增加的大部分发电容量是燃
气发电和风电（图 10.3）。美国公共电力公司打算如何更换老化的发电机组呢？
内华达能源公司提供了一个很好的例子。

2013 年 4 月，内华达能源公司宣布了其截止 2025 年的发电容量投资战略。
这项战略被称为 NVision，分为以下两大部分：[499]

关闭四个燃煤电厂。该计划要求在 2014 年关闭位于莫瓦帕的三家电厂，并
在 2017 年关闭第四家电厂，届时内华达能源公司在内华达州南部将没有燃煤电
厂了。

为了取代燃煤电厂，该电力公司将以 6：4 的比例投资天然气和清洁能源。

内华达能源公司此前曾与 SolarReserve 签署了一份 25 年期协议，在内华达
州的新月沙丘（Crescent Dunes）建设一座 110 兆瓦的基荷（24/7）太阳能电

截止 **2012** 年年底，各燃料类型发电机组的服役时间和容量

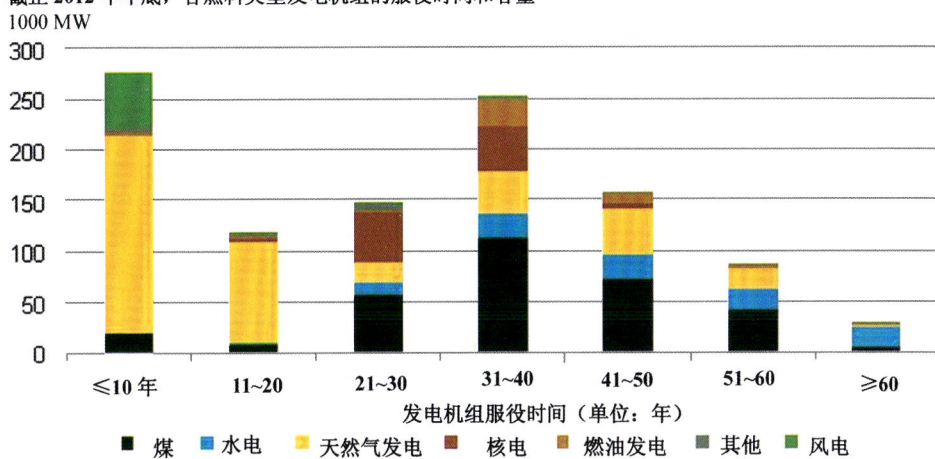

图 10.3 美国现有发电机组的服役时间和发电容量（按燃料类型分）（来源：美国能源信息署)[498]

站。这座太阳能电站设有十小时的储能容量，可随时根据客户的需要发电。

虽然按需发电的基荷太阳能电站已经在诸如西班牙之类的市场上证明了自己，而当新月沙丘电站在 2014 年投运时，它在内华达州还是个新鲜事物。内华达州能源在合同中要求以每度电 13.5 美分的价格购买该太阳能电站的峰电，该价格要比大然气调峰电厂便宜许多倍。我曾邀请 SolarReserve 的首席执行官凯文·史密斯来斯坦福大学为我的学生授课，他当时在课上表示他们公司计划在未来五年内将成本降低一半。

在公布新的 12 年计划后不久，内华达能源公司便被中美能源控股公司（MidAmerican Holdings）收购。[500]中美能源控股公司隶属于沃伦·巴菲特的伯克希尔·哈撒韦公司，此前曾以 20 亿～25 亿美元的价格收购了一个太阳能开发项目。该项目在 2015 年投运后将成为世界上最大的太阳能发电厂（579 兆瓦）。[501]

《美国国会研究服务报告》显示，除了已经开建的电厂，"美国国内已经没有新建的燃煤电厂"。[502]煤电行业可能会将其归咎于新规定，但其实从 20 世纪 90 年代初开始，燃煤电厂在美国新增发电容量中的占比就已经不足 10% 了。

煤电正在退出历史舞台，其原因不是在于污染，而是在于缺乏竞争力。煤电在美国已经过时。煤电在美国的市场份额正在快速流失给燃气发电、太阳能发电和风力发电。

然而，煤电并没有死亡。犹如神话中的五头蛇一般，煤电正在地球上的其他地方探起头来。

规制俘虏：政府如何保护煤炭行业

当原本应当代表人民来监管行业的监管机构转而代表行业来监管人民，规制俘虏就发生了。换句话说，规制俘虏是指监管机构对原本需要监管的公司反而采取了对其有利的措施。规制俘虏会纵容这些公司产生大规模的污染，因为这些公司知道政府会保护他们，同时纳税人会承担污染清理费用。传统能源领域经常会发生规制俘虏。

随着电力公司改用天然气、风力和太阳能发电，煤电正在逐步退出美国的历史舞台，但是煤电在全世界的比例仍然介于 40％到 50％之间，而且该比例还可能在未来几年内上升。在 2010 年，仅中国就消费了全球煤炭产量的 46％。[503] 印度和中国约有 10 亿千瓦的新建燃煤电厂将在未来几年内开发，而这一发电量相当于美国所有能源发电量的总和。

根据税后数据，中国是全球第二大能源补贴国，每年的补贴金额为 2 790 亿美元。国际货币基金组织（IMF）的报告显示，美国是全球最大的能源补贴国，补贴金额为 5 020 亿美元。[504] 2011～2012 年印度国内的燃料补贴达到了 GDP 的 2％。但你在政府预算中找不到这些补贴。根据 IMF 的报告，"燃油补贴通过多种渠道提供资金，其中包括一些预算外的来源"。

只要中国和印度的政府仍然扶持煤炭，并为煤炭产业提供监管保护和资金支持，煤炭还将在这两个人口最多的国家蓬勃发展。除中印两国以外，其他国家的政府也有通过跨国金融机构为煤炭项目融资的。日本的国际协力银行曾为煤炭项目提供了超过 100 亿美元的资金。[505]

显然，这些国家不是基于可信的商业计划为煤炭项目提供资金支持的。从中短期来看，化石燃料的成本波幅巨大，而从长期来看，化石燃料的成本呈上升的历史趋势。石油价格在不到十年（1999 年至 2008 年）的时间内上涨幅度超过 14 倍。天然气价格的波动幅度也很大。煤炭价格遵循了"高价波动"的规律。

据美国能源信息署的统计，美国煤炭的 F.O.B.（离岸价）价格从 1970 年的 6.34 美元/短吨上升至 2011 年的 36.91 美元/短吨（图 10.4）。（F.O.B.，其全称为 free on board，即在煤矿交货时的煤价，其中不含保险或煤炭运输费用，无论是在美国境内还是向海外运输）。煤炭价格从 1970 年开始上涨了 5.8 倍。与此同时，太阳能光伏发电的成本降低了 154 倍。与 1970 年相比，太阳能相对于煤炭的成本优势提高了将近 900 倍。

图 10.4　美国的煤炭价格（单位：美元/短吨）。价格为离岸价，不含运费或保险（来源：美国能源信息署）[506]

　　从 20 世纪 70 年代开始，虽然煤炭的产量增加、市场份额提高，煤炭价格依然呈上涨趋势。1980～2000 年期间的煤炭价格下降（图 10.4）与煤炭行业的产量提高和煤炭行业大规模裁员大体对应。从 1980 年至 2000 年期间，煤炭井采行业增加了 21% 的产量，同时裁减了 69% 的员工。煤矿从业人员的数量从 1980 年的 228 569 人下降至 2000 年的 71 522 人（图 10.5）。[507] 从 2000 年开始，煤炭的产量增长进入平稳期，煤炭价格也随之恢复上升趋势，甚至形成了逆转。

　　煤炭价格将会如何变化？如同所有的化石燃料一样，煤炭价格将会上涨。煤炭行业可以借助短期的产量增长来公开宣布"廉价电力新时代"的到来。媒体、政治家和监管机构会对此随声附和，让民众相信当今非清洁能源（煤炭、天然气、石油、核能）会带来廉价的能源天堂。但实际上，传统能源的价格在历史上一直呈上涨趋势。

　　重申一下，太阳能光伏发电的成本将会下降 400 倍，从 1970 年的每瓦 100美元下降至 2020 年的每瓦 25 美分。到 2020 年，假设煤炭价格稳定在目前的水平（但可能性不高），太阳能相对煤炭的成本优势也将提高约 2 700 倍。

　　当政府让纳税人来为煤炭行业的大部分成本买单时，煤炭行业便从中得利。而通过政府规定和法律，煤炭行业还能享受到：廉价（或免费）的土地；肆意污

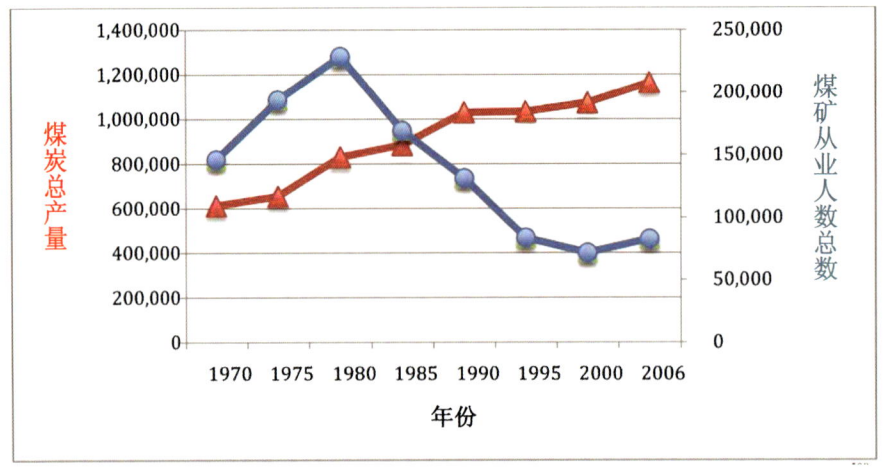

图 10.5　美国煤炭总产量与煤矿从业人员数量（来源：SourceWatch）[508]

染空气、水和土地的权利；不为员工支付养老金和医疗费用的权利。[509]

中国：水用于煤炭生产，而非食物生产

20 年来，经济学家们和所谓的中国专家学者们不停地争论，中国的年度 GDP 增长是否是不可持续的。年复一年，中国用事实证明那些认为中国经济增长不可持续的论点是错的。中国已经赶超美国，成为了全球最大的汽车市场和最大的能源市场，而这些在十年前都是不可想象的。

中国似乎已经掌握了将中央计划与基于市场的创业行为相结合的艺术与科学。凡是能够生产的东西，中国便能把它生产出来。凡是能够建造的东西，中国便能把它建造出来。似乎就没有什么是中国办不到的。难道有吗？

中国的能源结构中缺少一项元素，即地球上最珍贵的元素之一：水。低价、丰富的水资源与低价、丰富的能源一样，是构建文明的重要元素。我们需要水来产生能源，同时我们也需要能源来抽取、输送、净化和处理水资源。水和能源都是种植粮食所必需的。

缺水是化石燃料和核能发展的限制因素。据世界银行数据，全球约 15% 的淡水都被能源行业所消耗。[510]全球有将近一半的人口即将生活在"高度缺水"的区域，这种情况将对能源和食物保障产生影响。

中国已经发生了水资源危机。中国人口占世界总量的 20%，但中国的水资源只占世界总量的 7%。中国工业和人口的快速增长使其对河流和地下水的利用呈现出不可持续的态势。从 20 世纪 50 年代以来,中国的 50 000 条河流中有 27 000 条已经消失。[511]下面这些数据可以证明中国的水资源危机:中国的 600 座城市中有 400 座城市(包括 32 座最大城市中的 30 座城市)面临着不同程度的缺水问题。90% 的城市地下水源受到污染;70% 的江河湖泊受到污染。中国有三亿人无法喝到安全的饮用水。[512]

尽管中国当前面临着危机,但是整个国家的用水总量预计将从 2010 年的每年 5 990 亿立方米增加至 2020 年的每年 6700 亿立方米。[513]这些水资源无法供养中国日益增长的庞大人口。农业取水量在全国淡水总量中的占比预计将从 2010 年的 62% 降至 2020 年的 54%。那么,这些宝贵的淡水资源究竟去了哪里呢? 去满足煤炭行业对水资源的旺盛需求了。

作为世界上最大的煤炭消费国,中国已经感受到了煤炭对淡水的巨大需求所带来的压力。煤炭行业每年需要消耗 1 380 亿立方米的淡水,占全国淡水消费量的 23%。预计到 2020 年这一数据将增长至 1 880 亿立方米,从而将煤炭行业淡水消费量的比例提高至 28%。[514]

我们还可以从另一个角度来看中国政府是如何保护煤炭行业的。从 2010 年到 2020 年,中国的淡水消费量将会增加 719 亿立方米。在上述增量中,有 499 亿立方米将进入煤炭行业。也就是说,中国宝贵的淡水资源消费增长量中将有 69% 进入煤炭行业。

在中国,煤炭的确处于统治地位,而就像所有名副其实的统治者一样,它都不用为自己的饮水习惯买单,不用做清理工作,甚至不用支付任何费用。

中国政府对煤炭行业的支持则让人更加忧虑,因为中国目前发现的煤矿都位于全国最缺水的地区:华北和西北地区。中国新规划的燃煤电厂中有 60% 都集中在 6 个省份(内蒙古、陕西、甘肃、宁夏、山西和河北),而世界资源研究所的数据显示,这 6 个省的淡水量合计只占中国淡水总量的 5%。[515]在这 6 个省份中,有 60% 的燃煤电厂集中在“高度或极度缺水”的地区(图 10.6)。

为了缓解华北地区日益严重的缺水问题,中国正在建设历史上规模最大的水利工程。断断续续的“南水北调工程”是一项投资 620 亿美元、工期几十年的项目,旨在将 448 亿立方米的水从华南的长江流域转移到华北的干旱地区。[517]这项重要的工程由 3 条线路(东线、中线和西线)组成,跨越数千千米的运河、隧道、河流和水库。仅东线就长达 1 152 千米,将配备 23 座泵站,这些泵站需要 454 兆瓦的电力支持(由典型燃煤电厂提供)。[518]

如果你仔细看一下这些数据,你会发现以下两点:

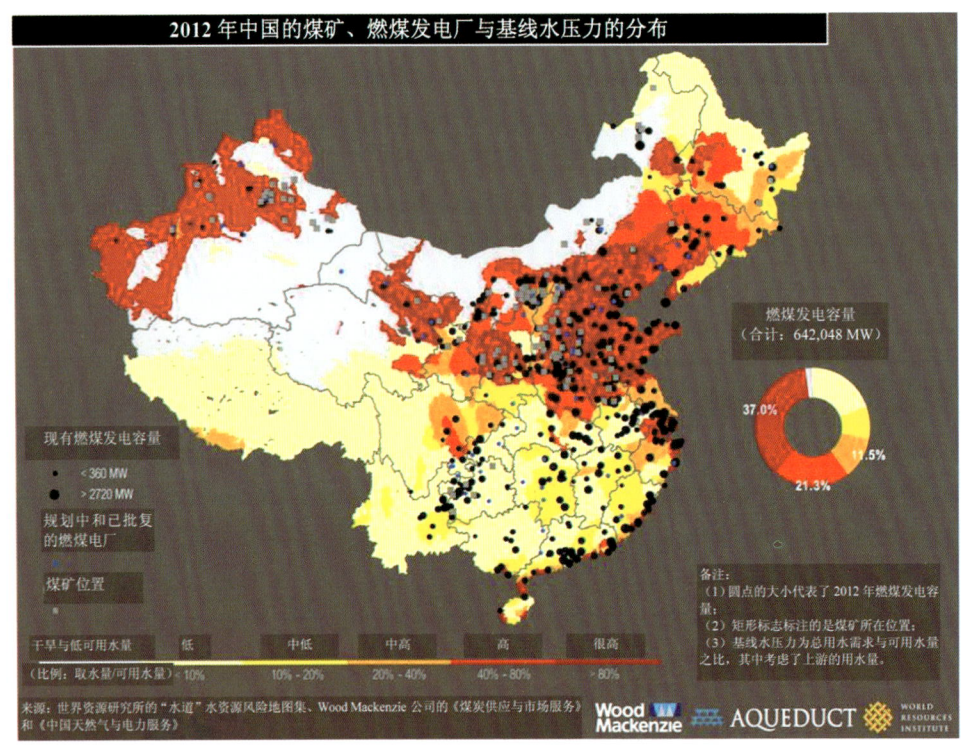

图 10.6　中国的煤矿、电厂和缺水情况（来源：世界资源研究所）[516]

　　煤炭企业大多位于华北地区，煤炭领域 2010 年至 2020 年间的用水需求预计将增加 499 亿立方米。

　　"南水北调工程"预计将从南向北输送 448 亿立方米的水。

　　换句话说，"南水北调工程"也可称作"南水北煤工程"。

　　南水北调工程的建设费用不会由煤炭行业来买单。620 亿美元的水利项目并不会直接体现在他们所收取的"成本"中，但它是一项真实的成本。和往常一样，煤炭行业会将其成本社会化，同时将利润私有化。

　　同时，从 1998 年开始，中国有 850 万公顷的农田停止耕种。[519]中国也因此遭受了大规模的荒漠化。据中国国家林业局的统计，全国目前有 27％的土地（260 万平方公里）发生了荒漠化。[520]根据《联合国防治荒漠化公约》，水土流失对中国 4 亿人口的生活产生了影响，并给中国带来了 100 亿美元的经济损失（图

10.7）。[521]

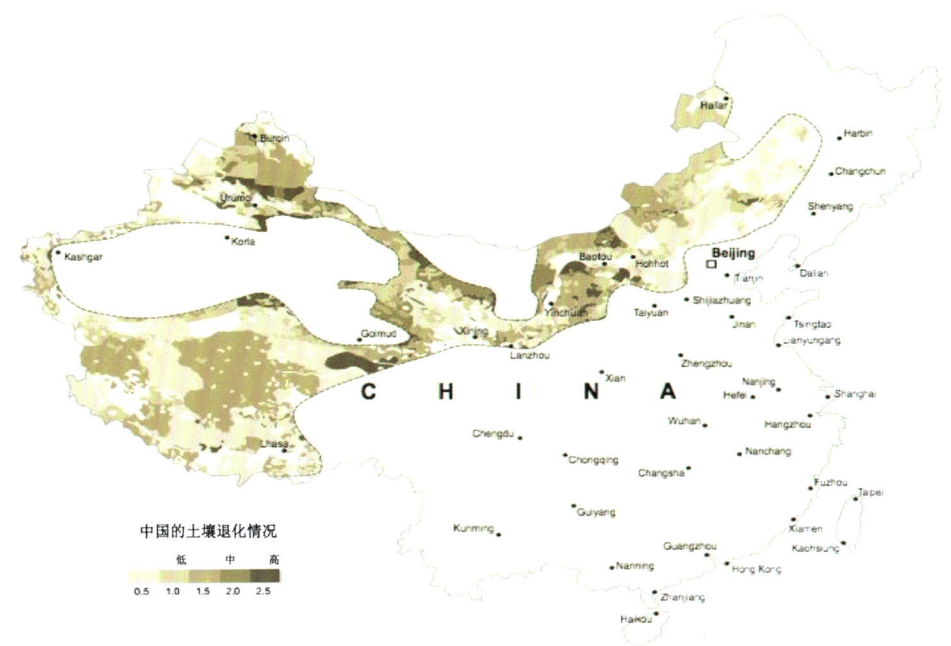

图 10.7 中国的土壤退化情况（来源：联合国防治荒漠化公约）[522]

在 2003 年至 2013 年间任职中国总理的温家宝曾表示，水资源短缺会对"民族存亡"带来威胁。[523]中国政府是否还能继续牺牲人民的利益来保全煤炭产业的利益呢？

煤炭带来的死亡威胁

2013 年 10 月 22 日，中国东北发生了严重的雾霾事件，导致政府封闭道路、学校停课、机场关停。[524]哈尔滨这座人口 1 000 多万的城市能见度不到六十英尺（20 米）。黑龙江省内所有的高速公路都被迫关闭。

空气中充满了 PM 2.5，其密度已经达到每立方米 1 000 微克（$\mu g/m^3$），相当于世界卫生组织所建议的最高水平 $25 \mu g/m^3$ 的 40 倍。PM 2.5 是煤炭和化石燃料（如汽油、柴油和木材）的燃烧产物。

PM 2.5 会导致心肺疾病，气管、支气管癌变，以及肺部和急性呼吸道感染。[525]它还会导致动脉斑块大量沉积，引发血管炎症和动脉粥样硬化，进一步诱发心脏病和其他心血管问题。即便是短期暴露于高浓度 PM 2.5 环境中也会引发心脏疾病。

据旧金山湾区空气质量管理局统计，对于湾区的人口规模而言（2010 年为 720 万），环境中的 PM 2.5 降低 $1\mu g/m^3$，就能够把原本会因此损失的约 11 530 个工作日弥补回来。而中国哈尔滨的 PM 2.5 水平最高时达到了 1 000 $\mu g/m^3$。[526]

中国的空气污染是中国政府和人民面临的严峻挑战。据先驱医疗杂志《柳叶刀》的数据，户外空气污染已导致中国 120 万人提前死亡。[527]

在中国，空气污染使得人们的平均寿命存在明显差异。《美国科学院院报》（PNAS）最近发表的一篇研究报告显示，因燃煤引发的心脏和肺部疾病导致华北地区居民的平均寿命要比华南地区居民短 5.5 年。[528]

很多关于煤炭的话题都与气候变化的长期破坏性影响有关，煤炭已经成为全球死亡和疾病的主要原因之一。

煤炭并不便宜。由于使用煤炭，我们需要以频繁出入医院，甚至付出生命作为代价，同时还会导致经济产出低下、生活质量降低。煤炭行业获得了利润，但是人民承担了恶果。

印度因为燃煤而引发的人类灾难也在逐步恶化。2010 年，户外空气污染导致印度 60 万人死亡。[529]该国目前的煤炭发电装机容量约为 1.2 亿千瓦，同时还规划新建装机容量达到 5.19 亿千瓦的燃煤电厂。印度的煤矿主要由褐煤组成。[530]根据行业分类，褐煤被认为是质量最差的煤炭，[531]其中所含挥发性有机化合物的数量可达美国无烟煤的 10 倍。由于褐煤的热含量较低，因此需要燃烧更多的煤才能获得与无烟煤相同的热量。[532]

如果印度新增的 5.19 亿千瓦燃煤装机容量投运，该国用褐煤这种低质煤发电的基础设施数量就会翻两番。褐煤燃烧产生的微粒物质是无烟煤的 10 倍。印度因煤炭污染而死亡的人数可能会比现在多一个数量级，达到每年 600 万。印度政府对这种情况心知肚明，却依然支持这一方案，真是不可理喻。

此外，印度本身已经饱受水资源管理不善和荒漠化的折磨，而煤炭行业对水资源的需求则会令其雪上加霜。《联合国防治荒漠化公约》显示，印度的土壤退化量已增加了 6 倍。[533]

尽管因燃煤造成的空气污染已导致数百万人死亡，但是建议提高煤炭产量的政府机构依然表示这么做是因为"煤炭比较便宜"。事实真的如此吗？

燃煤污染也正在影响美国人的生活。据美国肺脏协会提供的数据：由于煤会对人体肺部和其他部分产生毒性作用，燃煤污染已导致 24 000 多名美国居民提前死亡。[534]为了让这一数据更加直观，可以做一下对比：2001 年到 2013 年间，在战争中死亡的美国士兵一共有 5 281 名。而在这十三年里，因燃煤污染而死亡的美国居民超过了 312 000 人。[535]

哈佛大学的报告显示，煤炭导致美国在健康、经济和环境损害方面付出了 5 000 亿美元/年的成本。[536]也就是说，美国的每一位公民都需要为煤炭开采、运输、燃烧和处理而造成的损害每年平均支付 1 600 多美元。这是一项巨额税款。

如果让煤炭行业为它所造成的损害买单，它就需要向我们支付每度电 26.89 美分的费用。[537]换句话说，美国的纳税人正在按每度电 26.89 美分的费率补贴煤炭行业。

如果能源属于自由市场，同时政府不保护煤炭行业，那么煤炭行业就会不复存在。在自由市场上，企业不会因为政府的眷顾和保护而将污染的成本转嫁到民众头上。

煤炭行业何时才能放慢脚步，不再摧残人类生命呢？政府监管部门何时才能不再帮助、唆使煤炭行业继续做杀害千百万人类的刽子手呢？

煤炭行业的最终颠覆者

2013 年秋天，我向一些来自北京的高管人员讲授了两天的技术创新战略课程。那是在斯坦福大学一个天气凉爽、阳光灿烂的日子。在午休时间，我带着这些高管学生在四方院里拍照（图 10.8）。我一直都非常喜欢斯坦福大学的罗丹雕塑园和纪念堂，也热衷于观察拱门与他们的影子对齐的样子。我注意到有几个学生抬头仰望，正在拍蔚蓝的天空。我问他们为什么会对天空感兴趣，他们回答说："在中国北方，我们很难看到蓝天，真的。蓝天真的很美！"

我回答说："到 2030 年，你们能看到的。"我说会出现颠覆性的变化，他们只是笑笑，然后异口同声地说："希望如此吧。"

我并非希望在全世界范围内实施一项鲁布·戈德堡[①]式的工程项目，快速终结煤炭行业。我只是希望让燃煤电厂成为搁浅资产。

游说者和与他们志同道合的监管机构将继续捏造故事、传播虚假消息来保护煤炭行业。但是，当无需补贴的太阳能变得比需要补贴的煤炭更加便宜之时，政

① （译注＊：鲁布·戈德堡，美国漫画家，在他的漫画系列《发明家》中，他画了许多用极其复杂的方法从事简单小事的漫画，赢得了许多读者。如今，"鲁布·戈德堡"已成为"简单事情复杂化"的代名词。）

图 10.8　斯坦福大学的四方院（摄影：托尼·西巴）

客们和监管机构就很难再捏造出关于煤炭益处的故事来让人们信服。当有更加便宜、更加清洁的替代品出现时，人们便不会再拿他们的生命和钱财来支持煤炭行业。

电力公司还在念叨电力属于"自然垄断"的陈年旧事。垂直一体化的垄断型电力公司习惯于成本加成的商业模式，它们通过这种模式把任何的增量成本转嫁给纳税人。电力公司喜欢资本密集型的发电厂，比如燃料成本上升的煤电厂和核电厂，其原因在于这些发电厂每年都会增加电力公司的收入。

太阳能对这种商业模式有颠覆性的影响。太阳能的价格只会下降，不会上升。太阳能发电设施可以安装在客户的屋顶上，无需电力公司提供任何帮助。太阳能不需要进行燃料的开采、加工、运输、焚烧或填埋。

煤炭价格从 1970 年开始上涨了 5.8 倍（图 10.4）。煤炭价格不只是在上涨，它还会波动。煤炭企业自己清楚地知道煤炭价格的波动性，所以它们会在适当的时候利用这种波动性来牟利。在 2013 年第二季度，云峰能源从金融衍生品中赚的钱超过了其煤炭销售的收入。[538] 能源流就是现金流。能源波动性也是现金流。

煤炭企业能控制钱的流入流出。但他们无法保证煤炭可以像太阳能和风能一样，在二十年内保持相同的价格。

好消息在于，尽管煤炭行业得到大力保护和巨额补贴，但是煤炭已经被太阳能和风能打败。根据彭博社制作的模型，一座典型的新建燃煤电厂的发电成本为每千瓦时 12.8 美分。[539] 太阳能已经在成本上胜出。First Solar 公司装机容量达到 50 兆瓦的 Macho Springs 项目将以每千瓦时 5.79 美分的价格把太阳能电力出售给埃尔帕索电力公司。[540] 新墨西哥州的纳税人支付太阳能的电价只有先前煤电价格的一半。更美妙的是，他们可以在二十年的合同期限内始终享受这么低的价格。[541]

在加利福尼亚州，太阳能产业正在步步为营地颠覆现有的公共电力模式。太阳能设施安装公司 Sungevity 的联合创始人丹尼·肯尼迪最近告诉我："我们 90% 以上的客户从第一天就开始省钱了。"

硅谷基于支配信息技术的指数改善定律（如摩尔定律）建立了其整个产业。几十年来，硅谷的公司持续不断地全面削减计算成本。今天的智能手机已经比昨天的超级计算机具备更强的计算能力。太阳能的成本，如同计算成本一样，会随着太阳能发电设施质量的提升而不断下降。

曾经为你带来苹果、英特尔和谷歌的人现在正在为你带来太阳能电力。比特世界颠覆了原子世界。接下来，基于比特与电子的公司将会淘汰基于原子的电力公司。工业型能源时代正在被知识型能源时代所取代。就是这么简单。人们不再需要鲁布·戈德堡式的能源工程了（图 10.9）。

到 2020 年，太阳能电池板的成本将下降三分之二。也就是说，无需补贴的太阳能会比需要补贴的煤炭便宜得多。甚至住宅太阳能的成本都会低于燃煤发电的批发成本。

据 GTM 和花旗银行预测，在 2020 年建设一座大型太阳能电站的预期总成本将低至每瓦 0.65 美元。[543] 这一数字并不难实现。事实上，我们离这个目标已经不远了。正如我在这本书中所提到的，澳大利亚的住宅太阳能成本已经达到 1.40 美元/瓦。大型发电厂的成本要比住宅太阳能的成本低很多。再考虑到未来 6 年太阳能发电技术学习曲线，到 2020 年大型太阳能电站的总装机成本降到 0.50 美元/瓦以下也不足为奇。

假设花旗银行预测（到 2020 年建设一座大型太阳能电站的成本为 0.65 美元/瓦）是正确的，那么在洛杉矶附近建设一座太阳能电站，并以 4% 的资金成本进行融资，这座电厂就能以每千瓦时 3.4 美分的成本发电。这种发电成本（LCOE）中包含了保险、运营、维护和退役的各项费用。世界上没有任何未经

图 10.9　位于加利福尼亚州山景城谷歌总部的鲁布·戈德堡机械装置（制造者：克里斯多夫·韦斯特霍夫。摄影：托尼·西巴）[542]

补贴的非清洁能源能够以这么低的成本发电。核能不行，煤炭不行，天然气不行，石油不行。现在不行，2020 年不行，2030 年肯定也不行。

如果没有政府的大力支持，没有人民为它的大部分成本买单，煤炭行业就会不复存在。即便在规制俘虏的环境下，煤炭也不能与太阳能的技术成本曲线竞争。与煤炭相比，太阳能的成本优势已经提高了 900 倍，到 2020 年这种优势还会提高至少 2 700 倍。

建于 2020 年的太阳能电站的唯一竞争对手就是建于 2020 年以后的太阳能电站。这是因为太阳能发电的成本未来还会继续下降。在 20 年期抵押贷款还清之后，太阳能电池板还将继续发电，而届时的成本几乎等于零。新的太阳能电池板通常可以保证使用 20 年，但随着质量的提高，预计他们的工作年限可以在最初的 20 年基础上提高到几十年。发电量将有可能减少（比如每年降低 1%），但是一座建于 2014 年的 3 千瓦太阳能电站很可能在 20 年后（即 2034 年）仍能实现 2.4 千瓦的发电量，但它的成本将变成每千瓦时零美分。这些太阳能电池板很有可能到 2044 年还能保持 2.2 千瓦的发电量，到 2054 年保持 2 千瓦的年发电量，而发电成本依然是每千瓦时零美分。

如同计算技术的成本一样，在我们可以预见的未来，太阳能发电的成本将不断下降。我们将经历一些这个世界从未发生过的事情：一次能源成本下降，随后是丰富的参与性清洁能源。另外，没错，太阳将再次闪耀在北京上空，蓝天不再是这座城市的奢望。

煤炭已经过时。可以预见，煤炭投资项目将成为搁浅资产。

致　谢

◉ "胜利，争功者众多；失败，承担者罕见。"

——约翰·F·肯尼迪总统

衷心感谢以下所有同意担任我在斯坦福大学开设的课程——《清洁能源和交通——市场和投资机会》和《展望和引领市场冲击波》——的嘉宾演讲人以及同意为这本书而接受采访的人士：井上雅人（日产公司）、三田村武和今村公彦（日产硅谷研究中心）、丹尼·肯尼迪（Sungevity 公司）、大卫·阿尔菲（太阳城公司）、凯文·史密斯（SolarReserve 公司）、何塞·马丁（Sener 美国）、克雷格·霍恩（Enervault 公司）、彼得·勒里弗（Chromasun 公司）、拉吉·艾特鲁儒（DFJ 风投公司）、曼尼·赫尔南德斯（SunPower 公司）、G. G. Pique（Energy Recovery 公司）、彼得·霍金斯（Utility Scale Solar 公司）、史蒂夫·纳斯里（Invense 公司）、亚伯·雷切特勒（3D 系统公司）、里奇·马奥尼（SRI 国际）、安德里亚斯·拉普托普洛斯（Matternet 公司）、丹·罗森（Mosaic 公司）和埃米莉·基尔希（SFUNCube 公司）。

我还想感谢我在斯坦福大学开设的课程——《清洁能源和交通——市场和投资机会》和《展望和引领市场冲击波》——的学生们！我的清洁能源和冲击波课程为这本书提供了核心思想。我很幸运能够教授各位创新者和企业家，他们正朝着积极的方向改变着世界。他们中的许多人已经开始创办或者参与硅谷众多的、颇具冲击力的清洁能源、清洁交通和信息技术公司。他们拓展了技术、商业模式和产品创新的边界。一些人在开发数百个兆瓦级的太阳能和风能发电项目。其他一些人已经开始对智囊团、非政府组织和公共政策机构产生积极的影响。

我尽最大努力来教育、激励和推动他们的思想超越以往的观念和界限。反过来，他们又来挑战和激励我自己来讲述持续一生的独特经验。为此，我感谢他们！

我想感谢哈尔·卢钦海姆在 12 年前给我在斯坦福任教的机会。我创设和讲授了 5 门课程，而哈尔总是信任、支持我的工作。我还想感谢丹·科尔曼，斯坦福继续教育学院的院长及其出色的员工。

我站在无数科学家、工程师和企业家的肩膀上，他们开发了太阳能和风能技术、电动汽车、电能存储装置、机器人、智能装置、传感器、人工智能，并且把这些技术综合起来，使得各种产品、服务和商业模式能够造就一个清洁能源和清洁交通的世界。他们为我们铺平了道路，让我们不仅能享有清洁的未来，而且能拥有一个更加民主的世界。

我要感谢埃琳娜·卡斯塔诺女士和她的 Wikreate 公司出色的团队。他们是富有创造力的设计师，给了这本书和我的新网站（tonyseba.com）有力的支持，并提高了二者的水平。我还要感谢编辑了我的手稿使之变成一本更可读的书的彼得·菲维卡。感谢乔·迪利提供的反馈。

感谢旧金山乡村市场咖啡馆的员工。我的一个朋友说过要写一本题为《你所需的一切就是爱和互联网》。我愿意往里加咖啡。

感谢巴维斯·辛格（Aegis Capital Partners 公司），感谢你真诚的友谊，感谢你这位了不起的商业伙伴。

最后，我想感谢梅尔琳·瑞福斯，感谢你的支持。没有你，这本书的出版是不可能的。你是最棒的！

感谢各位！感谢各位的付出！

托尼·西巴

参考文献

[1] "Exploring the Role Ecosystems in Evolving Cloud Markets", IBM Smart Cloud White Paper, 2012.
http://www.ibm.com/midmarket/lk/en/att/pdf/lk_en_White_Paper_Cloud_2012.pdf

[2] Bajarin, Ben, "The State of Mobile Technology", Time, March 5, 2012.
http://techland.time.com/2012/03/05/the-state-of-mobile-technology/

[3] Constine, Josh, "40% of YouTube traffic Now Mobile", TechCrunch.com, Oct 17, 2013. http://techcrunch.com/2013/10/17/youtube-goes-mobile/

[4] "Explaining the NOAA Sea Level Rise Viewer", Climate.Gov, Oct 29, 2013.
http://www.climate.gov/news-features/videos/explaining-noaa-sea-level-rise-viewer

[5] J. AlstanJakubiec and Christoph F. Reihnart, "Towards Validated Urban Photovoltaic Potential and Solar Radiation Maps based on Lidar measurements, GIS data, and hourly daysin simulations", Building Technology Program, Massachusetts Institute of Technology, Cambridge, MA

[6] Edelstein, Stephen, "Nissan Shows Fully Autonomous Cars it plans to Build by 2020", GreenCarReports.com, Sept 9, 2013.
http://www.greencarreports.com/news/1086566_nissan-shows-fully-autonomous-cars-it-plans-to-build-by-2020

[7] "TSensor Summit", Stanford University, http://www.tsensorssummit.org/

[8] Loder, Asjvlyn, "U.S. Shale-Oil Boom May Not Last as Fracking Wells Lack Staying Power", Business Week, Oct 10, 2013. http://www.businessweek.com/articles/2013-10-10/u-dot-s-dot-shale-oil-boom-may-not-last-as-fracking-wells-lack-staying-power

[9] Lavrinc, Damon, "In Automotive First, Tesla does Over-The-Air Software Patch", Wired.com, Sept 24, 2012. http://www.wired.com/autopia/2012/09/tesla-over-the-air/

[10] Kumparak, Greg, "Live from iPhone 5S Announcement", TechCrunch, Sept 10, 2013, http://techcrunch.com/2013/09/10/live-blog-from-apples-iphone-5s-announcement/

[11] "Enough Copper for a Hundred Years", Materials Today, July 4, 2013, http://www.materialstoday.com/metals-alloys/news/enough-copper-for-a-hundred-years/

[12] Goossens, Ehren, and Martin, Christopher, "First Solar: May Sell Solar at Less than Coal", Bloomberg News, February 1, 2013.
http://www.bloomberg.com/news/2013-02-01/first-solar-may-sell-cheapest-solar-power-less-than-coal.html

[13] "U.S. Solar Market Insight Report, 2013 Year In Review", Solar Energy Industries Association, http://www.seia.org/research-resources/solar-market-insight-report-2013-year-review

[14] Sherwood, Larry, "Solar Market Trends 2011", Interstate Renewable Energy Council, August 2012, http://www.irecusa.org/wp-content/uploads/IRECSolarMarketTrends-2012-Web-8-28-12.pdf

[15] Seba, Tony, "Will Germany Achieve 100% Solar Power by 2020?", August 6, 2012.
http://tonyseba.com/cleanenergyeconomy/germany-100-solar-power-by-2020/

[16] Meikle, Brad, "Meikle Capital, Technology Equilibrium Fund, LP", July 8, 2013 newsletter

[17]Meikle, Brad, "Meikle Capital, Technology Equilibrium Fund, LP", July 8, 2013 newsletter

[18]Meikle, Brad, "Meikle Capital, Technology Equilibrium Fund, LP", July 8, 2013 newsletter

[19] "German solar PV, wind peak at 59.1% of electricity production on October 3rd, 2013", SolarServer.com, Oct 7, 2013, http://www.solarserver.com/solar-magazine/solar-news/current/2013/kw41/german-solar-pv-wind-peak-at-591-of-electricity-production-on-october-3rd-2013.html

[20] Morris, Craig, "Denmark Surpasses 100 percent Wind Power", Energy Transition, Nov 8, 2013. http://energytransition.de/2013/11/denmark-surpasses-100-percent-wind-power/

[22] "Germany's Solar Power Systems Set New Solar Record (Germany Crushing US in Solar Power)", Cost Of Solar, Nov 2013. http://costofsolar.com/germany-solar-power-systems/

[23] Davis, Tina, and Goossens, Ehren, "Buffett Utility Buys $2.5 Billion SunPower Solar Projects", January 2, 2013.http://www.bloomberg.com/news/2013-01-02/buffett-utility-buys-sunpower-projects-for-2-billion.html

[24] MidAmerican Energy, US SEC Form10K for fiscal year ended December 31, 2012, http://www.midamerican.com/include/pdf/sec/20121231_79_mec_annual.pdf

[25] "$1 Billion Bond Offering Completed for World's Largest Solar Project", SustainableBusiness.com, June 28, 2013. http://www.sustainablebusiness.com/index.cfm/go/news.display/id/25018

[26]Shahan, Zachary, "Shell Bullish on Solar Despite Dropping Solar", SolarLove.org, March 3, 2013, http://solarlove.org/shell-bullish-on-solar-despite-dropping-solar-but-much-more-in-its-new-scenarios-than-that/

[27]"Global Market Outlook 2013-2017", EPIA European Photovoltaic Industry Association. http://www.epia.org/fileadmin/user_upload/Publications/GMO_2013_-_Final_PDF.pdf

[28]Meza, Edgar, "China's Solar Capacity to Reach 10 GW in 2013", PV Magazine, December 4, 2013.http://www.pv-magazine.com/news/details/beitrag/chinas-solar-capacity-to-reach-10-gw-in-2013_100013650/

[29]Wikipedia contributors, "Solar Power in Germany", Wikipedia, the Free Encyclopedia.http://en.wikipedia.org/wiki/Solar_power_in_Germany

[30]Wikipedia contributors, "Solar Power in Germany", Wikipedia, the Free Encyclopedia.http://en.wikipedia.org/wiki/Solar_power_in_Germany

[31]"National Transmission Development Plan for the National Electricity Market", Australia Market Operator, December 2013, AEMO   Australian Energy Market Operator, ABN 94 072 010 327.http://www.pennenergy.com/content/dam/Pennenergy/online-articles/2013/December/2013_NTNDP.pdf.pdf

[32] "Wind In Power – 2011 European Statistics", The European Wind Energy Association, Feb 2012. http://www.ewea.org/fileadmin/files/library/publications/statistics/Wind_in_power_2011_European_statistics.pdf

[33]Platzer, Michaela D, "U.S. Solar Photovoltaic Manufacturing: Industry Trends, Global Competition, Federal Support", Congressional Research Service, June 13, 2012,

R42509, www.crs.gov

[34]"ReConsidering the Economics of PV Power", Bloomberg New Energy Finance, 2012

[35]"Petroleum and other Liquids", US Energy Information Agency.http://www.eia.gov/dnav/pet/hist/LeafHandler.ashx?n=PET&s=F000000__3&f=A

[36]"1970 Economy / Prices", 1970sFlashback.com.http://www.1970sflashback.com/1970/economy.asp

[37] Kind, Peter, "Disruptive Challenges: Financial Implications and Strategic Response to a Changing Retail Electric Business", Edison Electric Institute, January 2013

[38]Linbaugh, Kate, and Kell, John, "GE Ends Solar-Panel Push, Sells Technology to First Solar", Wall Street Journal, August 6 2013. http://online.wsj.com/news/articles/SB10001424127887323514404578652533484101340

[39] Montaigne, Fen, "A Power Company President Ties His Future to Green Energy", Yale Environment 360, November 9, 2011. http://e360.yale.edu/feature/solar_power_nrg_president_crane_ties_future_to_renewable_energy/2462/

[40] "The Impact of Local Permitting on the Cost of Solar Power", SunRun, January, 2011. http:www.**sunrun**home.com/download_file/view/414/189

[41]Rinaldi, Nicholas, "Solar PV Modules Costs to Fall to 36 cents per watt by 2017", GreentechMedia,,June 18, 2013. http://www.greentechmedia.com/articles/read/solar-pv-module-costs-to-fall-to-36-cents-per-watt

[42]"Statistic data on the German Solar power (photovoltaic) industry", German Solar Industry Association (BSW-Solar), April 2014.http://www.solarwirtschaft.de/fileadmin/media/pdf/2013_2_BSW-Solar_fact_sheet_solar_power.pdf

[43] Martin, James, "Solar PV Price Index–July 2013", Solar Choice, July 4, 2013. http://www.solarchoice.net.au/blog/solar-pv-price-index-july-2013/

[44]Seel, Joachim, Barbose Galen, and Wiser, Ryan, "Why Are Residential PV Prices in Germany So Much Lower Than in the United States? A Scoping Analysis", Lawrence Berkeley National Laboratory, September 2012. http://rael.berkeley.edu/sites/default/files/lbnl-german-price-presentation-final.pdf

[45] Martin, James, "Solar PV Price Index–July 2013", Solar Choice, July 4, 2013. http://www.solarchoice.net.au/blog/solar-pv-price-index-july-2013/

[46] Drury, Easan, Denhom, Paul, and Margolis, Robert, "Sensitivity of Rooftop PV Projections in the SunShot Vision Study to Market Assumptions", National Renewable Energy Lab, NREL/TP-6A20-54620,January 2013

[47] Woody, Todd, "First Solar Shares Spike As It Pursues Big Solar Without Subsidies Strategy", Forbes.com, July 2, 2012. http://www.forbes.com/sites/toddwoody/2012/08/02/first-solar-shares-spike-as-it-pursues-big-solar-without-subsidies-strategy/

[48]Rinaldi, Nicholas, "Solar PV Modules Costs to Fall to 36 cents per watt by 2017", GreentechMedia,,June 18, 2013. http://www.greentechmedia.com/articles/read/solar-pv-module-costs-to-fall-to-36-cents-per-watt

[49]Channell, Jason, Lam, Timothy, and Pourreza, Shahriar, "Shale & Renewables: A Symbiotic Relationship", Citi Research, Sept 12, 2012

[50]Channell, Jason, Lam, Timothy, and Pourreza, Shahriar, "Shale & Renewables: A Symbiotic Relationship", Citi Research, Sept 12, 2012

[51] "Historical California Electricity Demand", California Energy Commission, CA Energy Almanac. http://energyalmanac.ca.gov/electricity/historic_peak_demand.html

[52]ReneSola, 156 Series Monocrystalline Solar Module, Irradiation efficiencies vary from 15.9% to 16.2%, available at http://www.renesola.com

[53] Martin, James, "Solar PV Price Index–July 2013", Solar Choice, July 4, 2013. http://www.solarchoice.net.au/blog/solar-pv-price-index-july-2013/

[54] Martin, James, "Solar PV Price Index–July 2013", Solar Choice, July 4, 2013. http://www.solarchoice.net.au/blog/solar-pv-price-index-july-2013/

[55] Scott, Brandon, "Powering the Future – Small City has Big Solar Goals", CBS News, August 19, 2013. http://www.cbsnews.com/news/powering-the-future-small-city-has-big-solar-goals/

[56]Trabish, Herman, "Lancaster, CA Becomes First US City to Require Solar", March 27, 2013. http://www.greentechmedia.com/articles/read/Lancaster-CA-Becomes-First-US-City-to-Require-Solar

[57]Tim Flannery, Tim, and Sahajwalla, Veena, "The Critical Decade: Australia's Future – Solar Energy", Climate Commission, 2013. http://www.climatecouncil.org.au/uploads/497bcd1f058be45028e3df9d020ed561.pdf

[58] Frank M Bass et al, "DIRECTV - Forecasting the Diffusion of a New Technology Prior to Product Launch", INTERFACES 31: 3, Part 2 of 2, May–June 2001 (pp. S82–S93)

[59] Frank M Bass et al, "DIRECTV - Forecasting the Diffusion of a New Technology Prior to Product Launch", INTERFACES 31: 3, Part 2 of 2, May–June 2001 (pp. S82–S93)

[60]Wikipedia contributors, "Potassium Nitrate", Wikipedia, the Free Encyclopedia.http://en.wikipedia.org/wiki/Potassium_nitrate

61 Wikipediacontributors, "Capacity Factor", Wikipedia, the Free Encyclopedia. http://en.wikipedia.org/wiki/Capacity_factor, as of June 20, 2011.

[62] Maloney, Michael T., "Analysis of Load Factors at Nuclear Power Plants", http://works.bepress.com/cgi/viewcontent.cgi?article=1009&context=michael_t_maloney , retrieved June 20, 2011.

[63] "Major Solar Projects in the United StatesOperating, Under Construction, or Under Development", Solar Energy Industries Association, November 26, 2013

[64]Wikipediacontributors, "World Wide Web", Wikipedia, the Free Encyclopedia. http://cn.wikipedia.org/wiki/World_Wide_Web#Web_servers

[65]Deken, Jean Marie, "The Early World Wide Web at SLAC", Stanford Linear Accelerator Center, May 31, 2006. http://www.slac.stanford.edu/history/earlyweb/history.shtml

[66] Lomas, Natasha, "10BN+ Wirelessly Connected Devices Today, 30BN+ In 2020's 'Internet Of Everything', Says ABI Research", TechCrunch, May 9, 2013. http://techcrunch.com/2013/05/09/internet-of-everything/

[67]"National Transmission Development Plan for the National Electricity Market", Australia Market Operator, December 2013, AEMO　Australian Energy Market Operator, ABN 94 072 010 327.http://www.pennenergy.com/content/dam/Pennenergy/online-articles/2013/December/2013_NTNDP.pdf.pdf

[68] Wang, Yue, "More People Have Cell Phones Than Toilets, U.N. Study Shows", Time, March 25, 2013.
http://newsfeed.time.com/2013/03/25/more-people-have-cell-phones-than-toilets-u-n-study-shows/

[69] Bells, Mary, "The History of Plumbing: Toilets", About.com.
http://inventors.about.com/od/pstartinventions/a/Plumbing_3.htm

[70] Kenney, Kim, "Cars in the 1920's", Suite 101. http://suite101.com/article/cars-in-the-1920s-a90169

[71] Trabish, Herman, "Sunrun Closes $630M in Rooftop Solar Funds From JPMorgan, US Bank", GreentechMedia, June 26, 2013.
http://www.greentechmedia.com/articles/read/Sunrun-Closes-630-Million-in-Rooftop-Solar-Funding-from-JPMorgan-US-Bank

[72] Mims, Christopher et al, "World Changing Ideas: 20 Ways to Build a Cleaner, Healthier, Smarter World", Scientific American, December 2009.
http://www.scientificamerican.com/article/world-changing-ideas/

[73] Trabish, Herman, "Sunrun Closes $630M in Rooftop Solar Funds From JPMorgan, US Bank", GreentechMedia, June 26, 2013.
http://www.greentechmedia.com/articles/read/Sunrun-Closes-630-Million-in-Rooftop-Solar-Funding-from-JPMorgan-US-Bank

[74] "Vivint Solar Raises $540 million in Residential Solar", PV Magazine, Oct 21, 2013.
http://www.pv-magazine.com/news/details/beitrag/vivint-raises-540-million-for-residential-solar_100013085/

[75] Hoium, Travis, "SolarCity's Growth Binge Continues", The Motley Fool, August 8, 2013. http://www.fool.com/investing/general/2013/08/08/solarcitys-growth-binge-continues.aspx

[76] SolarCity Corporation, Yahoo! Finance,
http://finance.yahoo.com/echarts?s=SCTY+Interactive#symbol=SCTY;range=1y

[77] Davidson, Paul, "Prices for rooftop solar systems fall as supply grows", USA Today, January 23,
2009.http://usatoday30.usatoday.com/money/industries/energy/environment/2009-01-12-solar-panels-glut_N.htm

[78] Berman, Jillian, "U.S. Median Annual Wage Falls To $26,364 As Pessimism Reaches 10-Year High", The Huffington Post, January 23, 2012.
http://www.huffingtonpost.com/2011/10/20/us-incomes-falling-as-optimism-reaches-10-year-low_n_1022118.html

[79] Davis, Benjamin et al, "California Solar Cities 2012", Environment California Research & Policy Center, January 24,
2012.http://www.environmentcalifornia.org/reports/cae/californias-solar-cities-2012

[80] Wikipedia contributors, "PACE Financing", Wikipedia, the Free Encyclopedia,
http://en.wikipedia.org/wiki/PACE_Financing

[81] "What is PACE?",PACENow.http://pacenow.org/blog/about-pace/

[82] "FHFA Statement on Certain Energy Retrofit Loan Programs", Federal Housing Finance Agency, July 6, 2010

[83] Quackenbush, Jeff, "Santa Rosa-based Ygrene leads $650 million green-retrofit effort", North Bay Business Journal, September 23, 2011.

http://www.northbaybusinessjournal.com/40821/santa-rosa-based-ygrene-leads-650-million-green-retrofit-effort/

[84] "Plant A Seed For Solar Energy", Indiegogo.http://www.indiegogo.com/projects/plant-a-seed-for-solar-energy

[85] Morris, Craig, "Denmark Surpasses 100 percent Wind Power", Energy Transition, Nov 8, 2013. http://energytransition.de/2013/11/denmark-surpasses-100-percent-wind-power/

[86] Wikipedia contributors, "Wind Power in Denmark", Wikipedia, the Free Encyclopedia.http://en.wikipedia.org/wiki/Wind_power_in_Denmark

[87] Wikipedia contributors, "Wind Power in Denmark", Wikipedia, the Free Encyclopedia.http://en.wikipedia.org/wiki/Wind_power_in_Denmark

[88] Wikipedia contributors, "Wind Power in Denmark", Wikipedia, the Free Encyclopedia, retrieved 24 July 2013, http://en.wikipedia.org/wiki/Wind_power_in_Denmark

[89] Wikipedia contributors, "File: Wind in Denmark 1977-2011", Wikipedia, the Free Encyclopedia, http://en.wikipedia.org/wiki/File:Wind_in_Denmark_1977_2011_large.png

[90] Bayar, Tildy, "Dutch Wind Turbine Purchase Sets World Crowdfunding Record", Renewable Energy World, September 24, 2103. http://www.renewableenergyworld.com/rea/news/article/2013/09/dutch-wind-turbine-purchase-sets-world-crowdfunding-record

[91] WindCentrale company website: https://www.windcentrale.nl/faq/

[92] Wikipedia contributors, "Golden Gate Bridge", Wikipedia, the Free Encyclopedia, http://en.wikipedia.org/wiki/Golden_Gate_Bridge#History

[93] Wikipedia contributors, "Golden Gate Bridge, Highway and Transportation District", Wikipedia, the Free Encyclopedia, http://en.wikipedia.org/wiki/Golden_Gate_Bridge,_Highway_and_Transportation_District

[94] "Bond Measure Passes - Against the Odds?", Golden Gate Bridge, Highway and Transportation District, http://goldengatebridge.org/research/BondMeasure.php

[95] "History of Golden Gate Ferry", Golden Gate Bridge, Highway and Transportation District, http://goldengateferry.org/researchlibrary/history.php

[96] Mosaic Website, "Browse Investments", https://joinmosaic.com/browse-investments

[97] "Key Statistics", Federal Deposit Insurance Corporation, http://www2.fdic.gov/idasp/index.asp

[98] Doom, Justin, and Buhayar, Noah, "Buffett Plans More Solar Bonds After Oversubscribed Deal", Bloomberg, March 1, 2012. http://www.bloomberg.com/news/2012-02-29/buffett-plans-more-solar-bonds-after-oversubscribed-topaz-deal.html

[99] "Daily Treasury Yield Curve Rates", Resource Center, U.S. Department of the Treasury, http://www.treasury.gov/resource-center/data-chart-center/interest-rates/Pages/TextView.aspx?data=yield

[100] NASDAQ Composite (^IXIC), Yahoo! Finance, http://finance.yahoo.com/

[101] Hoff, Ivan, "26 Market Wisdoms from Warren Buffett", http://stocktwits50.com/2013/09/09/26-market-wisdoms-from-warren-buffett/

[102]"SolarCity Announces Pricing of Securitization", SolarCity Press Release, November 13, 2013,
http://investors.solarcity.com/releasedetail.cfm?ReleaseID=807221

[103] Chen, Xilu, and Chen, Weili, "SolarCity LMC Series I LLC (Series2013-1)", Standard & Poor's, RatingsDirect, November 11, 2013.
http://www.standardandpoors.com/spf/upload/Ratings_US/SolarCity_LMC_11_11_13.pdf

[104] Yoon, Al, "Surge in Asset-Backed Bond Sales", Wall Street Journal, September 10, 2012.
http://online.wsj.com/news/articles/SB10000872396390443921504577643931647213966

[105] Hannon Armstrong (HASI) Form 10Q for period ending March 31, 2013, from Yahoo! Finance, http://yahoo.brand.edgar-online.com/displayfilinginfo.aspx?FilingID=9316256-878-162223&type=sect&dcn=0001193125-13-233593

[106] Wikipedia contributors, "Real Estate Investment Trust", Wikipedia, the Free Encyclopedia, http://en.wikipedia.org/wiki/Real_estate_investment_trust

[107] Wikipedia contributors, "Real Estate Investment Trust", Wikipedia, the Free Encyclopedia, http://en.wikipedia.org/wiki/Real_estate_investment_trust

[108]"Statement of Dan W. Reicher Executive Director Steyer-Taylor Center for Energy Policy & Finance at Stanford University Professor, Stanford Law School Lecturer, Stanford Graduate School of Business to the House Committee on Oversight and Government Reform Subcommittee on Energy Policy, Health Care and Entitlements Hearing on Oversight of the Wind Energy Production Tax Credit", October 2, 2013, available at http://oversight.house.gov/wp-content/uploads/2013/10/Reicher.pdf

[109]Hannon Armstrong Sustainable Infrastructure Capital Inc (HASI), Morningstar website: http://quotes.morningstar.com/stock/hasi/s?t=HASI

[110] "Hannon Armstrong (HASI) Completes $100,000,000 Asset-Backed Securitization of 2.79% Sustainable Yield Bonds", press release, December 23, 2013,
http://www.prnewswire.com/news-releases/hannon-armstrong-hasi-completes-100000000-asset-backed-securitization-of-279-sustainable-yield-bonds-236999811.html

[111]"Statement of Dan W. Reicher Executive Director Steyer-Taylor Center for Energy Policy & Finance at Stanford University Professor, Stanford Law School Lecturer, Stanford Graduate School of Business to the House Committee on Oversight and Government Reform Subcommittee on Energy Policy, Health Care and Entitlements Hearing on Oversight of the Wind Energy Production Tax Credit", October 2, 2013, available at http://oversight.house.gov/wp-content/uploads/2013/10/Reicher.pdf

[112] "Company History", Kinder Morgan company website:
http://www.kindermorgan.com/about_us/kmi_history.cfm

[113] Wikipedia contributors, "Kinder Morgan", Wikipedia, the Free Encyclopedia, http://en.wikipedia.org/wiki/Kinder_Morgan

[114] "Rise of the Distorporation", The Economist, Oct 26, 2013.
http://www.economist.com/news/briefing/21588379-mutation-way-companies-are-financed-and-managed-will-change-distribution

[115] "The Master Limited Partnerships Parity Act", United States Senator Chris Coons, http://www.coons.senate.gov/issues/master-limited-partnerships-parity-act

[116]Mormann, Felix, and Reicher, Dan, "How to Make Renewable Energy Competitive", New York Times, June 1, 2012. http://www.nytimes.com/2012/06/02/opinion/how-to-make-renewable-energy-competitive.html

[117] "Solar Investment Tax Credit (ITC)", Solar Energy Industries Association, http://www.seia.org/policy/finance-tax/solar-investment-tax-credit

[118] Weiss, Daniel, and Germain, Tiffany, "Big Oil, Big Profits, Big Tax Breaks", Center for American Progress, November 5, 2013, http://www.americanprogress.org/issues/green/news/2013/11/05/78807/big-oil-big-profits-big-tax-breaks/

[119] "S.795 - Master Limited Partnerships Parity Act", 113th Congress (2013-2014), http://beta.congress.gov/bill/113th/senate-bill/795/committees

[120]Natter, Ari, "Estimated to Cost $1.3 Billion Over 10 Years", Bloomberg Daily Tax Report, Nov 19, 2013. http://www.mw-cleantechcapital.com/files/2013/11/BNA-Tax-Report.pdf

[121]"SolarCity Announces Pricing of Securitization", SolarCity press release, November 13, 2013, http://investors.solarcity.com/releasedetail.cfm?ReleaseID=807221

[122] "About Clean Power Finance", company website: http://www.cleanpowerfinance.com/about-clean-power-finance/

[123] "Solar Investment Tax Credit (ITC)", Solar Energy Industries Association, http://www.seia.org/policy/finance-tax/solar-investment-tax-credit

[124] "Brannon Solar Renewable Energy Contract", City Council Staff Report, City of Palo Alto, November 5, 2012. http://www.cityofpaloalto.org/civicax/filebank/documents/31752

[125] "Brannon Solar Renewable Energy Contract", City Council Staff Report, City of Palo Alto, November 5, 2012. http://www.cityofpaloalto.org/civicax/filebank/documents/31752

[126] "Understand Your Electric Charges", PG&E company website, retrieved July 19, 2013, http://www.pge.com/myhome/myaccount/charges/

[127] "Understand Your Electric Charges", PG&E website retrieved July 19, 2013, http://www.pge.com/myhome/myaccount/charges/

[128] "Clean Energy Australia Report 2012", Clean Energy Council

[129] Wikipedia contributors, "Demographics of Australia", Wikipedia, the Free Encyclopedia, http://en.wikipedia.org/wiki/Demographics_of_Australia

[130]http://quickfacts.census.gov/qfd/states/06000.html

[131] Drew, Tim et al, California Solar Initiative, Annual Program Assessment Report, California Public Energy Commission, June 2013, http://www.cpuc.ca.gov/NR/rdonlyres/7A350E8E-3666-4AA5-98E3-5E9C812D3DE6/0/CASolarInitiativeCSIAnnualProgAssessmtJune2013FINAL.pdf

[132] "U.S. Solar Market Grows 76% in 2012", Solar Energy Industries Association, March 14, 2013, http://www.seia.org/news/us-solar-market-grows-76-2012-now-increasingly-competitive-energy-source-millions-americans

[133] Chan, Albert et al, "Australia Competing With Germany On Low Solar PV Prices", CleanTechnica, http://cleantechnica.com/2013/04/03/australia-competing-with-germany-on-low-solar-pv-prices/

[134] Grimes, John, "Australian PV Market Report", Australian Solar Council, presentation at Intersolar North America, July 2013

[135] Arizona Public Service, APC A.C.C. 5724, Rate Schedule ET-SP January, 2012

[136] "How to Lose Half a Trillion Euros", The Economist, October 10, 2013.http://www.economist.com/news/briefing/21587782-europes-electricity-providers-face-existential-threat-how-lose-half-trillion-euros

[137] Arizona Public Service, APC A.C.C. 5724, Rate Schedule ET-SP January, 2012

[138] "What is Peak Day Pricing?", Peak Energy Agriculture Rewards by Enernoc, Inc. http://pearcalifornia.com/what-is-peak-day-pricing

[139] "The Benefits of Uniform Clearing Price Auctions for Pricing Electricity – Why Pay-As-Bid Auctions Do not Cost Less", ISO New England, March 2006, http://www.iso-ne.com/pubs/whtpprs/uniform_clearing_price_auctions.pdf

[140] "Understanding the Markets - Clearing Price Auctions", NYISO, http://www.nyiso.com/public/about_nyiso/understanding_the_markets/clearing_price_auctions/index.jsp

[141] "How to Lose Half a Trillion Euros", The Economist, October 10, 2013, http://www.economist.com/news/briefing/21587782-europes-electricity-providers-face-existential-threat-how-lose-half-trillion-euros

[142] "Annual Energy Outlook 2013", U.S. Energy Information Administration, http://www.eia.gov/oiaf/aeo/tablebrowser/#release=AEO2013&subject=0-AEO2013&table=8-AEO2013&region=0-0&cases=ref2013-d102312a

[143] "Quarterly Report on European Electricity Markets", Volume 5, Issue 1: January 2012 – March 2012, European Commission Directory General for Energy

[144] "Capital Costs for Transmission and Substations", Recommendations for Western Electricity Coordinating Council (WECC) Transmission and Expansion Planning, B&V Project No. 176322, October 2012

[145] Silverstein, Alison, "TRANSMISSION 101", NCEP Transmission Technologies Workshop April 20-21, 2011

[146] "LIPA Announces Major New Plans for Additional Solar Energy for Long Island", Long Island Power Authority press release, July 12, 2013. http://www.lipower.org/newscenter/pr/2013/071213-solar.html

[147] "Brannon Solar Renewable Energy Contract", City Council Staff Report, City of Palo Alto, November 5, 2012. http://www.cityofpaloalto.org/civicax/filebank/documents/31752

[148] "Solar Means Business – Top U.S. Commercial Solar Users", Solar Energy Industries Association and VoteSolar, Oct 2013.

[149] "Walmart Announces 10 new solar installations in Maryland", Walmart company press release, June 25, 2013, http://news.walmart.com/news-archive/2013/06/25/walmart-announces-10-new-solar-installations-in-maryland

[150] "IKEA Expanding Rooftop Array on Maryland Distribution Center to 4.9 MW", SolarIndustry.com, November 7, 2013

[151] "Walmart Announces 10 new solar installations in Maryland", Walmart company press release, June 25, 2013, http://news.walmart.com/news-archive/2013/06/25/walmart-announces-10-new-solar-installations-in-maryland

[152] "The New Energy Consumer Handbook", Accenture, June 2013, http://nstore.accenture.com/acn_com/PDF/Accenture-New-Energy-Consumer-Handbook-2013.pdf

[153] Clover, Ian, "VW Builds Car Industry's Largest Solar Installation In Spain", PV Magazine, November 29, 2031, http://www.pv-magazine.com/news/details/beitrag/vw-builds-car-industrys-largest-solar-installation-in-spain_100013607/

[154] "Environmental Responsibility", Apple company website, http://www.apple.com/environment/renewable-energy/

[155] "Prologis Profile – Americas 2Q 2013", company presentation, http://www.prologis.com/docs/Prologis_Profile_Americas_2Q13.pdf

[156] Sweet, Cassandra, "NRG, Prologis, Embark on Solar Rooftop Project", Wall Street Journal, June 22, 2011, http://online.wsj.com/news/articles/SB10001424052702304791204576401883873490842

[157] "Solar Means Business – Top U.S. Commercial Solar Users", Solar Energy Industries Association and VoteSolar, Oct 2013.

[158] Wikipedia contributors, "Yoky Matsuoka", Wikipedia, the Free Encyclopedia, http://en.wikipedia.org/wiki/Yoky_Matsuoka

[159] "Heating and Cooling", US Department of Energy, http://energy.gov/public-services/homes/heating-cooling

[160] Fischer, Barry, "Hot and heavy energy usage: How the demand and price for electricity skyrocketed on a 100° day", oPower.com, Sept 5, 2012 http://blog.opower.com/2012/09/hot-and-heavy-energy-usage-how-the-demand-and-price-for-electricity-skyrocketed-on-a-100-day/

[161] "Texas Heat Wave, August 2011. Nature and Effects of an Electricity Supply Shortage", U.S. Energy Information Agency, http://www.eia.gov/todayinenergy/detail.cfm?id=3010

[162] "Hot and heavy energy usage: How the demand and price for electricity skyrocketed on a 100° day", oPower.com, Sept 5, 2012 http://blog.opower.com/2012/09/hot-and-heavy-energy-usage-how-the-demand-and-price-for-electricity-skyrocketed-on-a-100-day/

[163] "National Overview - June 2012", National Climatic Data Center, National Oceanic and Atmospheric Administration, http://www.ncdc.noaa.gov/sotc/national/2012/6

[164] "What You May Not Know About Galaxy S4 Innovative Technology", April 10, 2013, Samsung company website, http://global.samsungtomorrow.com/?p=23610

[165] Upbin, Bruce, "Monsanto Buys Climate Corp for $930 million", Forbes.com, October 2, 2013, http://www.forbes.com/sites/bruceupbin/2013/10/02/monsanto-buys-climate-corp-for-930-million/

[166] Rothstein, Edward, "An Emphasis on Newton's Laws (and a Little Lawlessness) - The New Exploratorium Opens in San Francisco", New York Times, April 16th, 2013, http://www.nytimes.com/2013/04/17/arts/design/the-new-exploratorium-opens-in-san-francisco.html

[167] Woolsey, Christina, "Sustain – The Museum as Exhibit", San Francisco: Exploratorium, November 2012

[168] Woolsey, Christina, "Sustain – The Museum as Exhibit", San Francisco: Exploratorium, November 2012

[169] Kind, Peter, "Disruptive Challenges:Financial Implications and Strategic Responses to a Changing Retail Electric Business", Edison Electric Institute, January 2013. http://www.eei.org/ourissues/finance/documents/disruptivechallenges.pdf

[170] "How to Lose Half a Trillion Euros", The Economist, October 10, 2013.http://www.economist.com/news/briefing/21587782-europes-electricity-providers-face-existential-threat-how-lose-half-trillion-euros

[171] Baker, David, "Energy Storage Firm Tries No Cash Down Approach", San Francisco Chronicle, Oct 24, 2013, http://www.sfgate.com/business/article/Energy-storage-firm-tries-no-cash-down-approach-4922364.php

[172] Wikipedia contributors, "SunEdison, LLC", Wikipedia, the Free Encyclopedia, http://en.wikipedia.org/wiki/SunEdison_LLC

[173] "How much electricity does an American home use?", U.S. Energy Information Administration, http://www.eia.gov/tools/faqs/faq.cfm?id=97&t=3

[174] Baldwin Auck, Sara, "Utah Rising Storm for Net Metering", Solar Today, February 13, 2014, http://solartoday.org/2014/02/utah-rising-storm-for-net-metering

[175] Bellis, Mary, "History of the Digital Camera", About.com.http://inventors.about.com/library/inventors/bldigitalcamera.htm

[176] "NASA Hosts News Conference About 10 Years of Roving on Mars", Jet Propulsion Lab, California Institute of Technology, January 21, 2014 http://marsrovers.jpl.nasa.gov/newsroom/pressreleases/20140121a.html

[177] Changjan, Kenneth, "Mars Rover Marks an Unexpected Anniversary With a Mysterious Discovery", New York Times, January 23, 2014. http://www.nytimes.com/2014/01/24/science/space/mars-rover-marks-an-unexpected-anniversary-with-a-mysterious-discovery.html

[178] "What Is the Distance Between Earth and Mars?", Space.com, February 29, 2014. http://www.space.com/14729-spacekids-distance-earth-mars.html

[179] "Mars Artwork", Jet Propulsion Lab, California Institute of Technology.http://marsrovers.jpl.nasa.gov/gallery/artwork/rover3browse.html

[180] "The perils of extreme democracy", The Economist, April 20, 2011. http://www.economist.com/node/18586520

[181] "California Proposition 16, Supermajority Vote Required to Create a Community Choice Aggregator (June 2010)", Ballotpedia, http://ballotpedia.org/California_Proposition_16,_Supermajority_Vote_Required_to_Create_a_Community_Choice_Aggregator_(June_2010)

[182] Geesman, John, PG&E Ballot Initiative Factsheet, "Proposition 16: The Trojan Horse in California's June 8, 2010 Election", http://pgandeballotinitiativefactsheet.blogspot.com/

[183] Fahn, Larry, "Marin Voice: Prop. 16 is PG&E's power play", Marin Independent Journal, June 1, 2010. http://www.marinij.com/ci_15201680

[184]"California Proposition 16, Supermajority Vote Required to Create a Community Choice Aggregator (June 2010)", Ballotpedia. http://ballotpedia.org/California_Proposition_16,_Supermajority_Vote_Required_to_Create_a_Community_Choice_Aggregator_(June_2010)

[185] Pinnacle West Capital Corp Executive Compensation, Morningstar.com, http://insiders.morningstar.com/trading/executive-compensation.action?t=PNW&region=USA&culture=en-US

[186] "Mission", Arizona Corporation Commission, http://www.azcc.gov/divisions/Utilities/

[187]Baker, Brandon, "Arizona Imposes Unprecedented Fee on Solar Energy Users", EcoWatch, November 19, 2013, http://ecowatch.com/2013/11/19/arizona-imposes-unprecedented-fee-on-solar-energy-users/

[188]MacKenzie, Angus, "2013 Motor Trend Car of the Year: Tesla Model S", Motor Trend, January 2013, http://www.motortrend.com/oftheyear/car/1301_2013_motor_trend_car_of_the_year_tesla_model_s/viewall.html

[189]MacKenzie, Angus, "2013 Motor Trend Car of the Year: Tesla Model S", Motor Trend, January 2013, http://www.motortrend.com/oftheyear/car/1301_2013_motor_trend_car_of_the_year_tesla_model_s/viewall.html

[190]Oshman, Alan, "Elon Musk on Tesla Merger Prospects: Apple Has Got a Lot of Cash", Bloomberg, May 9, 2013, http://go.bloomberg.com/tech-deals/2013-05-09-elon-musk-on-tesla-merger-prospects-apple-has-a-lot-of-cash/

[191]Voelcker, John, "Does Tesla Already Outsell Audi, BMW, Lexus & Mercedes-Benz?", Green Car Reports, April 17, 2013: http://www.greencarreports.com/news/1083585_does-tesla-already-outsell-audi-bmw-lexus-mercedes-benz

[192] Wood, Column, "Global Vehicle Sales Hit Record 82 Million Units in 2012", AutoGuide.com, Mar 15, 2013, http://www.autoguide.com/auto-news/2013/03/global-vehicle-sales-hit-record-82-million-units-in-2012.html

[193] Ramsey, Mike, "Tesla's Stock is Outrunning Its Superfast Electric Car", Wall Street Journal, August 7, 2013. http://online.wsj.com/article/SB10001424127887323420604578652180360274840.html

[194] Ramsey, Mike, "Tesla's Stock is Outrunning Its Superfast Electric Car", Wall Street Journal, August 7, 2013. http://online.wsj.com/article/SB10001424127887323420604578652180360274840.html

[195] "Tesla Model S Achieves Best Safer Rating of Any Car Ever Tested", August 19, 2013, Tesla Motors website. http://www.teslamotors.com/about/press/releases/tesla-model-s-achieves-best-safety-rating-any-car-ever-tested

[196] Valdes-Dapena, Peter, "Tesla Model S Gets Consumer Reports Recommendation", CNNMoney, Oct 28, 2013, http://money.cnn.com/2013/10/28/autos/tesla-model-s-consumer-reports-recommended/

[197]Smith, Aaron, "GM names Mary Barra as CEO - first woman to run major automaker", CNN Money, December 10, 2013.

http://money.cnn.com/2013/12/10/news/companies/gm-ceo-mary-barra/

[198] "Fuel Source: Where the Energy Goes", Energy Requirements for Combined City/Highway Driving, U.S. Department of Energy, http://www.fueleconomy.gov/feg/atv.shtml

[199] Wikipedia contributors, "Engine Efficiency", Wikipedia, the Free Encyclopedia, http://en.wikipedia.org/wiki/Engine_efficiency

[200] Wikipedia contributors, "Energy Conversion Efficiency", Wikipedia, the Free Encyclopedia, http://en.wikipedia.org/wiki/Energy_conversion_efficiency

[201] "Using Energy Efficiently", Tesla Motors, http://www.teslamotors.com/goelectric/efficiency

[202] "What That Car Really Costs to Own", Consumer Reports, August 2012, http://www.consumerreports.org/cro/2012/12/what-that-car-really-costs-to-own/index.htm

[203] "Undergraduate Costs 2013-2014", Florida State University, retrieved Aug 3, 2103, http://admissions.fsu.edu/freshman/finances/costs.cfm

[204] "360 Degree Perspective of the North American Automotive Aftermarket", Frost & Sullivan, February 2011, retrieved August 3, 2013, http://www.slideshare.net/soaringvjr/north-american-auto-aftermarket-frost-0211

[205] "360 Degree Perspective of the North American Automotive Aftermarket", Frost & Sullivan, February 2011 retrieved August 3, 2013, http://www.slideshare.net/soaringvjr/north-american-auto-aftermarket-frost-0211

[206] "360 Degree Perspective of the North American Automotive Aftermarket", Frost & Sullivan, February 2011, retrieved August 3, 2013, http://www.slideshare.net/soaringvjr/north-american-auto-aftermarket-frost-0211

[207] Wikipedia contributors, "Wireless Power", Wikipedia, the Free Encyclopedia, http://en.wikipedia.org/wiki/Wireless_power

[208] Conductix-Wampfler website, available at http://www.conductix.us/en/markets/e-mobility

[209] Conductix-Wampfler website, available at http://www.conductix.us/en/markets/e-mobility

[210] Kharif, Olga, and Higgins, Tim, "GM to offer wireless charging for smartphones in some 2014 cars", Detroit Free Press, August 19, 2013, http://www.freep.com/article/20130819/BUSINESS0101/308190112/General-Motors-wireless-charging

[211] "Model X", Tesla Motors website, http://www.teslamotors.com/modelx

[212] "Commercial Version of the MIT Media Lab CityCar Unveiled at European Union Commission Headquarters", MIT Media Lab, http://www.media.mit.edu/news/citycar

[213] Dan Myggen's presentation at the Silicon Valley "Driving Charged and Connected" conference in Palo Alto, June 2013, http://svlg.org/policy-areas/transportation/charged-event-2013/silicon-valley-driving-charged-and-connected-agenda

[214] Kumparak, Greg, and Etherington, Darrell, "Live From Apple's iPhone 5S Announcement", TechCrunch, Sept 10, 2013.

http://techcrunch.com/2013/09/10/live-blog-from-apples-iphone-5s-announcement/

[215] U.S. Department of Transportation, Bureau of Transportation Statistics, http://www.bts.gov/publications/national_transportation_statistics/html/table_01_32.html

[216]"How Big Box Stores like Wal-Mart Affect the Environment and Communities", Sierra Club, http://www.sierraclub.org/sprawl/reports/big_box.asp

[217] Langton, Adam,andCrisostomo, Noel, "Vehicle - Grid Integration -A Vision for Zero-Emission Transportation Interconnected throughout California's Electricity System", Emerging Procurement Strategies Section, Energy Division, California Public Utilities Commission, R. 13-11-XXX, October 2013

[218] "What Are P2P Communications", Skype company website, https://support.skype.com/en/faq/FA10983/what-are-p2p-communications

[219]Langton, Adam,and Crisostomo, Noel, "Vehicle - Grid Integration -A Vision for Zero-Emission Transportation Interconnected throughout California's Electricity System", Emerging Procurement Strategies Section, Energy Division, California Public Utilities Commission, R. 13-11-XXX, October 2013

[220] Herron, David, "GM: Next Generation Volt Will Be $10,000 Cheaper to Build", PlugInCars.com, May 1, 2013, http://www.plugincars.com/next-generation-volt-will-be-10k-cheaper-127121.html

[221] Duffer, Robert, "Tesla owner completes first coast-to-coast trip in electric vehicle via supercharging network", Chicago Tribune,January 27, 2014, http://articles.chicagotribune.com/2014-01-27/classified/chi-tesla-first-coast-to-coast-electric-vehicle_1_tesla-ceo-elon-musk-tesla-model-s-electric-vehicle

[222] Hull, Dana, "Coast to coast in a Tesla Model S, using only free Superchargers", San Jose Mercury News, January 28, 2014, http://www.mercurynews.com/business/ci_25010333/kentucky-man-drives-coast-coast-his-tesla-model

[223] "Supercharger", Tesla company website, http://www.teslamotors.com/supercharger

[224] "What That Car Really Costs to Own", Consumer Reports, August 2012, retrieved August 3, 2103, http://www.consumerreports.org/cro/2012/12/what-that-car-really-costs-to-own/index.htm

[225] "Using analytics to turbocharge performance in automotive marketing and incentive design", Accenture, Report ACC10-2623 / 11-2495, 2010, http://www.accenture.com/SiteCollectionDocuments/PDF/Accenture_Automotive_Sales_Analytics.pdf

[226] "Model S - Features & Specs", Tesla company website, http://www.teslamotors.com/models/features#/battery

[227]Healey, James R., "Report: Average price of new car hits record in August", USA Today, September 5, 2013. http://www.usatoday.com/story/money/cars/2013/09/04/record-price-new-car-august/2761341/

[228] "General Motors – Key Ratios", Morningstar.com, http://financials.morningstar.com/ratios/r.html?t=GM

[229] "BayerischeMotorenWerke AG – Key Ratios", Morningstar.com, http://financials.morningstar.com/ratios/r.html?t=XFRA:BMW

[230] Gordon-Bloomfield, Nikki, "U.S. Sec. Of Energy: Cheaper Batteries Mean More Electric Cars", Green Car Reports, January 11, 2012, http://www.greencarreports.com/news/1071597_u-s-sec-of-energy-cheaper-batteries-mean-more-electric-cars

[231]Meggison, Andrew, "The Changing Cost of Electric Cars", Gas2.org,
http://gas2.org/2013/06/13/the-changing-price-of-electric-cars/

[232] Tesla Gigafactory presentation,
http://www.teslamotors.com/sites/default/files/blog_attachments/gigafactory.pdf

[233]"Panasonic, Tesla to set up auto battery plant in US", Nikkei Asian Review, February 26, 2014.
http://asia.nikkei.com/Business/Deals/Panasonic-Tesla-to-set-up-auto-battery-plant-in-US

[234]Vance, Ashlee, "Tesla's Industrial-Grade Solar Power Storage System", Bloomberg BusinessWeek, December 6, 2013.
http://www.businessweek.com/articles/2013-12-06/teslas-solar-power-storage-unit

[235]Galveset al, "Tesla Motors: Only Just Begun, Upgrading to Buy",, Deutsche Bank Markets Research, July 26, 2013

[236] "Liquid Metal Batteries", GroupSadoway, Massachusetts Institute of Technology.
http://sadoway.mit.edu/research/liquid-metal-batteries

[237]LaMonica, Martin, "Ambri's Better Battery", MIT Technology Review, February 18, 2013, http://www.technologyreview.com/featuredstory/511081/ambris-better-grid-battery/

[238] Yi Cui, "Energy Seminar", Stanford Precourt Institute for Energy, February 3, 2013, http://www.youtube.com/watch?v=0Z7cEWrX9U4

[239] "Model S – Order", Tesla Motors website, http://www.teslamotors.com/models/design

[240]Galves, Danet al, "Tesla Motors: Only Just Begun, Upgrading to Buy", Deutsche Bank Markets Research, July 26, 2013

[241] "SUV Rankings – Affordable Midsize SUVs", US News & World Report,
http://usnews.rankingsandreviews.com/cars-trucks/rankings/Affordable-Midsize-SUVs/

[242]Undercoffer, David, "Tesla Motors plans to debut cheaper car in early 2015", Los Angeles Times, December 15, 2013
http://articles.latimes.com/2013/dec/15/autos/la-fi-hy-autos-tesla-model-e-debut-2015-20131213

[243]Cameron, Kevin, "Questions Linger on Battery Prices in Electric Cars", New York Times, October 23, 2012,
http://www.nytimes.com/2012/10/24/business/energy-environment/questions-linger-on-battery-prices-in-electric-car-industry.html

[244] Hensley, Russelet al, "Battery Technology Charges Ahead", McKinsey Quarterly, July 2012

[245] "Tesla Motors", MIT Technology Review, Vol 117, No 2, March/April, 2014

[246]Healey, James R., "Report: Average price of new car hits record in August", USA Today, September 5, 2013.
http://www.usatoday.com/story/money/cars/2013/09/04/record-price-new-car-august/2761341/

[247] "Zipcar at a Glance", Company Overview, Fall 2012

[248] Clothier, Mark, "Zipcar Soars After Profit Topped Analysts' Estimates", Bloomberg, Nov 9, 2012.

http://www.bloomberg.com/news/2012-11-09/zipcar-soars-after-profit-topped-analysts-estimates.html

[249]Duerson, Meena Hart, "Airbnb founder wants you to open your doors to strangers — and let them sleep over", Today, March 29, 2013,

http://www.today.com/news/airbnb-founder-wants-you-open-your-doors-strangers-let-them-1C9138916

[250] Airbnb.com company website. Retrieved November 12, 2103:

https://www.airbnb.com/about/about-us

[251] CouchSurfing.com company website. Retrieved July 30, 2103:

http://blog.couchsurfing.com/

[252]Panzarino, Matthew, "Leaked Uber Numbers, Which We've Confirmed, Point To Over $1B Gross, $213M Revenue",TechCrunch, December 4, 2013.

http://techcrunch.com/2013/12/04/leaked-uber-numbers-which-weve-confirmed-point-to-over-1b-gross-revenue-213m-revenue/

[253]Swisher, Kara, "Uber Filing in Delaware Shows TPG Investment at $3.5 Billion Valuation; Google Ventures Also In". AllThingsD, August 22, 2013.

http://allthingsd.com/20130822/uber-filing-in-delaware-shows-tpg-investment-at-3-5-billion-valuation-google-ventures-also-in/

[254] Sousanis, John, "World Vehicle Population Tops 1 Billion Units", WardsAuto, August 15, 2011

http://wardsauto.com/ar/world_vehicle_population_110815

[255] "Transport Outlook 2011 - Meeting the needs of 9 Billion People", International Transport Forum,

http://www.internationaltransportforum.org/Pub/pdf/11Outlook.pdf

[256] Wikimedia Commons, "Google Lexus RX 450h Self-Driving Car",

http://upload.wikimedia.org/wikipedia/commons/1/1b/Google%27s_Lexus_RX_450h_Self-Driving_Car.jpg

[257]Silberg, Gary, and Wallace, Richard, "Self-Driving Cars: The Next Revolution", KPMG

[258] Wikipedia contributors, "United States Military Casualties of War", Wikipedia, the Free Encyclopedia,

http://en.wikipedia.org/wiki/United_States_military_casualties_of_war

[259] Motor Vehicle Traffic Fatalities & Fatality Rate: 1899-2003 (Based on Historical NHTSA and FHWA Data", Advocates for Highway and Auto Safety,

http://www.saferoads.org/federal/2004/TrafficFatalities1899-2003.pdf

[260] "Global Status Report on Road Safety 2013 – Time for Action", World Health Organization,

http://www.who.int/violence_injury_prevention/road_safety_status/2013/report/en/

[261] "Global Status Report on Road Safety - Time for Action", World Health Organization,

[262] "Global Status Report on Road Safety 2013 – Time for Action", World Health Organization

[263]Mullainathan, Sendil, "Get Some Sleep, and Wake Up the G.D.P.", The New York Times, February 2, 2014, http://www.nytimes.com/2014/02/02/business/get-some-sleep-and-wake-up-the-gdp.html

[264]Gross, Bill, "Google's Self Driving Car Gathers Nearly 1 GB/Sec", LinkedIn Today, May 2, 2013, http://www.linkedin.com/today/post/article/20130502024505-9947747-google-s-self-driving-car-gathers-nearly-1-gb-per-second

[265]Rodrigue, Jean-Paul , "The Geography of Transport Systems", third edition, New York: Routledge, 2013, http://people.hofstra.edu/geotrans/eng/ch6en/conc6en/ch6c1en.html

[266]Litman, Todd, "Smart Congestion Relief - Comprehensive Evaluation Of Traffic Congestion Costs and Congestion Reduction Strategies", Victoria Transport Policy Institute, January 29, 2014

[267]Shladover, Steven E., "Highway Capacity Increases From Automated Driving", California PATH Program, 25 July 2013 presentation, available at http://onlinepubs.trb.org/onlinepubs/conferences/2012/Automation/presentations/Shladover2.pdf

[268]Shladover, Steven E., "Highway Capacity Increases From Automated Driving", California PATH Program, 25 July 2013 presentation, available at http://onlinepubs.trb.org/onlinepubs/conferences/2012/Automation/presentations/Shladover2.pdf

[269]Ackerman, Evan, "Study: Intelligent Cars Could Boost Highway Capacity by 273%", IEEE Spectrum, Sept 4, 2012, http://spectrum.ieee.org/automaton/robotics/artificial-intelligence/intelligent-cars-could-boost-highway-capacity-by-273

[270]Schrank, Davidet al, "TTI's 2012 URBAN MOBILITY REPORT", Texas A&M Transportation Institute, December 2012, http://mobility.tamu.edu,

[271]Silberg, Gary, and Wallace, Richard,"Self-Driving Cars: The Next Revolution", KPMG

[272]Jaffe, Eric, "Has the Rise of Online Shopping Made Traffic Worse?", Atlantic Cities, August 2, 2013. http://www.theatlanticcities.com/commute/2013/08/has-rise-online-shopping-made-traffic-worse/6409/

[273]Jaffe, Eric, "Has the Rise of Online Shopping Made Traffic Worse?", Atlantic Cities, August 2, 2013. http://www.theatlanticcities.com/commute/2013/08/has-rise-online-shopping-made-traffic-worse/6409/

[274] "Road Frustration Index", Senseable City Lab, http://storify.com/SenseableCity/road-frustration-index

[275] Mitchell, William, "Personal Mobility", http://h20.media.mit.edu/pdfs/wjm2007-0509.pdf

[276]Silberg, Gary, and Wallace, Richard, "Self-Driving Cars: The Next Revolution", KPMG

[277]Ayres, Tom, "How Self-Driving Cars Could Turn Our Roads Green", EnterpriseTech, May 28, 2013. http://www.digitalmanufacturingreport.com/dmr/2013-05-28/how_self-driving_cars_could_turn_our_roads_green.html

[278] "Your Car Costs – How Much Are you really Paying to Drive", AAA, 2012 edition, at http://newsroom.aaa.com/wp-content/uploads/2012/04/YourDrivingCosts2012.pdf

[279] Berman, Jillian, "U.S. Median Annual Wage Falls To $26,364 As Pessimism Reaches 10-Year High", The Huffington Post, January 23, 2012. http://www.huffingtonpost.com/2011/10/20/us-incomes-falling-as-optimism-reaches-10-year-low_n_1022118.html

[280] "Global Report on Road Safety - Time for Action", World Health Organization,

[281] Silberg, Gary, and Wallace, Richard, "Self-Driving Cars: The Next Revolution", KPMG

[282] Litman, Todd, "Smart Congestion Relief - Comprehensive Evaluation Of Traffic Congestion Costs and Congestion Reduction Strategies", Victoria Transport Policy Institute, January 29, 2014

[283] Foy, Henry, and Bryant, Chris "Nissan Promises Self-Driving Cars by 2020", Financial Times, August 27, 2013. http://www.ft.com/cms/s/0/b8fad15e-0f3c-11e3-ae66-00144feabdc0.html

[284] Nissan Newsroom, "Nissan Announces Self-Driving Car by 2020", August 27, 2013, http://www.youtube.com/watch?v=NWd2Eoxfcvw

[285] "Automotive Industry – Global Data", Cisco Customer Experience Research, Cisco Systems, May 2013

[286] "Preliminary Statement of Policy Concerning Automated Vehicles", National Highway Traffic Safety Administration

[287] "2012 Audi Driver Assistance Systems", Audi company website, http://audiusanews.com/imagegallery/view/215/47/2012-audi-a6-driver-assistance-systems

[288] Mercedes Benz BAS Plus with Cross Traffic Assist, company website, http://techcenter.mercedes-benz.com/en/bas_plus_cross_traffic_assist/detail.html

[289] http://www.consumerreports.org/cro/news/2013/06/bmw-traffic-jam-assistant-puts-self-driving-car-closer-than-you-think/index.htm

[290] Sladover, Steven E., "Why Automated Vehicles Need to Be Connected Vehicles", University of California PATH Program, IEEE Vehicular Networking Conference December 17, 2013

[291] "BMW Traffic Jam Assistant puts self-driving car closer than you think", Consumer Reports News: June 11, 2013, http://content.usatoday.com/communities/driveon/post/2012/06/google-discloses-costs-of-its-driverless-car-tests/1

[292] Wikipedia contributors, "Lidar", Wikipedia, the Free Encyclopedia, http://en.wikipedia.org/wiki/Lidar

[293] Trinder, John, "Current Trends in Photogrammetry and Imaging including Lidar", University of New South Wales,

[294] Bilger, Burkhard, "Auto Correct – Has the Self-Driving Car At Last Arrived?", The New Yorker, Nov 25, 2013, http://www.newyorker.com/reporting/2013/11/25/131125fa_fact_bilger

[295] "Fujitsu Semiconductor Develops World's First 360° Wraparound View System with Approaching Object Detection", company press release, May 16, 2013, http://jp.fujitsu.com/group/fsl/en/release/20130516.html

[296]"Fujitsu Semiconductor Develops World's First 360° Wraparound View System with Approaching Object Detection", company press release, May 16, 2013, http://jp.fujitsu.com/group/fsl/en/release/20130516.html

[297] "Ford Developer Program", Ford company website https://developer.ford.com/

[298] Wikipedia contributors, "History of the iPhone", Wikipedia, Wikipedia, the Free Encyclopedia, http://en.wikipedia.org/wiki/History_of_the_iPhone

[299] Wikipedia contributors, "Android Version History", Wikipedia,,the Free Encyclopedia, http://en.wikipedia.org/wiki/Android_version_history

[300] Bradley, Tony, "Android Dominates Market Share, But Apple Makes All The Money", November 15, 2013, http://www.forbes.com/sites/tonybradley/2013/11/15/android-dominates-market-share-but-apple-makes-all-the-money/

[301] Carr, Austin, "J.Crew CEO, Apple Board Member Mickey Drexler Reveals Steve Jobs' iCar Dream, Confirms "Living Room" Plans", FastCompany, May 16, 2012, http://www.fastcompany.com/1837636/j-crew-ceo-apple-board-member-mickey-drexler-reveals-steve-jobs-icar-dream-confirms-living-r

[302]Clothier, Mark, "Zipcar Soars After Profit Topped Analysts' Estimates", Bloomberg, November 9, 2012, http://www.bloomberg.com/news/2012-11-09/zipcar-soars-after-profit-topped-analysts-estimates.html

[303] Wood, Column, "Global Vehicle Sales Hit Record 82 Million Units in 2012", AutoGuide.com, March 15, 2013, http://www.autoguide.com/auto-news/2013/03/global-vehicle-sales-hit-record-82-million-units-in-2012.html

[304]Upbin, Bruce, "Monsanto Buys Climate Corp for $930 million", Forbes.com, October 2, 2013

[305]Gross, Bill, "Google's Self Driving Car Gathers Nearly 1 GB/Sec", LinkedIn Today, May 2, 2013

[306] Wikipedia contributors, "Chernobyl Disaster", Wikipedia,,the Free Encyclopedia, http://en.wikipedia.org/wiki/Chernobyl_disaster

[307]Gorbachev, Michael, "Turning Point at Chernobyl", Project Syndicate, April 14, 2006, http://www.project-syndicate.org/commentary/gorbachev3/English

[308]Morin, Hervé, "L'effet de Tchernobyl en France a étéjusqu'à mille fois sous-évalué", Le Monde, April 24, 2006, http://www.lemonde.fr/planete/article/2006/04/24/l-effet-de-tchernobyl-en-france-a-ete-jusqu-a-mille-fois-sous-evalue_764692_3244.html

[309]Morin, Hervé, "L'effet de Tchernobyl en France a étéjusqu'à mille fois sous-évalué", Le Monde, April 24, 2006

[310] Cherry, Steven, "Crowdsourcing Radiation Monitoring", IEEE Spectrum, November 17, 2011. http://spectrum.ieee.org/podcast/geek-life/hands-on/crowdsourcing-radiation-monitoring

[311] "The bGeigie Nano Geiger Counter Kit", International Medcom website, http://medcom.com/radiation-monitors/geiger-counters/bgeigie-kit/ Accessed Aug 19, 2013

[312] "The bGeigie Nano Geiger Counter Kit", International Medcom website, http://medcom.com/radiation-monitors/geiger-counters/bgeigie-kit/

[313]Wikipedia contributors, "Regulatory Capture", Wikipedia ,,the Free Encyclopediahttp://en.wikipedia.org/wiki/Regulatory_capture

[314] McKenna, John, "Sellafield clean-up costs out of control", Process Engineering, Feb 3, 2013,http://processengineering.theengineer.co.uk/sellafield-clean-up-costs-out-of-control/1015427.article

[315]Mulkern, Anne C., "Nuclear Energy: Who'll get stuck with San Onofre's $3B tab?", E&E News, June 10, 2013, http://www.eenews.net/stories/1059982573

[316] Martin, James, "Solar PV Price Index–July 2013", Solar Choice, July 4, 2013.

[317] Wikipedia contributors, "Energy in the United Kingdom", Wikipedia,,the Free Encyclopedia, http://en.wikipedia.org/wiki/Energy_in_the_United_Kingdom

[318]Jowit, Juliette, "Nuclear power: ministers offer reactor deal until 2050", The Guardian, February, 18, 2013, http://www.theguardian.com/environment/2013/feb/18/nuclear-power-ministers-reactor

[319]Jowit, Juliette, "Nuclear power: ministers offer reactor deal until 2050", The Guardian, February, 18, 2013, http://www.theguardian.com/environment/2013/feb/18/nuclear-power-ministers-reactor

[320]Meikle Capital, Technology Equilibrium Fund, LP, July 8, 2013 newsletter

[321] http://en.wikipedia.org/wiki/Sellafield

[322] "Sellafield clean-up costs out of control", Process Engineering, Feb 3, 2013,http://processengineering.theengineer.co.uk/sellafield-clean-up-costs-out-of-control/1015427.article

[323] Wikipedia contributors, "Vogtle Electric Generating Plant", Wikipedia,,the Free Encyclopedia, http://en.wikipedia.org/wiki/Vogtle_Electric_Generating_Plant

[324] "Learning Curve Calculator", Federation of American Scientists, http://www.fas.org/news/reference/calc/learn.htm

[325] "Learning Curve Calculator", Federation of American Scientists, http://www.fas.org/news/reference/calc/learn.htm

[326]Koomey, Jonathan, and Holtman, Nathan, "A reactor-level analysis of busbar costs for US nuclear plants, 1970–2005",, Energy Policy, 2007

[327] Harding, Jim, "Economics of New Nuclear Power and Proliferation Risks in a Carbon-Constrained World", Nonproliferation Policy Education Center, 2007

[328] "Nuclear Safety and Nuclear Economics", Mark Cooper, Ph. D., Senior Fellow for Economic Analysis Institute for Energy and the Environment Vermont Law School, Symposium on the Future of Nuclear Power University of Pittsburgh March 27-28, 2012

[329] "Nuclear Safety and Nuclear Economics", Mark Cooper, Ph. D., Senior Fellow for Economic Analysis Institute for Energy and the Environment Vermont Law School, Symposium on the Future of Nuclear Power University of Pittsburgh March 27-28, 2012

[330] "Myths and Facts about Economics and Financing", Nuclear Energy Institute, http://www.nei.org/Knowledge-Center/Backgrounders/Fact-Sheets/Myths-Facts-About-Economics-Financing

[331] Wikipedia contributors, "Energy Policy Act of 2005", Wikipedia,,the Free Encyclopedia, http://en.wikipedia.org/wiki/Energy_Policy_Act_of_2005

[332] Sturgis, Sue, "Power Politics: Big Nuclear Money Grab", Institute for Southern Studies, March 2, 2009, http://www.southernstudies.org/2009/03/power-politics-big-nuclears-money-grab.html

[333] "Obama Administration Announces Loan Guarantees to Construct New Nuclear Power Reactors in Georgia", White House press release, Feb 16, 2010, http://www.whitehouse.gov/the-press-office/obama-administration-announces-loan-guarantees-construct-new-nuclear-power-reactors

[334] "DOE Loan Guarantee Program: Vogtle Reactors 3&4", Taxpayers For Common Sense, February 19, 2014 http://www.taxpayer.net/library/article/doe-loan-guarantee-program-vogtle-reactors-34

[335] Smith, Rebecca, "New Wave of Nuclear Plants Faces High Costs," *The Wall Street Journal*, May 12, 2008, http://online.wsj.com/article/SB121055252677483933.html?mod=hpp_us_whats_news#articleTabs%3Darticle

[336] Gore, Al, *Our Choice*, Bloomsbury, 2009, p. 157.

[337] Lovins, Amory, Sheikh, Imram, and Markevich, Alex. "Nuclear Power:Climate Fix or Folly", 2009

[338] Smith, Rebecca, "New Wave of Nuclear Plants Faces High Costs," *The Wall Street Journal*, May 12, 2008

[339] Wikipedia contributors, "Washington Public Power Supply System", Wikipedia,,the Free Encyclopedia, http://en.wikipedia.org/wiki/Washington_Public_Power_Supply_System

[340] Wikipedia contributors, "Columbia Generating Station", Wikipedia,,the Free Encyclopedia, http://en.wikipedia.org/wiki/Columbia_Generating_Station

[341] Lomax, Simon, and Snyder, Jim, "Obama would Triple Guarantees for Building Nuclear Reactors", Bloomberg, Feb 14, 2011, http://www.bloomberg.com/news/2011-02-14/obama-would-triple-guarantees-for-building-nuclear-reactors.html

[342] Pawlawski, A, "Aviation safety rate: One accident for every 1.4 million flights", CNN Travel, Feb 22, 2010, http://www.cnn.com/2010/TRAVEL/02/22/aviation.safety.report/

[343] Mark A. Ruffalo, Marco Krapels and Mark Z. Jacobson: "Power the World with Wind, Water and Sunlight", June 20, 2012, http://www.youtube.com/watch?v=N_sLt5gNAQs

[344] Sieg, Linda, and Takenaka, Kiyoshi, "Japan secrecy act stirs fears about press freedom, right to know", Reuters, October 24, 2013, http://www.reuters.com/article/2013/10/24/us-japan-secrecy-idUSBRE99N1EC20131024

[345] "Nuclear Power in the World Today", World Nuclear Association, April, 2014, http://www.world-nuclear.org/info/Current-and-Future-Generation/Nuclear-Power-in-the-World-Today/

[346] Wikipedia contributors, "Nuclear Power in France", Wikipedia, the Free Encyclopedia, http://en.wikipedia.org/wiki/Nuclear_power_in_France

[347] Wikipedia contributors, "Nuclear Power in Japan", Wikipedia, the Free Encyclopedia, http://en.wikipedia.org/wiki/Nuclear_power_in_Japan

[348] Wikipedia contributors, "Nuclear Power in the United States", Wikipedia, the Free Encyclopedia, http://en.wikipedia.org/wiki/Nuclear_power_in_the_United_States

[349]Günther, Benjaminet al, "Calculating a risk-appropriate insurance premium to cover third-party liability risks that result from operation of nuclear power plants", German Renewable Energy Federation (BEE), April 1, 2011, http://www.laka.org/docu/boeken/pdf/6-01-0-30-34.pdf

[350] "Brannon Solar Renewable Energy Contract", City Council Staff Report, City of Palo Alto, November 5, 2012.

[351] Wikipedia contributors, "List of Countries by GDP", Wikipedia, the Free Encyclopedia, http://en.wikipedia.org/wiki/List_of_countries_by_GDP_%28nominal%29

[352] "Russia GDP", Trading Economics, http://www.tradingeconomics.com/russia/gdp

[353]Gorbachev, Michael, "Turning Point at Chernobyl", Project Syndicate, April 14, 2006, http://www.project-syndicate.org/commentary/gorbachev3/English

[354]Kennedy, Duncan, "Italy nuclear: Berlusconi accepts referendum blow", BBC News, June 14, 2011 , http://www.bbc.co.uk/news/world-europe-13741105

[355] "Europe to Decommission Majority of Nuclear Power Stations by 2030 While US Bucks Global Trend", GlobaData, June 6, 2012. http://energy.globaldata.com/media-center/press-releases/power-and-resources/europe-to-decommission-majority-of-nuclear-power-stations-by-2030-while-us-bucks-global-trend

[356]"60,000 protest Japan's plan to restart nuclear power plants", UPI, June 2, 2013. http://www.upi.com/Top_News/World-News/2013/06/02/60000-protest-Japans-plan-to-restart-nuclear-power-plants/UPI-34961370197818/

[357]Romm, Joe, "NRG to abandon two new South Texas nuclear plants, write down $481 million investment", ClimateProgress, April 26, 2011

[358]Douglass, Elizabeth, "First U.S. Nuclear Power Closures in 15 Years Signal Wider Problems for Industry", Sept, 24 2013. http://insideclimatenews.org/news/20130924/first-us-nuclear-power-closures-15-years-signal-wider-problems-industry

[359] Eggers, Dan et al, "Nuclear... The Middle Age Dilemma? - Facing Declining Performance, Higher Costs, Inevitable Mortality", CreditSuisse, February 19, 2013

[360] Cooper, Mark, "Renaissance in Reverse: Competition Pushes Aging U.S. Nuclear Reactors to the Brink of Economic Abandonment", Vermont Law School, July 18, 2013

[361]Douglass, Elizabeth, "First U.S. Nuclear Power Closures in 15 Years Signal Wider Problems for Industry", Sept, 24 2013.

[362] Eggers, Dan et al, "Nuclear... The Middle Age Dilemma? - Facing Declining Performance, Higher Costs, Inevitable Mortality", CreditSuisse, February 19, 2013

[363] Eggers, Dan et al, "Nuclear... The Middle Age Dilemma? - Facing Declining Performance, Higher Costs, Inevitable Mortality", CreditSuisse, February 19, 2013

[364]Patel, Tara, "EDF Writing 'Last Chapter' on Nuclear in U.S., Piquemal Says", Bloomberg, July 30, 2013 http://www.bloomberg.com/news/2013-07-30/edf-writing-last-chapter-on-nuclear-in-u-s-piquemal-says.html

[365]Wald, Matthew, "USEC, Enricher of Uranium for U.S., Seeks Bankruptcy", New York Times, December 16, 2013. http://www.nytimes.com/2013/12/17/business/energy-environment/usec-enricher-of-uranium-for-us-seeks-bankruptcy.html

[366] "USEC Portsmouth 'American Centrifuge Plant' project, USA", Wise Uranium. http://www.wise-uranium.org/epusecc.html

[367]Romm, Joe, "Exclusive analysis, Part 1: The staggering cost of new nuclear power", ClimateProgress, January 5, 2009.
http://thinkprogress.org/climate/2009/01/05/202859/study-cost-risks-new-nuclear-power-plants/

[368]"Average Retail Price of Electricity to Ultimate Customers by End-Use Sector", U.S. Energy Information Administration.http://www.eia.gov/electricity/monthly/epm_table_grapher.cfm?t=epmt_5_6_a

[369]Gossens, Ehren, and Marin, Christopher, "First Solar: May Sell Solar at Less than Coal", Bloomberg News, February 1, 2013.
http://www.bloomberg.com/news/2013-02-01/first-solar-may-sell-cheapest-solar-power-less-than-coal.html

[370]"Exelon scraps Texas reactor project", Nuclear Engineering International, August 29, 2012.
http://www.neimagazine.com/news/newsexelon-scraps-texas-reactor-project-721

[371]Rago, Joseph, "A Life in Energy and (Therefore) Politics", Wall Street Journal, October 22, 2011.
http://online.wsj.com/news/articles/SB10001424052970204618704576641351747987560

[372]Macalister, Terry, "Hinkley Point C nuclear subsidy plan queried by European commission", The Guardian, December 18, 2013.
http://www.theguardian.com/business/2013/dec/18/hinkley-point-c-nuclear-subsidy-european-commission

[373]"Ivanpah Solar Electric Generating System Reaches 'First Sync' Milestone", Brightsourcecompany press press release, September 24, 2013.
http://www.brightsourceenergy.com/first-sync

[374]Mahdi, Wael, and Roca, Marc, "Saudi Arabia Plans $109 Billion Boost for Solar Power", Bloomberg, May 11, 2012.
http://www.bloomberg.com/news/2012-05-10/saudi-arabia-plans-109-billion-boost-for-solar-power.html

[375]Mahdi, Wael, and Roca, Marc, "Saudi Arabia Plans $109 Billion Boost for Solar Power", Bloomberg, May 11, 2012

[376]"U.S. Crude Oil First Purchase Price", U.S. Energy Information Administration.http://www.eia.gov/dnav/pet/hist/LeafHandler.ashx?n=PET&s=F000000_3&f=A

[377]"1970 Economy / Prices", 1970sFlashback.com.http://www.1970sflashback.com/1970/economy.asp

[378] "BP Statistical Review of World Energy", June 2013,
http://www.bp.com/statisticalreview

[379]Sreekumar, Ariun, "Why Canada's Oil Sands Boom Could Turn to Bust", The Motley Fool, May 1, 2013.
http://www.fool.com/investing/general/2013/05/01/why-canadas-oil-sands-boom-could-turn-to-bust.aspx

[380]Sreekumar, Ariun, "Why Canada's Oil Sands Boom Could Turn to Bust", The Motley Fool, May 1, 2013

[381] "Performance Profile of Major Energy Producers - 2009", Feb 2011, U.S. Energy Information Administration, http://www.eia.gov/finance/performanceprofiles/pdf/020609.pdf

[382] "Petroleum and Other Liquids, Spot Prices", U.S. Energy Information Administration, downloaded July 19th, 2013: http://www.eia.gov/dnav/pet/pet_pri_spt_s1_a.htm

[383] "Petroleum and Other Liquids, Spot Prices", U.S. Energy Information Administration,

[384] Suo, Jenny, "Tokelau to become world's first solar-powered country", 3News, July 25, 2012 http://www.3news.co.nz/Tokelau-to-become-worlds-first-solar-powered-country/tabid/1160/articleID/262649/Default.aspx#ixzz22E03tNx3

[385] Wikipedia contributors, "Tokelau", Wikipedia, the Free Encyclopedia, http://en.wikipedia.org/wiki/Tokelau

[386] "Tokelau 100% Powered', PowerSmart Solar company website, http://powersmartsolar.co.nz/our_projects/id/185/TOKELAU%20-%20100%25%20SOLAR%20POWERED

[387] Wikipedia contributors, "Communications In India", Wikipedia, the Free Encyclopedia, http://en.wikipedia.org/wiki/Communications_in_India

[388] Seba, Tony, "India Needs to Leapfrog to Solar and Electricity 2.0", Aug 8, 2012, http://tonyseba.com/cleanenergyeconomy/india-needs-to-leapfrog-to-solar-and-electricity-2-0/

[389] "Developing Countries Subsidize Fossil Fuels, Artificially Lowering Prices", Institute for Energy Research, January 3, 2013. http://www.instituteforenergyresearch.org/2013/01/03/developing-countries-subsidize-fossil-fuel-consumption-creating-artificially-lower-prices/

[390] André-Jacques Auberton-Hervé presentation at the Intersolar NorthAmerica CEO panel, July 9th, 2013.

[391] "Energy Subsidy Reform: Lessons and Implications", International Monetary Fund, January 28, 2013

[392] Wang, Yue, "More People Have Cell Phones Than Toilets, U.N. Study Shows", Time, March 25, 2013.

[393] DeGunther, Rik, "How Large Does Your Solar Power System Need to Be?", from Solar Power Your Home For Dummies, 2nd Edition, http://www.dummies.com/how-to/content/how-large-does-your-solar-power-system-need-to-be.seriesId-246925.html

[394] NarasimhaRao et al, "An overview of Indian Energy Trends:Low Carbon Growth and Development Challenges", Prayas Energy Group, India, September 2009

[395] "Green stoves to replace challahs", Times of India, December 3, 2009, http://timesofindia.indiatimes.com/india/Green-stoves-to-replace-chullahs/articleshow/5293563.cms

[396] U.S. Department of Transportation, Bureau of Transportation Statistics, http://www.bts.gov/publications/national_transportation_statistics/html/table_01_32.html

[397] "All-Electric Vehicles: Compare Side-by-Side", FuelEconomy.gov, U.S. Department of Energy, http://www.fueleconomy.gov/feg/evsbs.shtml

[398]Berman, Brad, "What It Takes to Get 100 Miles of Range in My Electric Car", PlugInCars.com, August 25, 2011, http://www.plugincars.com/what-it-takes-get-100-miles-range-my-electric-car-107677.html

[399]"All-Electric Vehicles: Compare Side-by-Side", U.S. Department of Energy http://www.fueleconomy.gov/feg/evsbs.shtml

[400]Willis, Ben, "Amonix beats own record with 35.9% CPV module efficiency", PV Tech, August 21, 2013, http://www.pv-tech.org/news/amonix_beats_own_record_with_35.9_cpv_module_efficiency

[401]"The Truth About America's Energy: Big Oil Stockpiles Supplies and Pockets Profits," A Special Report by the Committee on Natural Resources Majority Staff," U.S. House of Representatives, Committee on Natural Resources, Rep Nick J. Hall – Chairman, June 2008

[402]"How Big Box Stores like Wal-Mart Affect the Environment and Communities", Sierra Club, http://www.sierraclub.org/sprawl/reports/big_box.asp

[403] Wikipedia contributors, "2010 San Bruno Explosion", Wikipedia, the Free Encyclopedia, retrieved July 21, 2013, http://en.wikipedia.org/wiki/2010_San_Bruno_pipeline_explosion

[404] Photo: Brocken Inaglory, Source: Wikimedia, retreived July 21, 2013, https://en.wikipedia.org/wiki/File:Devastation_in_San_Bruno.jpg

[405] Wikipedia contributors, "The 1906 San Francisco Earthquake", Wikipedia, the Free Encyclopedia http://en.wikipedia.org/wiki/1906_San_Francisco_earthquake

[406]Alleman, James E., and Moseman, Brooke, "Asbestos Revisited", Scientific American, July 1997

[407] Wikipedia contributors, "Greenhouse Gas", Wikipedia, the Free Encyclopedia, http://en.wikipedia.org/wiki/Greenhouse_gas

[408] "Natural Gas Transmission Leakage Rates", SourceWatch Center for Media and Democracy, retrieved July 21, 2013, http://www.sourcewatch.org/index.php?title=Natural_gas_transmission_leakage_rates

[409]Revkin, Andrew, and Krauss, Clifford, "Curbing Emissions by Sealing Gas Leaks", New York Times, Oct 14, 2009, http://www.nytimes.com/2009/10/15/business/energy-environment/15degrees.html

[410] Wikipedia contributors, "2010 San Bruno Pipeline Explosion", Wikipedia, the Free Encyclopedia, http://en.wikipedia.org/wiki/2010_San_Bruno_pipeline_explosion

[411] "About Natural Gas Pipelines", Energy Information Administration, http://www.eia.gov/pub/oil_gas/natural_gas/analysis_publications/ngpipeline/index.html

[412] "The State of the National Pipeline Infrastructure", U.S. Department of Transportation,

[413]Revkin, Andrew, and Krauss, Clifford, "Curbing Emissions by Sealing Gas Leaks", New York Times, Oct 14, 2009

[414] Mann, Charles, "What if we Never Run out of Oil", The Atlantic, April 24, 2013, http://www.theatlantic.com/magazine/archive/2013/05/what-if-we-never-run-out-of-oil/309294/5/

[415] Lucas, Tim, "The Dangers Underneath", Duke Today, January 16, 2014, http://today.duke.edu/2014/01/dcgas

[416] Wikipedia contributors, "Greenhouse Gas", Wikipedia, the Free Encyclopedia, http://en.wikipedia.org/wiki/Greenhouse_gas

[417] "We're Working to do the right thing, every day", PG&E advertising page A3, San Francisco Chronicle, October 31, 2013

[418] PG&E Corporation and Pacific Gas and Electric 2012 Annual Report", http://investor.pgecorp.com/files/doc_downloads/2012_Annual_Report.pdf

[419] "The Next Shock?", The Economist, March 4th, 1999, http://www.economist.com/node/188181

[420] "The Next Shock?", The Economist, March 4th, 1999,

[421] "FAQ: How many gallons of gasoline does one barrel of oil make?", U.S. Energy Information Administration, http://www.eia.gov/tools/faqs/faq.cfm?id=24&t=10

[422] Mouawad, Jad, "One Year After Oil's Price Peak: Volatility", The New York Times, July 10, 2009, http://green.blogs.nytimes.com/2009/07/10/one-year-after-oils-price-peak-volatility/

[423] "U.S. Crude Oil First Purchase Price", U.S. Energy Information Administration, http://www.eia.gov/dnav/pet/hist/LeafHandler.ashx?n=pet&s=f000000__3&f=m

[424] "U.S. Natural Gas Wellhead Price", U.S. Energy Information Administration, http://www.eia.gov/dnav/ng/hist/n9190us3A.htm

[425] "U.S. Price of Natural Gas Delivered to Residential Customers", U.S. Energy Information Administration, http://www.eia.gov/dnav/ng/hist/n3010us3M.htm

[426] International Energy Agency, "World Energy Outlook 2012 – Executive Summary", www.worldenergyoutlook.org

[427] "The Next Qatar?", The Economist, July 25, 2013, retrieved August 5, 2013, http://www.economist.com/news/business/21582272-cost-exploiting-australias-new-found-gas-supplies-soaring-next-qatar

428. The Next Qatar?", The Economist, July 25, 2013, retrieved August 5, 2013, http://www.economist.com/news/business/21582272-cost-exploiting-australias-new-found-gas-supplies-soaring-next-qatar

[429] "Energy In Australia 2012", Bureau of Resources and Energy Economics, February 2012, http://www.bree.gov.au/documents/publications/energy-in-aust/energy-in-australia-2012.pdf

[430] Bruce Leslie, "Solar Thermal Power The Next Resources Boom" Presented to the Australian Institute of Energy, October 25, 2011, available at http://aie.org.au/StaticContent%5CImages%5CBRI111025_Presentation_1.pdf

[431] ReneSola, 156 Series Monocrystalline Solar Module, Irradiation efficiencies vary from 15.9% to 16.2%, available at http://www.renesola.com

[432] Martin, James, "Solar PV Price Index–July 2013", Solar Choice, July 4, 2013

[433] Martin, James, "Solar PV Price Index–July 2013", Solar Choice, July 4, 2013.

[434] "Risk Quantification and Risk Management in Renewable Energy Projects", AltTran, Arthur D. Little for International Energy Agency (IEA), June 14, 2011

[435] Nussbaum, Alex, "Radioactive Waste Booms With Fracking as New Rules Mulled", Bloomberg, Apr 16, 2014. http://www.bloomberg.com/news/2014-04-15/radioactive-waste-booms-with-oil-as-new-rules-mulled.html

[436] Andresen, Tino, "German Utilities Hammered in Market Favoring Renewables", Bloomberg, August 12, 2013.

http://www.bloomberg.com/news/2013-08-11/german-utilities-hammered-in-market-favoring-renewables.html

[437] Wikipedia contributors, "Exemptions for Hydraulic Fracturing Under United States Federal Law", Wikipedia, the Free Encyclopedia, http://en.wikipedia.org/wiki/Exemptions_for_hydraulic_fracturing_under_United_States_federal_law

[438] "Fracking and Water Consumption", SourceWatch Center for Media and Democracy, http://www.sourcewatch.org/index.php/Fracking_and_water_consumption

[439] "Fracking", SourceWatch Center for Media and Democracy, http://www.sourcewatch.org/index.php/Fracking

[440] Schrope, Mark, "Fracking Outpaces Science on Its Impact", Yale Environment 360, http://environment.yale.edu/envy/stories/fracking-outpaces-science-on-its-impact

[441] Kennedy, Will, "Exxon Charged With Illegally Dumping Waste in Pennsylvania", Bloomberg, September 11, 2013, http://www.bloomberg.com/news/2013-09-11/exxon-charged-with-illegally-dumping-waste-water-in-pennsylvania.html

[442] Martin, Allen, "Oil Company Caught Illegally Dumping Fracking Discharge In Central Valley", CBS SF Bay Area, November 26, 2013, http://sanfrancisco.cbslocal.com/2013/11/26/oil-company-caught-illegally-dumping-fracking-discharge-in-central-valley/

[443] "Golden Rules for a Golden Age of Gas", International Energy Agency (IEA), 2012, http://www.worldenergyoutlook.org/media/weowebsite/2012/goldenrules/WEO2012_GoldenRulesReport.pdf

[444] International Energy Agency, "World Energy Outlook 2012 – Executive Summary", available at www.worldenergyoutlook.org

[445] "Golden Rules for a Golden Age of Gas", International Energy Agency (IEA), 2012,

[446] "World Energy Outlook 2012 – Executive Summary", International Energy Agency,

[447] "World Energy Outlook 2012 – Executive Summary", International Energy Agency,

[448] "Honeywell Green Jet Fuel™ Powers First-Ever Transatlantic Biofuel Flight", Howeywell company press release, June 18,2011, http://honeywell.com/News/Pages/Honeywell-Green-Jet-Fuel-Powers-First-Ever-Transatlantic-Biofuel-Flight.aspx

[449] DiMugno, Laura, "Wind Energy Jobs Surface at Presidential Debates", North American Wind Power, Oct 18, 2012, http://www.nawindpower.com/e107_plugins/content/content.php?content.10553

[450] "Renewable and Alternative Fuels", U.S. Energy Information Agency, http://www.eia.gov/renewable/

[451] Miller, Ron, "What the Death of the Sun Will Look Like", April 9, 2013, http://io9.com/what-the-death-of-the-sun-will-look-like-471796727

[452] "Towards a Sustainable Future for All – Directions for the World Bank Group's Energy Sector", World Bank Group, retrieved July 28, 2013, http://www-wds.worldbank.org/external/default/WDSContentServer/WDSP/IB/2013/07/17/000456286_20130717103746/Rendered/PDF/795970SST0SecM00box377380B00PUBLIC0.pdf

[453] Winnie Gerbens-Leenesa,1, Arjen Y. Hoekstraa, and Theo H. van der Meer, "The

Water Footprint of Bioenergy," Department of Water Engineering and Management andLaboratory of Thermal Engineering, University of Twente, Enschede,The Netherlands April 2, 2009

[454] Wikipedia contributors, "Olympic Size Swimming Pool", Wikipedia, the Free Encyclopedia, http://en.wikipedia.org/wiki/Olympic-size_swimming_pool, retrieved 28 June 2011

[455] "Cornel Emeritus Professor David Pimentel", Cornell University, http://vivo.cornell.edu/display/individual5774

[456] United States Geological Services USGS, "Estimated Use of Water in the United States in 2005", http://pubs.usgs.gov/circ/1344/pdf/c1344.pdf

[457] "Carbon Disclosure Project Electric Utilities – Building Business Resilience Inevitable Climate Change", IBM, 2009

[458] Fischetti, Mark, "How Much Water Do Nations Consume?", Scientific American, May 21, 2012, http://www.scientificamerican.com/article.cfm?id=graphic-science-how-much-water-nations-consume

[459] Fischetti, Mark, "How Much Water Do Nations Consume?", Scientific American, May 21, 2012

[460] "Fracking and Water Consumption", SourceWatch Center for Media and Democracy, http://www.sourcewatch.org/index.php/Fracking_and_water_consumption

[461] Wikipedia contributors, "Ogallala Aquifer", Wikipedia, the Free Encyclopedia, retrieved 13 Apr 2009, http://en.wikipedia.org/w/index.php?title=Ogallala_Aquifer.

[462] Jane Braxton Little, "The Ogallala Aquifer: Saving a Vital U.S. Water Source", Scientific American, March30, 2009. Downloadedfrom http://www.scientificamerican.com/article.cfm?id=the-ogallala-aquifer

[463] Wikipedia contributors, "Ogallala Aquifer." Wikipedia, the Free Encyclopedia,

[464] "Compare Gulfstream G450 – G550   G650", Aviation News Channel, http://www.decartsnews.com/compare-gulfstream-g450-g550-g650/

[465] Wikipedia contributors, "List of United States Cities by Population", Wikipedia, the Free Encyclopedia, retrieved 24 July 2011, http://en.wikipedia.org/wiki/List_of_United_States_cities_by_population

[466] "Lufthansa 747 operates first transatlantic biofuel flight to US", Aviation Brief, January 16, 2012, http://www.aviationbrief.com/?p=5591

[467] "Technical Characteristics – Boeing 747-400", Boeing company website, http://www.boeing.com/boeing/commercial/747family/pf/pf_400_prod.page?

[468] "Water Consumption", Water for Africa Institute, http://www.water-for-africa.org/en/water-consumption.html

[469] Wikipedia contributors, "Biofuel", Wikipedia, the Free Encyclopedia, http://en.wikipedia.org/wiki/Biofuel

[470] "Jatropha – The Plant", Jatro website, http://www.jatrofuels.com/164-0-Jatropha.html

[471] Bullis, Kevin, "Biofuels Companies Drop Biomass and Turn to Natural Gas", MIT Technology Review, October, 2012, http://www.technologyreview.com/news/506561/biofuels-companies-drop-biomass-and-turn-to-natural-gas/

[472]Bullis, Kevin, "Biofuels Companies Drop Biomass and Turn to Natural Gas", MIT Technology Review, October, 2012

[473]Bullis, Kevin, "BP Plant Cancellation Darkens Cellulosic Ethanol's Future", MIT Technology Review, November 2, 2012,
http://www.technologyreview.com/news/506666/bp-plant-cancellation-darkens-cellulosic-ethanols-future/

[474]Downing, Louise, and Gismatullin, Eduard, "Biofuel Investments at Seven-Year Low as BP Blames Cost", Bloomberg, July 8, 2013.
http://www.bloomberg.com/news/2013-07-07/biofuel-investments-at-seven-year-low-as-bp-blames-cost.html

[475] Seba, Tony, "Solar Trillions- 7 Market and Investment Opportunities in the Emerging Clean Energy Economy", 2010

[476]Webber, Michael, "Energy versus Water: Solving Both Crises Together", Scientific American, September 1, 2008
http://www.sciam.com/article.cfm?id=the-future-of-fuel

[477]"USDA Offers Loans for Biorefineries", Iowa Energy Center, October 23, 2013.
http://www.iowaenergycenter.org/2013/10/usda-offers-loans-for-advanced-biorefineries/

[478]"Combined Heat & Power (CHP)solar generator basedon High Concentrated Photovoltaic (HCPV)", Suncore company website,
http://www.suncorepv.com/index.php?m=content&c=index&a=lists&catid=125

[479] Seba, Tony, "Solar Trillions- 7 Market and Investment Opportunities in the Emerging Clean Energy Economy", 2010

[480] "India Sends Its Last Telegram. Stop", The Telegraph, July 15, 2013,
http://www.telegraph.co.uk/news/worldnews/asia/india/10180463/India-sends-its-last-telegram.-Stop.html

[481]Volcovici, Valerie, "World Bank plans to limit financing of coal-fired power plants", Reuters, June 26, 2013, http://www.reuters.com/article/2013/06/27/usa-climate-world-bank-idUSL2N0F300W20130627

[482] "Towards a Sustainable Future for All – Directions for the World Bank Group's Energy Sector", World Bank Group, retrieved July 28, 2013, http://www-wds.worldbank.org/external/default/WDSContentServer/WDSP/IB/2013/07/17/000456286_20130717103746/Rendered/PDF/795970SST0SecM00box377380B00PUBLIC0.pdf

[483] "European Investment Bank to Stop Financing Coal-Fired Plants", The Guardian, July 24, 2103, http://www.guardian.co.uk/environment/2013/jul/24/eu-coal-power-plants-carbon-emissions-climate

[484]Plumer, Brad, "The U.S. will stop financing coal plants abroad. That's a huge shift.", The Washington Post Wonkblog, June 27, 2013,
http://www.washingtonpost.com/blogs/wonkblog/wp/2013/06/27/the-u-s-will-stop-subsidizing-coal-plants-overseas-is-the-world-bank-next/

[485] "Coal at Risk as Global Lenders Drop Financing on Climate", Bloomberg New Energy Finance, August 6, 2013, http://about.bnef.com/bnef-news/coal-at-risk-as-global-lenders-drop-financing-on-climate/

[486]Gruver, Mead, "Powder River Basin Coal Lease Auction Receives No Bids For First Time In Wyoming History", the Huffington Post, August 22, 2013,
http://www.huffingtonpost.com/2013/08/22/powder-river-basin-coal_n_3794792.html

[487]Fan, Hugh, "A Credit Analysis For Coal Mining Companies", Seeking Alpha, Jun. 19, 2013, http://seekingalpha.com/article/1509622-a-credit-analysis-for-coal-mining-companies

[488] "Walter Energy Inc", Morningstar, http://quotes.morningstar.com/stock/s?t=WLT

[489] Keenan, Mike, and LaCorte, Joseph, "Q3 2013 Review: Coal", Stowe Global, http://stowe.snetglobalindexes.com/pdf/coal-IndexInsights-20131202.pdf

[490] "Facebook: stock quote and summary data", Nasdaq, http://www.nasdaq.com/symbol/fb

[491] "Google: stock quote and summary data", Nasdaq, http://www.nasdaq.com/symbol/goog

[492] Williams-Derry, Clark, "The Hidden Export Bombshell in Cloud Peak's Financials", SightLine Daily, Sept 23, 2013, http://daily.sightline.org/2013/09/23/the-hidden-export-bombshell-in-cloud-peaks-financials/

[493] "How Old are U.S. Power Plants", U.S. Energy Information Administration, http://www.eia.gov/energy_in_brief/article/age_of_elec_gen.cfm

[494] Energy Perspectives, U.S. Energy Information Administration, www.eia.gov/total**energy**/data/annual/**Energy**Perspectives.xls

[495]Kubiszewski, Ida, "Powerplant and Industrial Fuel Use Act of 1978, United States", Encyclopedia of Earth, September 3, 2006, http://www.eoearth.org/view/article/155329/

[496] "Energy Policy Act of 1992", U.S. Energy Information Administration, http://www.eia.gov/oil_gas/natural_gas/analysis_publications/ngmajorleg/enrgypolicy.html

[497]Darian Unger and Howard Herzog, "Comparative Study on Energy R&D Performance: Gas Turbine Case Study", Massachusetts Institute of Technology Energy Laboratory, Prepared forCentral Research Institute of Electric Power Industry (CRIEPI), Final Report, August 1998

[498] "How Old are U.S. Power Plants?", U.S. Energy Information Administration, http://www.eia.gov/energy_in_brief/article/age_of_elec_gen.cfm

[499]Doughman, Andrew, "NV Energy to decommission coal plants, shift to gas and renewables", Las Vegas Sun, April 2, 2014, http://www.lasvegassun.com/news/2013/apr/02/nv-energy-decommission-coal-plants-shift-gas-and-r/

[500] "NV Energy Acquisition Information", NV Energy company website, https://www.nvenergy.com/company/acquisition/

[501] Davis, Tina, and Goossens, Ehren, "Buffett Utility Buys $2.5 Billion SunPower Solar Projects", Bloomberg, January 2, 2013, http://www.bloomberg.com/news/2013-01-02/buffett-utility-buys-sunpower-projects-for-2-billion.html

[502]McCarthy, James E., "EPA Standards for Greenhouse Gas Emissions from Power Plants: Many Questions, Some Answers", US Congressional Research Services, November 15, 2013, http://www.fas.org/sgp/crs/misc/R43127.pdf

[503]http://pdf.wri.org/global_coal_risk_assessment.pdf

[504] "Energy Subsidy Reform: Lessons and Implications", International Monetary Fund, January 28, 2013

[505] Yang, Ailun, andCui, Yiyun, "Global Coal Risk Assessment", World Resources Institute, November, 2012,
http://about.bnef.com/bnef-news/coal-at-risk-as-global-lenders-drop-financing-on-climate/

[506] "Annual Energy Review", U.S. Energy Information Administration,
http://www.eia.gov/totalenergy/data/annual/showtext.cfm?t=ptb0709

[507] "Coal and Jobs in the United States", SourceWatch Center for Media and Democracy,
http://www.sourcewatch.org/index.php?title=Coal_and_jobs_in_the_United_States

[508] "Coal and Jobs in the United States", SourceWatch Center for Media and Democracy.

[509] Pyke, Alan, "Coal Workers Lose Pensions As Execs At Bankrupt Company Get Bonuses", ClimateProgress, May 31, 2013,

[510] "Towards a Sustainable Future for All – Directions for the World Bank Group's Energy Sector", World Bank Group,

[511] "Desperate Measures", The Economist, Oct 10, 2013.

[512] Jun, Ma, and Li, Naomi, "Tackling China's water crisis online", China Dialogue, Sept 21, 2006,

[513] Schneider, Keith, "Bohai Sea Pipeline Could Open China's Northern Coal Fields", Circle of Blue, April 5, 2011,
http://www.circleofblue.org/waternews/2011/world/desalinating-the-bohai-sea-transcontinental-pipeline-could-open-chinas-northern-coal-fields/

[514] Schneider, Keith, "China's Other Looming Choke Point: Food Production", Circle of Blue, May 26, 2011,
http://www.circleofblue.org/waternews/2011/world/chinas-other-looming-choke-point-food-production/

[515] Luo, Tianvi, Otto, Betsy, and Maddocks, Andrew, "Majority of China's Proposed Coal-Fired Power Plants Located in Water-Stressed Regions", World Resources Institute, August 26, 2013,
http://www.wri.org/blog/majority-china%E2%80%99s-proposed-coal-fired-power-plants-located-water-stressed-regions

[516] Luo, Tianvi et al, "Water Risks on the Rise for Three Global Energy Production Hot Spots", World Resources Institute, November 7, 2013,
http://www.wri.org/blog/water-risks-rise-three-global-energy-production-hot-spots

[517] "South-North Water Transfer Project", International Rivers,
http://www.internationalrivers.org/campaigns/south-north-water-transfer-project

[518] Wikipedia contributors, "North Water Transfer Project", Wikipedia, the Free Encyclopedia,
http://en.wikipedia.org/wiki/South%E2%80%93North_Water_Transfer_Project

[519] "Bohai Sea Pipeline Could Open China's Northern Coal Fields", Circle of Blue, April 5, 2011, http://www.circleofblue.org/waternews/2011/world/desalinating-the-bohai-sea-transcontinental-pipeline-could-open-chinas-northern-coal-fields/

[520] "A Bulletin of Status Quo of Desertification and Sandification in China", State Forestry Administration, P.R.China, January 2011,
http://www.forestry.gov.cn/uploadfile/main/2011-1/file/2011-1-5-59315b03587b4d7793d5d9c3aae7ca86.pdf

[521]King, Ed, "Desertification crisis affecting 168 countries worldwide, study shows", The Guardian, April 17, 2013, http://www.theguardian.com/environment/2013/apr/17/desertification

[522] "Desertification – A Visual Synthesis", United Nations Convention to Combat Desertification, http://www.unccd.int/Lists/SiteDocumentLibrary/Publications/Desertification-EN.pdf

[523]"Rivers are disappearing in China. Building canals is not the solution", The Economist, Oct 10, 2013, http://www.economist.com/news/leaders/21587789-desperate-measures

[524] "Pollution Forces North China to a Standstill", The Wall Street Journal, Oct 23, 2013

[525] Wikipedia contributors, "Particulates", Wikipedia, the Free Encyclopedia, http://en.wikipedia.org/wiki/Particulates

[526] "Particulate Matter Management in the Bay Area", SaffetTanrikulu, Ph.D., Bay Area Air Quality Management District San Francisco, CA presented at the 2nd Korea-U.S. Symposium on Air Environment Policies Seoul, ROK November 29-30, 2012 http://www.baaqmd.gov/~/media/Files/Planning%20and%20Research/Research%20and%20Modeling/PM%20Mgt%20in%20SFBA.ashx

[527] "Air Pollution Linked to 1.2 Million Premature Deaths in China", New York Times, April 1, 2013, http://www.nytimes.com/2013/04/02/world/asia/air-pollution-linked-to-1-2-million-deaths-in-china.html

[528] Lavelle, Marianne, "Coal Burning Shortens Lives in China", National Geographic, July 8, 2013, http://news.nationalgeographic.com/news/energy/2013/07/130708-coal-burning-shortens-lives-in-china/

[529]Wong, Edward, "Air Pollution Linked to 1.2 Million Premature Deaths in China", New York Times, April 1, 2013, http://www.nytimes.com/2013/04/02/world/asia/air-pollution-linked-to-1-2-million-deaths-in-china.html

[531] "Indian Coal", http://www.indianetzone.com/24/indian_coal.htm

[532] Wikipedia contributors, "Coal", Wikipedia, the Free Encyclopedia, http://en.wikipedia.org/wiki/Coal

[533]King, Ed, "Desertification crisis affecting 168 countries worldwide, study shows", The Guardian, April 17, 2013

[534]"Statement of Charles D. Connor, President and Chief Executive Officer, American Lung Association", American Lung Association, May 12, 2010, http://www.lung.org/press_room/press-releases/statement-of-charles-d.html

[535] Wikipedia contributors, "United States Military Casualties of War", Wikipedia, the Free Encyclopedia, http://en.wikipedia.org/wiki/United_States_military_casualties_of_war

[536] "Coal Costs the U.S. $500 Billion / year in Health, Economic, Environmental Impacts pollution", FastCompany, February 11, 2011, ,http://www.fastcompany.com/1727949/coal-costs-us-500-billion-annually-health-economic-environmental-impacts

[537]Schwarts, Ariel, "Coal Costs the U.S. $500 Billion / year in Health, Economic, Environmental Impacts pollution", FastCompany, February 11, 2011,

[538] Williams-Derry, Clark, "The Hidden Export Bombshell in Cloud Peak's Financials", SightLine Daily, Sept 23, 2013, http://daily.sightline.org/2013/09/23/the-hidden-export-bombshell-in-cloud-peaks-financials/

[539] Goossens, Ehren, and Martin, Christopher, "First Solar: May Sell Solar at Less than Coal", Bloomberg, February 1, 2013, http://www.bloomberg.com/news/2013-02-01/first-solar-may-sell-cheapest-solar-power-less-than-coal.html

[540] Goossens, Ehren, and Martin, Christopher, "First Solar: May Sell Cheapest Solar Power, Less than Coal", Bloomberg News, February 1, 2013, retrieved July 25, 2013, http://www.bloomberg.com/news/2013-02-01/first-solar-may-sell-cheapest-solar-power-less-than-coal.html

[541] "IN THE MATTER OF EL PASO ELECTRIC COMPANY'S APPLICATION FOR APPROVAL OF A LONG TERM PURCHASE POWER AGREEMENT WITH MACHO SPRINGS SOLAR, LLC", Case No. 12-00386-UT, http://164.64.85.108/infodocs/2013/1/PRS20179845DOC.PDF

[542] Note: for a nice Rube Goldberg gif, check out this URL: http://imgur.com/gallery/QCuGNsd

[543] Channell, Jason, Lam, Timothy, and Pourreza, Shahriar, "Shale & Renewables: A Symbiotic Relationship", Citi Research, Sept 12, 2012

图书在版编目（CIP）数据

　　能源和交通的清洁革命 ／ 托尼·西巴著． -- 长沙:湖南科学技术
出版社，2018.5
　　ISBN 978-7-5357-9184-9

　　Ⅰ．①能… Ⅱ．①托… Ⅲ．①交通运输业－节能－研究 Ⅳ．①F503

　　中国版本图书馆CIP数据核字(2017)第005988号

NENGYUAN HE JIAOTONG DE QINGJIE GEMING
能源和交通的清洁革命

著　　者：[美]托尼·西巴
译　　者：秦海岩　张　谨　于贵勇
责任编辑：王　斌
出版发行：湖南科学技术出版社
社　　址：长沙市湘雅路276号
　　　　　http://www.hnstp.com
邮购联系：本社直销科　0731－84375808
印　　刷：长沙市雅高彩印有限公司
　　　　　（印装质量问题请直接与本厂联系）
厂　　址：长沙市开福区德雅路1246号
邮　　编：410008
版　　次：2018年5月第1版
印　　次：2018年5月第1次印刷
开　　本：710mm×1000mm　1/16
印　　张：17.5
书　　号：ISBN 978-7-5357-9184-9
定　　价：98.00元